热血山河

新四军抗战

将领讲述

《热血山河丛书》编辑委员会 编

中国文史出版社
CHINA CULTURAL AND HISTORICAL PRESS

图书在版编目（CIP）数据

将领讲述. 新四军抗战 / 《热血山河丛书》编辑委员会编. -- 北京 : 中国文史出版社, 2020.1

ISBN 978-7-5205-1437-8

Ⅰ. ①将… Ⅱ. ①热… Ⅲ. ①新四军—抗日战争—史料 Ⅳ. ①K265.06

中国版本图书馆CIP数据核字（2019）第246589号

责任编辑： 张春霞　高　贝

出版发行：**中国文史出版社**

社　　址：北京市海淀区西八里庄路69号院　　邮编：100142

电　　话：010-81136606　81136602　81136603（发行部）

传　　真：010-81136655

印　　装：北京温林源印刷有限公司

经　　销：全国新华书店

开　　本：787mm × 1092mm　1/16

印　　张：23. 5

字　　数：303千字

版　　次：2020年3月第1版

印　　次：2022年5月第2次印刷

定　　价：68. 00元

编辑委员会

目 录

contents

叶　挺

不管怎样困难，我们也要抗战到胜利，这是每个中国人民的责任，更加是每个共产党员的责任。

● 1896年9月10日生，原名叶为询，字希夷，号西平，广东惠阳人。

● 1937年10月，任国民革命军陆军新编第四军军长，与副军长项英率部向华中挺进，开展敌后游击战争。

● 1939年5月，越过敌人的封锁线，北渡长江，赴皖东主持成立新四军江北指挥部。

● 1941年1月，皖南事变中，在遭国民党军重兵包围的严重情况下，指挥部队奋起突围，浴血奋战。在同国民党谈判交涉时被扣押。此后，在上饶、恩施、桂林、息烽、重庆等地度过了五年零两个月的囚禁生活。

● 1946年3月4日，经中共中央多方面的努力，始获自由。

● 1946年4月8日，在从重庆回延安途中，因飞机在山西兴县黑茶山附近失事，不幸遇难。

纪念新四军成立三周年

叶　挺

三年前，刚在南京快要失守的时候，那时国内团结有很大的进步，西北的人民抗日红军已改编为国民革命军之一部的第八路军，继此之后，在东南各省的红军游击队，也受命集合，改编为新四军。虽然，中间还不无许多折冲、周旋、别扭，但是依赖共产党中央的诚恳的决定的意见与提示，和八个省区的分散的游击部队之忠实于中共与中共的统一战线的政策，特别项英同志，起领导的决定的作用。所以，我明知道有很多困难，而为了促进团结，想对于国内团结与抗战，尽我自己的力量，我接受了我现在的职务。

汉口成立军部，军部移到南昌，再移岩寺，江南各省部队在岩寺的集中，在岩寺的点验和训练，江北部队由鄂豫边的出发，江南部队之进入苏南与皖南的敌后地区，以及江北部队之进入淮河敌后地区，从事于敌后的游击战，一直到现在，我们已整整打了两年多，大小 1265 战，基本上完成了变敌人后方为前线的光荣任务。整个的三年时间，是匆匆过去了。时间是很快的，但我们没有白白过去。

大家知道这三年当中，别扭、误会、摩擦，是不断地在政治上军事上来烦扰我们；饷款不济，军食不足，军装不备，弹药不充，枪械不补，是在军需上克制我们。我们却不把这些放在心头，大家只有一个志愿，打日本，救中国，即是“抗战”和“建国”，任劳任怨，埋头苦干，这在军事上取得了胜利，在军队建设上，打下了相当的根基，都不能不说是我们大家光明磊落的民族意识的表现。因为，大家都了解到国难严重的今日，我们不是争地位、争待遇的时候，不管怎样困难，我们也要抗战到胜利，这是每个中国人民的责任，更加是每个共产党员的责任。谁也不曾存过这样的念头，说是我们是被谁雇佣在这里抗战的，雇佣来抗战的，或拿多少钱抗多少战。没有这回事，我们根本没有这个念头，我们是拿得顶少，但我们愿抗得顶多，问心无愧，我们对得起民族，对得起国家，对得起千百代的祖宗，也对得起自己。

当然，我们还是要说，我们离胜利的时候还有相当距离，且我们的抗战已走过了一段艰难困苦的路程，摆在前面的，还要更艰难困苦，但是我们不怕它，我们还得坚决地勇敢地踏上去。即拿我们部队本身来说，也是这个同样的情形，要求大家把更大的勇气来冲破、来克服这些艰苦，米贵，就吃杂粮；没有新服装，就穿得破一点；没有子弹，就节省，做到一颗子弹打一个敌人，发扬白刃战斗。问题不在这里，我深知道我们三年来的胜利不是由于给养好，军需足，械弹多，而主要是由于我们执行了统一战线的政策，实行了“抗战建国纲领”，做到了军民合作，做到了官兵一致。同时，我也深知道我们三年来的胜利不是可以幸致的，就是在给养贫乏，军需穷困，械弹劣少的条件底下，依靠我们大家的艰苦奋斗的精神，忍受这些艰苦，克服这些困难，才能得到的。

因此，我以为过去的三年，值得我们前后方的指挥员、战斗员及一切工作人员，深自省察。今后，我们要继续发扬我们之所以取得胜利的原因，就是正确执行统一战线，坚决实行抗战建国纲领，完全做到军民合作，完全做到官兵一致。我们做了三年了，不，我们做了十几年了，我们还要一贯地做下去，做得更好。只要这样，就能够克服任何困难，就能够补偿任何我们的客观穷乏。

在纪念本军成立三周年的今天，我愿意这样提出来，作为我们今后大家共同努力的目标。

叶挺同志在新四军

叶钦和*

1946年3月6日，我正在供给部开会，突然军部谭震林政委来电话叫我前去。我来到黄花塘，见到谭政委后，他笑容可掬地紧握着我的手说："叶挺军长已于3月4日下午出狱，住在重庆八路军办事处，你即打电报向他报告你们已经回到军部。"并说："全军指战员渴望着军长早日回军部主持工作。"皖南事变后，我和叶军长一起被囚于上饶集中营，1941年秋天，军长被押送桂林、重庆，已经4年多不知军长的消息。我于1942年6月在赤石暴动中冲了出来，以后沿途行乞，历尽千辛万苦才回到军部。听说军长获释，我欢欣欲狂，马上写好了电稿。我回到供给部后，立即把喜讯告诉同志们，大家都兴高采烈，期望军长早日回来。可是，等了一个月，得到的竟是军长因飞机失事遇难的噩耗。这真是晴天的一声霹雳，全军悲痛万分，我只能抱头痛哭。尊敬的军长啊，我的叔叔！你虽然永远不能再回来了，可是你与我们生活在一起的往事却历历在目，久久不能忘怀。

叶挺是中国著名的无产阶级军事家。他于1896年9月生于广东惠

---

* 叶钦和，时任新四军副官处第三科科长。

阳周田村，字希夷。1912 年先后就读于广东陆军小学堂、武昌陆军第二预备学校和保定军官学校。1919 年毕业后投入孙中山领导的民主革命，同年加入国民党。在粤军第一支队任副官、参谋、工兵营营副、元帅府警卫团营长等职。1924 年赴苏联留学，入东方劳动者共产主义大学和红军学校中国班，攻读马列主义和军事科学。在此期间，先后加入中国共产主义青年团（旅莫支部）和中国共产党（旅莫支部）。

1925 年奉命回国，先任国民革命第四军参谋处长，旋又调任中国共产党组建的第四军独立团团长。1926 年率领该团充任先遣队，先期开赴湖南作战。在北伐军从湖南打到湖北，在汀泗桥、贺胜桥战役中，足智多谋，指挥若定，身先士卒，屡建战功，被誉为北伐名将。

1927 年蒋介石发动反革命政变后，又指使夏斗寅、杨森部袭击武汉，叶挺临危受命，组织部队，将叛军击溃。8 月 1 日与周恩来、贺龙、朱德、刘伯承等领导南昌起义，代理前敌总指挥兼十一军军长，南下途中参与指挥了会昌等战斗。12 月 11 日又与张太雷等领导广州起义，任工农红军总司令。广州起义后，因受到党内“左”倾领导无理的责难和共产国际某些人的冷遇与党脱离了关系，被迫流亡欧洲，后隐居澳门。

叶挺是我的叔叔。他身材魁梧，性情严肃，为人刚正，赤诚待人。在我青少年时代，他就用反封建的思想影响我，后来，他又引导我参加了省港大罢工，走上了革命的道路，参加了中国共产党。

记得大革命失败后的一段时间，我和党组织失去了联系，便去找叶挺。当时，他刚从欧洲回到澳门，我见到他后，就把我与组织失去联系后的情况讲给他听，他便叫我去江西找红军。我当时也去找过一次，但没有找到。又因眼下生活无着，就想请他把我介绍给广东的国民党军政机关，找个工作干干。叶挺听了我的陈述以后，满脸怒色，严厉地批评我：“找什么工作？！你去耕田种地，也比当国民党的官僚军阀好得多！”他说着站了起来，显得更激动：“你实在没法生活——就去跳海！跳大海懂吗？！”这使我在心里更加敬佩他。我暗暗下决心，即使饿死，也不干欺压百姓的事情。叶挺虽然这样严肃地批评我，可在生活上还是尽最大努力帮助我。那时，他生活也很困难，常常靠借债典当过日子，却还给我一些周济，这使我更加理解了他。

1937 年，抗日战争爆发，叶挺毅然决然地结束了流亡生活，重新跨上战马，转战大江南北，直到 1941 年皖南事变中被国民党非法扣押。在三年艰苦卓绝的斗争中，他为伟大的抗日民族解放战争建立了巨大功绩。

叶挺当新四军军长，是当时形势需要所促成的。蒋介石虽然在西安事变中接受了共同抗日的要求，但依然调动军队“围剿”南方八省的红军游击队，必欲斩尽杀绝而后快，直到八一三淞沪战役之后，日军逼近了蒋家王朝的大门，他才在国内抗日浪潮和国际舆论的强大压力下，接受中国共产党提出的南方八省游击队改编为新四军，开赴前线对日作战的主张。这时，蒋介石仍然想借日军之手消灭这部分革命力量。由谁当新四军军长就成了一个难题，于是，早年先后加入过国民党和共产党，后来又与两党脱离了关系，精于用兵能征善战的叶挺，便成了国共两党都能接受的合适人选。1937 年 7 月，周恩来赴庐山与蒋介石谈判之后，在上海与叶挺见面敦促他出来工作，借以一酬抗日壮志。在此前后，陈诚也曾以“袍泽情谊”，向叶挺表示蒋介石愿以此职相许。毛泽东也曾邀请叶挺赴延安共商抗日大计。国共两党的需要加上叶挺自己的强烈抗日愿望，促使他接受了新四军军长的任命。

叶挺在 1940 年所作《纪念新四军成立三周年》一文中，回顾了他接受新四军军长之职的心情：三年前，刚在南京快要失守的时候，那时国内团结有很大的进步，在东南各省的红军游击队，也受命集合，改编为新四军。虽然，中间还不无许多折冲、周旋、别扭。我明知道有很多困难，而为了促进团结，想对于国内团结与抗战，尽我自己的力量，我接受了我现在的职务。

叶挺到达汉口，便和郭沫若相会了。他俩作了长时间的热情交谈。郭沫若还亲笔写了“三军可以夺帅，匹夫不可夺志”的对联挂在叶挺住所的中堂，表达对叶挺革命斗志的赞扬。

1937 年冬，叶辅平（叶挺亲弟）、叶剑飞（叶挺堂侄）和我应叶挺电召，都来到了汉口新四军筹备处工作。从此以后，我能够在叶挺、项英领导的新四军军部工作，感到高兴。

1937 年 11 月 21 日，叶挺在南京见蒋介石要求尽快改编部队开赴前方作战，并要求拨给新四军军费，蒋介石没有应允。叶挺愤而表示他当不了这个军长，请准予辞职。蒋介石这才收敛了死硬态度，说具体事可找陈诚商量解决。

这以后不久，叶挺应毛泽东同志的邀请，访问延安，在与毛泽东同志的亲切交谈中，他进一步了解了中国共产党的抗日民族统一战线政策和军事战略，更加坚定了团结抗战的信心。在抗大为欢迎叶挺举行的大会上，毛泽东同志致欢迎词说：“今天我们为什么要欢迎叶挺军长呢？因为他是大革命的北伐名将；因为他愿意担任我们新四军军长；因为他赞成我党的抗日民族统一战线的政策，所以我们欢迎他。”在一片掌声中，叶挺激动地说：“同志们欢迎我实在不敢当，革命好比爬山，许多同志不怕山高，不怕路难，一直向上走，我有一段是爬到半山腰又折回去了。现在又跟上来。今后一定遵照党所指示的道路走，在党中央的领导下坚决抗战到底。”其后，他从延安回到武汉，对报界发表谈话：“日本顶怕我们的就是团结，而顶希望我们的就是涣散。凡是日本怕的，我们就要去做；凡是日本希望的，就要避免。这是制胜的道理。”

由于蒋介石坚持消极抗日，积极反共政策，新四军的抗日作战始终是在不断打破国民党顽固派制造的摩擦和克扣军需所造成的困难中进行的。在解决这些问题上，叶挺操心尤多，贡献尤其显著。他因在北伐中所显示的军事才干，成了蒋介石着意拉拢的对象；他有不少保定军校的同学、粤军和北伐军的同事是国民党的高级干部，这使他很自然地成了国共两党的联系桥梁。根据党中央的指示，他利用自己的这种特殊地位，在扩大新四军的编制和防区方面，在请领军械弹药、粮饷物质方面，在向海外华侨征募方面，在消除误会、减少摩擦方面，向国民党做了许多交涉和斗争，取得了许多宝贵的成果。

叶挺在海外和社会上也久乎盛望。这是他集聚各方面力量，壮大新四军阵容的另一个优越条件。在他影响下，毕业于日本东京帝国大学的教授林植夫和著名医生沈其震分别担任了新四军敌工部代部长和医务处长，钱俊瑞、任光等一大批学者名流以及许多老部下成了新四军的重要干部。他的胞弟叶辅平是军部经理处长，于1939年押运弹药物资去皖南途中，在广西境内翻车而牺牲。他的妻子李秀文经常往返于澳门家中和皖南新四军军部之间，为抗日出力，叶挺从香港买到的一批手枪，就是由她带到皖南的。他还从保卫中国同盟负责人宋庆龄那里，接受了大批捐赠。

参与新四军的组建和组织该军向敌后实施战略展开，是叶挺的又一突出功绩。1937年12月，新四军军部在汉口成立。叶挺与项英、陈毅、张鼎丞、张云逸等同志一起，按照中共中央的指示，致力于部队改编和训练，在广大的华东、华中地区发展游击战争，开创了苏南茅山等一批抗日根据地。1939年二三月间，周恩来同志亲临皖南新四军军部，教育项英必须尊重和团结叶挺一起做好工作，才能应付各种严重复杂的斗争局面，并且帮助新四军确定了“向南巩固，向东作战，向北发展”的战略方针。5月初，叶挺偕同邓子恢、罗炳辉、赖传珠等，越过日军长江封锁线到达江北，主持成立江北指挥部，将第四支队扩编成第四、第五两个支队，进军合肥、定远，将游击战争推进到津浦路西、路东地区；将彭雪枫支队正式编为新四军第六支队，给他们筹措了一批枪支弹药，支持他们克服困难，发展淮上地区的游击战争。叶挺这次江淮之行，处处体现着“将苏北、皖北、华北连成一片”的战略意图。

新四军成立后的三年中，对日伪作战4000余次，歼敌10万余人，创建了苏南、苏北、皖南、皖中、皖东、皖东北、豫皖苏边、淮海等抗日根据地。全军从1万余人发展到10万人，“基本上完成了变敌人后方为前线的光荣任务”（《纪念新四军成立三周年》）。这巨大的胜利，包含着叶挺的劳绩。

叶挺十分注重培养干部和提高参谋业务。建军不久，他主持成立了军部教导队，从部队干部和抗日青年中挑选学员，加以培训。他亲自指导制订训练计划，检查授课和操练。叶挺强调参谋工作在今天有更大的重要性，他认为：我们的指挥方法，一般说来，还是从前拿破仑的方式。在各级部队中，都还是靠一个主将天才指挥战争，不靠科学的组织，因此发生许多指挥错误，牺牲了战士的生命，浪费了许多宝贵的物资。他主张充实改善各级参谋组织，加强参谋人员的训练。他亲自指导参谋人员剖析各种战例，研究日军的战术特点，提高指挥能力。

广州、武汉失守后，日军向国民党诱降，加紧进攻新四军。国民党顽固派配合日军压迫新四军，使叶挺向国民党当局的交涉斗争更加困难。在新四军内部，由于项英同志不敢发动群众，不敢扩大部队，一味迁就国民党，使得这种困难局面日益加剧。又因项英同志未能按照党中央和毛泽东同志的要求，做到尊重叶挺、团结叶挺共举大事，使叶挺感到自己的处境近于内外交困，几次提出辞职。1939年秋，叶挺为解决江北部队的编制和全军经费问题到重庆后，想辞去军长职务。他曾向李济深、李任夫表示：“我们在前方浴血奋战，国民党老爷们却攻击我们‘游而不击’。在这种‘煮豆燃豆萁，豆在釜中泣’的情况下，深感有愧抗日初衷，我不能忍受这种摩擦，更不能自相残杀，不想再回新四军去。”叶挺还向廖承志表示，如果一定要他再回新四军去，他愿意到江北去，不想再回皖南。

10月，叶挺见到蒋介石，因为军费问题解决不了，要求辞职，蒋介石说，你离开新四军也好，或者有比新四军更有意义的工作给你做。叶挺担心蒋介石会给他另派工作，便提出请假为他的胞弟叶辅平治丧，蒋表示同意。后来，叶挺来往于香港、澳门、重庆。1940年5月，党中央电告周恩来同志：蒋介石准备另派新四军军长，应坚决反对。要周恩来与叶挺谈话，彻底解决他回新四军工作问题。经过周恩来、叶剑英说服动员，叶挺于1940年7月回到了皖南。当军长从重庆回到皖南军部时，我曾向军长的爱人李秀文问道："八婶，挺叔去到重庆向中央辞去军长的职务，怎么回来了呢？"她说："你对挺叔还不了解？他是热爱党、热爱党的事业的。他一贯听党的话，他是坚决执行、服从党的决定的，中央叫他回来，他能不回来吗？"

叶挺因忙于与上饶第三战区和重庆军委会的联络交涉工作，很少有机会到前线直接指挥作战。但偶尔遇上这种机会，他便会表现出高超的指挥能力，打个胜仗。

1940年10月上旬，日寇"扫荡"皖南时，以5000兵力直扑泾县云岭，企图以突然袭击将新四军军部一举消灭。叶挺亲自指挥第一团和军部直属队，在云岭外围田方、草鞋店等地截击敌人。经过反复冲杀，歼敌数百，将敌击退。敌人进攻军部不能得逞，便渡过青弋江，扑向国民党五十二师驻扎的泾县县城。国民党军闻风而逃。叶挺率部追至该城，趁夜向入城日军猛攻，敌人惊慌失措，逃往南陵。10日，15架日机向泾县县城狂轰滥炸，城内半数房屋被毁。叶挺冒烟突火指挥部队救护群众，还照相记录了日军的暴行，在墙倒屋塌中险遭不测。

1941年，蒋介石精心制造了"千古奇冤"的皖南事变。战斗打响后，叶挺曾力主集中兵力、火器强攻星潭。当时星潭敌军只有两个营，突破后即可冲出包围。由于项英的反对，开了7小时会议，最后按项英意见原路撤回。在项英出走以后，叶挺一直力挽危局。他在给党中央的电报中表示："我为全体安全，决维持到底"，"上下一致，决打到最后一人一枪"。党中央回电指出："希夷、小姚（即饶漱石）的领导是完全正确的，望全党、全军服从叶、姚指挥。"叶挺看到党中央、毛主席的电报，心情万分激动，热泪夺眶而出。他在高坦召集部队作动员："此次奉令北上抗日，却遭到国民党顽固派的阻拦。为着国共合作，民族生存，我一定尽力挽救这一民族危机，赴汤蹈火，在所不辞。"在叶挺指挥和领导下，英雄的新四军皖南部队不惧艰险，不怕伤亡，继续与敌人殊死战斗，直至弹尽粮绝。14 日在主阵地东流山失守以后，已无法坚持，为保存有生力量，叶挺下令分散突围。他给党中央的最后一份电报说：此次失败，挺应负全责……今日事已至此，只好拼一死以赎其过。当天叶军长下山与国民党军队进行谈判，被非法扣押。在皖南突围、被国民党军队扣押时，我一直跟随在叶挺身边，我们被扣押以后，他对我说："你们受过共产党和新四军多年的教育，要临危不屈，不要辜负党和人民的期望。"

蒋介石做梦都想把叶挺拉到国民党方面去，他挑拨叶挺和共产党的关系，对叶挺在新四军中没有起到他所要求的"领导作用"非常恼恨。当叶挺向他要枪要钱要编制的时候，他说："你光知道帮别人要东西，辜负了我的希望；如果你能参加国民党，那么什么经费、编制都好商量。"叶挺回答说："我现在什么党派都不参加，只想参加抗日救国。"蒋介石无可奈何。

皖南事变后，叶挺被关在上饶，成了阶下囚。蒋介石认为这是降伏叶挺的绝好机会，便指使陈诚、顾祝同、上官云相等叶挺的老同学、老同事软硬兼施，威逼利诱，向他劝降，并要叶挺发表声明，将事变的责任转嫁到中国共产党身上。叶挺不为所动，他在给蒋介石写的一封长信里，要求从速组织军事法庭，对他进行公开"审判"，"恩准判挺以死刑，而将所部被俘干部不问党籍何属，概予释放，复其自由"；"或判以无期徒刑，并准所部少数高级干部伴随禁锢，其余概行释放。”他“愿以一死为部曲赎命”。他庄严声明:“窃念个人之操守,亦有至死不变者在”;“挺不愿苟且偷生，以玷前修，愿保其真情而入地狱。”

上饶策反不见成效，蒋介石下令将叶挺密押到桂林，关进阴森的七星岩洞穴，由一群如狼似虎的军统特务看管，企图以生活上的虐待和精神上的恐吓，毁坏他的身体，消磨他的意志。在让叶挺吃尽苦头之后，1942 年初，蒋介石又下令将他解到重庆，亲自出马劝叶挺“归顺”。叶挺用具体事实说明皖南惨剧完全是蒋介石蓄意制造，罪责应由蒋介石负责。蒋介石威胁说：“我指示你一条正路，你绝对服从我，跟我走，你一定可以得到成功，不然你就算完了。”叶挺硬朗朗地说：“我早已决定我已经完了。”把坐牢和杀头，视为等闲之事。

以后，蒋介石又把叶挺交给驻扎在湖北恩施的第六战区司令长官陈诚，以优裕的生活待遇软化他，以第六战区副司令长官、代司令长官和缅印远征军副司令长官等高级军职诱惑，均遭到叶挺断然拒绝。这期间，叶挺先后被转移到柳州、桂林，又转回恩施、重庆，在军统特务的监视迫害下，过着开荒种地的清贫生活，直到抗战胜利。在重庆军统看守所的红炉厂里，叶挺写作了《囚歌》以明志：

为人进出的门紧锁着，
为狗爬出的洞敞开着，
一个声音高叫着：
爬出来啊，给你自由！
我渴望着自由，但也深知道：
人的躯体哪能由狗的洞子爬出！
我只能期待着那一天：
地下的烈火冲腾，

把这活棺材和我一齐烧掉，

我应该在烈火和热血中得到永生！

《囚歌》表现了叶挺“匹夫不可夺志”的大无畏英雄气概和“宁为玉碎、不为瓦全”的崇高革命气节。正如周恩来所说：“十年流亡，五年牢监，虽苍白了你的头发，但更坚强了你的意志。”

日本投降后，经党中央营救，叶挺于1946年3月4日获释。

出狱第二天，叶挺即致电党中央、毛主席，要求加入中国共产党。经过毛主席亲自修改的回电说：“你为中国民族解放与人民解放事业进行了20余年的奋斗，经历了种种严重的考验，全中国都已熟知你对民族的无限忠诚。兹决定接受你加入中国共产党为党员，并向你致热烈的慰问与欢迎之忱。”

在抗日枪声尚未停止，内战烽烟又起的形势下，叶挺迫切希望及早参加保卫解放区的战斗。但当他4月8日怀着喜悦的心情与王若飞、秦邦宪、邓发等同志乘机前往延安时，却因飞机失事而离开了我们。党和人民蒙受了巨大损失。

叶挺将军在抗日战争中的光辉业绩，将永载我军史册，彪炳日月，万古长青。

项　英

应当深刻认识，对于群众的紧密联系是保证胜利的必要条件；我们要争取抗战的最后胜利，就必须发动广大群众，与群众打成一片。

● 1898年生，原名项德隆，湖北武昌人。

● 1922年4月，加入中国共产党。

● 1937年，全面抗日战争爆发后，于10月任中共中央东南分局（后改为东南局）书记、新四军副军长，为组建新四军做了大量工作。随后根据中央军委的指示，先后组织部队向苏南、苏中、皖东挺进，开展敌后游击战争，建立抗日根据地。

● 1939年，不仅参与了新四军“向南巩固、向东作战、向北发展”方针的制定，还在皖中组建了江北指挥部。

● 1940年4月，在皖南指挥春季反“扫荡”，10月参与指挥秋季反“扫荡”，共歼日伪军3000余人。

● 1941年3月14日，在突围中不幸遭叛徒刘厚总杀害，年仅43岁。

南方三年游击战争经验对于当前抗战的教训 *

项　英

南方坚持三年游击战争对于抗战的意义

自九一八事变发生后，中国共产党和苏维埃红军即坚决主张对日抗战，随后又要求全国军队与红军订立共同作战的协定，全国一致抗日。当时这种主张还未取得国民党的同意，因而没有达到停止内战一致对外的目的，使得我们为了坚持抗日主张不得不进行自卫战争。1934 年 10 月，主力红军为到达抗日前线开始了长途远征，同时在江西留下了一部武装力量，来领导群众，以保持南方经过七年血战所建立的民族革命阵地和保证工农大众已得的利益。在这种任务下，我们百折不回地继续坚持了三年的游击战争。

在这三年坚持的游击战中，大部分的苏区被占领，被截断，使得我们不得不各自独立作战，陷于各个孤立奋斗的状态下，并且我们又是以最劣等武装的游击队来与挟有优良武器，数量超过我们 30 倍至 50 倍不

---

* 本文原刊于 1937 年 12 月 11 日出版的《解放》周刊第 1 卷第 27 期。

等的正规军作战，可以说我们是在非常困难和最恶劣的条件下长期苦斗着的。可是我们终于克服了无数的艰险和困苦，终于最后获得了它的结果：

第一，保持了南方的许多游击战的支点，这些支点成为目前抗日战争中战略的主要支点。

第二，保持了经过十年血斗所锻炼的武装力量，这种力量将在当前抗日的民族革命战争中成为一个坚强的力量。

第三，坚持为实现共产党抗日救国的主张而奋斗，以百折不回的精神，卒至达到抗日战争的实现。

第四，红军主力二万五千里的长征，创造了空前的伟大事业，我们配合主力红军，坚持了三年的游击战争，对于中国革命在目前新阶段的开展起了推动机的作用。

最后，也是最重要的一种结果，就是我们三年坚持的游击战，成为目前抗战中一个实际的榜样，对于争取抗战的彻底胜利是有非常重大的意义的。

目前抗日民族革命战争的主观客观条件，是与我们坚持三年的游击战争的主观客观条件不相同的，具体地说，目前的条件更优于我们当时的条件，更有获得最后胜利的把握。最大的不同，就是那时是处在国内战争的环境里，现在是全国一致团结抗日，那时我们是在重重包围之下，是在各个截断的狭小的地区内，进行各个孤立的奋斗，现在有全国广大幅员与日寇作战，进退自如；那时我们是以劣势兵力和最原始的武器与数量超过我们几十倍且有精良武器的军队作顽强的苦斗，现在我们的武器虽比日寇差，但与我们在游击战中比较起来要好得多，特别是军队的数量要优于日寇。

把这些条件拿来比较，就不仅可以坚定我们抗战的信心，而且可以明显地告诉我们有最后胜利的绝大把握。我们三年坚持游击战，就是最好的一个榜样，足以打破对于抗日战争缺乏信心的“恐日病”“唯武器论”的失败主义，揭露汉奸亲日派和平妥协的投降阴谋。

三年游击战争与群众

在极端困难与非常恶劣的环境下我们依靠些什么条件去取得胜利呢？主要的是依靠共产党的领导，依靠我们能够正确地分析和估计整个的斗争形势，适应各个斗争的主客观条件，决定我们的行动方针；依靠游击战术的灵活作用，能够随机应变，以适应各个时期对方进攻的手段；依靠最忠实于革命和民众利益的坚强干部做骨干；依靠有高度政治觉悟以及有经常政治工作的武装部队；最后而且最主要和最基本的，是依靠广大民众的热烈拥护和积极参加，使武装与民众结成一片。这最后的一项对于我们目前的抗日战争是特别值得我们注意的。

从 1925—1927 年大革命失败后，南方各地广泛地开展了游击战争，特别是以井冈山的游击战争为最重要；接着中央苏区建立起来。从主力红军开始远征后，又转到游击战争。现在，游击战争又成为抗日战争中战略上所必须采用的一种战术。但是这几个时期的游击战争在内容上是否完全相同呢？我们的回答是不相同的。因为各个时期内，主观的客观的条件，不能完全相同，每个时期游击战争的实质，是根据当时主客观条件来决定的。虽然在基本原则上大致相同，但是基本原则所包括的各个具体问题上，还是有差异的。

我们三年坚持的游击战争，比起井冈山时期，是更带着群众性的。当井冈山游击战争的时候，国内的矛盾还没有南方三年游击战争时代的那样尖锐，那时候在战争的继续上也还有一些中断和休止的时候，在对我们的进攻上还是多采用军事的正规的战争，在斗争的任务及战争的条件上，也都有些不同。我们南方三年游击战的特质，是在于更加以群众做基础，我们整个斗争的主要方式，是以武装的小部队配合广大群众的动作。若没有群众，离开群众，那么我们即不能坚持，不能存在。

我们在一个区域里，曾有二年半的时期，经常转移不停，因为山上的树木多数被砍得一根不留，丛木野草多被烧得精光，如果我们死停在一个山里，即要被发觉被消灭，所以我们必须经常从此山移到彼山，而且转移的时候很短促。这一事实说明了我们的艰苦环境，在战术上不仅是小部队的战斗动作，而且更主要的是群众中的工作。依靠群众才能利用一切可能条件和优点，来保持和发展自己的力量。

再举一些事实来说。例如，在1935年，我们曾有一次被围困在山里，附近的民众，被驱逐干净，四面包围封锁得异常紧密，我们不仅没有饿死在那里，而且每天还能有白米吃，还能够行动。这完全是由于群众的帮助。他们在深夜的时候，会自动地想尽一切方法，冒险送米给我们。这就是说，我们的一切斗争都变成了群众自己的斗争。在今年正月间，又有一次进攻我们的部队，离我们只有八里路的光景，那时是很危险的，可是我们马上就知道了，因为群众很快地就把消息告诉了我们。诸如此类的事情，简直不胜枚举，群众成为我们的耳目，同时又是手足。

在当前的抗日战争中，应该包括井冈山时期及三年来所坚持的那两种游击战。现在八路军的作战，是带有游击战及山地战的性质；在许多条件下，我们可以而且应该采用坚持三年的游击战的方法。特别在现在，当游击战在整个的抗日战线上，日益占着重要地位的时候，接受和学习三年坚持游击战争的经验与教训，是更有重大的意义和必要的。主要是应当深刻认识，对于群众的紧密联系是保证胜利的必要条件；我们要争取抗战的最后胜利，就必须发动广大群众，与群众打成一片。三年坚持的游击战争与第八路军的屡获胜利，就是最明显不过的证明。

坚持三年游击战的战术特点

上面约略说了三年坚持游击战的任务和实质。根据这些，确定了我们对于游击战术的灵活应用。在这里，一般的原则我不多说，只着重地说三年游击战争中战术上的一些特点。

一般地说来，山地的地形是便利于游击战争的，但是这不是绝对的。在下述两个条件下，平地也可以进行游击战争：第一，是广大群众的帮助；第二，是游击战术的正确应用。领导者要能根据主客观条件灵活地实现自己的行动。当然，没有山地，游击战争的困难就比较多。

在南方，因为人口很密，交通发达，不仅各乡多有汽车道，而且每个山都有大路。在这样的条件下，就必须根据群众条件与游击战术原则来决定如何配合群众，如何保持并发展武装力量的办法。在三年坚持的游击战争中，我们在游击战术上加上了过去没有的一些原则。第一，用俗语来说，就是“赚钱就来，赔本不干”，每次战争，我们一定要以最小牺牲换得大的代价；第二，“有把握就打，无把握就溜”，就是说要一下能把对方弄死才来，是决不轻易去打；第三，打不赢的时候，就隐藏起来，这“躲”的办法，过去是不知道的；第四，有利的时候就集中来打，否则就分散；第五，利用对方的弱点和空隙的地方去进攻；第六，是“有路不走，没路就走”，因为有路的地方大概都有埋伏，对方常带着干粮，在路旁埋伏着一两天不动，我们只得找没路的地方走，所以时常使我们身上受到许多刺伤。整个说来，我们“躲”的功夫，是好的。但有很大的缺点，就是利用弱点进攻对方这点，还比较差。

其次，要讲到战术上的主要条件。第一，了解敌情，时时刻刻对于对方的情形，要清楚地知道，因为对方和我们一样常是突然进攻的。要了解对方，完全要依靠群众，而且群众需要有相当的训练，知道怎样去探听消息，更要紧的，是知道怎样把消息传达给我们。我们在这方面曾有很大成绩，曾布满了群众在我们的边界上，而且他们很好地完成了自己的任务。第二，有情报后，判断要迅速，不容有丝毫的犹豫，很快地定下决心，布置行动。第三，对于对方的特性，应有清楚的认识。如当时某某军队，主要的是靠埋伏，但他们经常隔两星期就要休息一星期，因此，我们当他们埋伏的时候就不动，歇的时候就动。对于以堡垒为主要的对方就不同。他们除正规军外，还组织地方反共队等，正规军战斗力强，地方反共队就比较弱得多，可是反共队长于搜，对于地形很熟识。所以我们所采取的战术，就尽可能避免和正规军作正规战，多打地方反共队。他们联合起来力量比我们大的时候，就实行“溜”。对反共队不能采取“躲”的办法，就应当打他们的埋伏。

最后，我们游击战术运用的最主要的一个特点是在于有群众的配合。在对方进攻我们的时候，必须发动周围的广大群众，组织游击小队行动起来，以分散对方的注意力；必须动员广大群众来帮助我们对付对方，例如他们命令群众砍山，有时候一天也砍不了一棵树，命令他们搜山的时候，时常发现了我们，不去报告。

我们的战术是应该根据主观客观的条件及我们的任务来决定的。以上的一些原则，应当根据各该地的条件，来灵活地应用。在目前的抗日战争中，对于游击战术的原则，是应该了解的；但更重要的，是应该懂得怎样去灵活地运用这些原则。这三年坚持的游击战争，无疑的是给了我们许多宝贵的经验，值得我们去学习的。

对于当前抗战的主要教训

我们坚持三年的游击战争，已经获得不少的经验和教训。这些经验与教训可以给予当前的抗战以极大的帮助。为着坚持抗战到底，为着争取抗战最后胜利，必须运用这些经验和教训到当前的抗战中去。其中最主要的可以指出几点：

第一，要有正确的总的方针，才能领导斗争达到最后的胜利，否则经过了最大的代价，却不能获得最后的成功。我们三年来坚持的游击战争，正因为在共产党的正确方针之下，才能在长期的艰苦困难中坚持斗争到底。在目前抗战中，中国军队作了很大的英勇战斗，但我们在军事上却受到不少的挫败，我们必须细心检查失利的主观原因。我们不能不指出，这上面的原因是在于把抗战只限于政府军队的片面抗战，并在战术战略上多偏于单纯的消极的防御。这是目前抗战中最大的危险。我们应该接受痛苦的教训，只有坚持抗战，实行全面的抗战，变更我们的战术战略，才能保证取得最后的胜利。

第二，民众力量是最伟大的。我们三年坚持的游击战争主要的就是依靠民众力量。若是没有民众的拥护和参加，那么不但不能取得胜利，而且不能坚持长期斗争以至遭受失败。因此我们认为，目前的抗战只限于政府的军队的抗战，没有成为全民的抗战，甚至惧怕民众参加，是一种自杀政策。这样继续下去，不但不能保证获得最后的胜利，而且也不能坚持到底。我们希望能够迅速纠正这种错误，改革政治机构，开放民众运动。动员全中国的民众参加到抗日战线上去，转变单面抗战为全面的抗战。

第三，我们以劣势的兵力，能与优势的部队作长期的苦斗，这正因为我们的军队有高度的政治觉悟，指挥员与战斗员团结一致，有经常的政治工作，特别与群众有密切的联系。没有这样的部队，就不能顽强地坚持战争到底。目前中国抗战的军队是表现了英勇奋斗与壮烈牺牲的精神，但除八路军外，军队的组织与生活，大多数还是继续着过去的旧制度，甚至在战争中发生严重脱离群众的现象，这当然要重大地削弱军队的战斗力，影响整个的抗战。我们必须依照革命军队的组织、教育、生活、关系，来改造目前抗战的军队，使官兵一致，军民一致，这样才能保证在持久抗战中获得最后胜利。

大家知道，八路军在山西一带不断地获得胜利，到处受到民众的热烈拥护，到处与人民打成一片，主要的是由于他们具备了上面的三个条件。不仅目前八路军的胜利是一个实际例子，而且大革命时代北伐军的胜利，也是历史上的好例子。

我们为了坚持抗战到底，为了争取最后胜利，就应该迅速把政府军队的片面的抗战转变为全面的全民族抗战，转变单从正面的消极防御为积极防御，采取侧面的进攻和运动战与游击战，改造抗战的军队为官兵一致军民一致的革命军。若是执行了这些转变，那么，我们一定能够在持久的抗战中获得最后的胜利，一定能把日本帝国主义驱逐出中国去，完整我们的河山，把中国从殖民地化的危急状态下拯救出来，成为真正独立自由幸福的民主共和国！

新四军的昨天和今天*

项　英

散布在七个省区的红军游击队

（一）朱毛主力离开江西以后

要说明新四军的诞生和成长，必须追说到1934年冬天，江西主力红军朱毛的突围、西进和北上到陕北苏区。那时已经到1935年的冬天，整整一个年头，而在江西则留下一个独立师，几个独立团，组织成中央军区，由项英同志负责。在这个区域中，坚持了三个整年的游击战争，保存了革命的力量。但因为进攻力量的强大，不得不把师团的组织分散开来，变成几个独立的指挥单位。一部分在闽西之龙、汀一带，由张鼎丞、邓子恢、谭震林、方方各同志来领导。一部分留在赣南的大庾、南雄、三南一带，由项英、陈毅自领之。一部分到闽赣边之崇安一带，由黄道、曾镜冰两同志负责。这三个部分形成这个区域的中心力量。围绕这个中心，尚有其他小游击队的存在和活动（如汀州、瑞金游击队，上犹、崇义、桂东之游击队）。

* 本文原载集纳出版社1939年5月1日出版的《项英将军言论集》。

这是江西苏区在朱毛主力出动后的游击武装情况。

（二）两个军团的后代

我们记得在 1934 年春天，江西红军曾派一个军团（第七军团）组成抗日先遣队，由江西经福建（曾袭击福州一次）转到浙江（江山、常山一带），又到皖南（徽州、太平、泾县一带）。虽然后来在浙赣边失败，但是由于他的英勇的行动和抗日的号召，浙赣边、浙皖边以及浙江东部（平阳、温州）各地，建立起游击队来，继续斗争，散播了抗日的影响，确立了革命堡垒。还有在福州事变时，在福建东部沿海各县农民暴动成立的一个游击区。

红军不是还有第六军团的萧克吗？自从他的主力与贺龙（第二方面军）同志会合后，在湖南的平江、浏阳，在江西永新、莲花两个地方也都留下了游击队的种子，不断地活动。而在湖南耒阳、郴州两处，另自还有两支小游击队。

（三）红四方面军的留守部队

红四方面军是在 1932 年离开鄂豫皖苏区的，到了陕川边，建立了苏区，后来与朱毛红军在川康边会合北上到陕北去了。其留在鄂豫皖苏区的，有一部分由徐海东同志率领，转战于豫陕间，亦先到陕北苏区与刘志丹同志部分会合了。就只在湖北黄安、河南信阳两处保留下两个游击队，由高敬亭、周骏鸣两同志领导之。

从上面的概略说明，你去翻开地图来就会看见，这些红军游击队散播的区域是很广大的。1. 湖南是平江、浏阳，耒阳，郴州、桂东、桂阳三点。2. 河南是信阳、确山一带。3. 湖北是黄安（以七里坪为中心）一带。4. 江西是永新、莲花，上犹、大庾、崇义、定南、虔南、龙南（即所谓“三南”），景德镇，瑞金，铅山、上饶，都昌，铜鼓、万载七个地区。5. 安徽是祁门、婺源及皖北之六安、立煌一带。6. 福建是崇安、浦城，长汀、龙岩，连城、汀州，福鼎、福安，屏南、古田五个地区。7. 浙江是平阳、温州、庆元一带。

活动的区域虽然小，游击队的力量也不大，但是散布的面积是极其广泛的，有七个省区。

进攻，进攻，谈判与和平

继续五次“围剿”的进攻，一切力量从中央军队到地方保安队、民团，对于散播在这七个省区的游击队并没有放松过。这个时期从朱毛主力红军离开江西（1934冬）算起来到西安事变（1936）为止。自然，陕北红军主力已更大努力地进行了抗日民族统一战线，但是中央军的“围剿”并未停止，而特殊的在东北军中开始发生了统一战线的运动。南方七省的游击队，在这两年（1934—1936）当中同样遭受“围剿”的困苦，然而是以更新更灵活的游击战争的方式，坚持了南方革命的堡垒。不管这些游击战争的活动是如何微小，不能影响整个国内战争的局面，然而这些据点成为我们今天的朋友的心腹之患，以拔之而后快，但并未拔得了。

由于抗日民族统一战线的开展，由于东北军的对内战的动摇，由于日本帝国主义疯狂的进攻，由于全国抗日运动的发展，在1936年12月12日爆发震动和改变整个中国政治生活的西安事变。和平的结果使陕北红军主力也与中央军取消了敌对行动而进入于休战状态。但从这时候一直到卢沟桥事变为止的半年时期，成为南方游击队更困难的时期，即是说虽然国民党军事当局和陕北红军进入和平谈判的状态，而对于和陕北红军在政治上一致的南方红军却采取更加猛烈“围剿”，企图在短时期内完全加以消灭。这样可以：1. 孤立陕北的主力红军。2. 消除在南方的革命武装。3. 消除在南京当局所认为“心腹之害”。虽然七个省区的谈判和和平运动，我们可以说第二个时期，一直到新四军的正式成立为止。当其在进行和平谈判的最初的时候，是个别的游击武装与个别的省、县地方政府谈判。因此，在条件内容上不能一致，而主要的能表现在省、县地方政府是没有什么诚意，而是改变一个形式，即是从战争的形式，改用表面和平而胜利以求正式的突然的进攻手段，中心还是来消灭这些力量。譬如，在福建的何鸣部队、刘突军部队被缴械，河南周骏鸣部队、江西钟德胜部队被袭击，这些都是在部队已经编整后出以阴谋的处置。这种现象一直延至新四军成立后仍然继续发生。如闽中游击队的缴械等。

个别的谈判，结果仍然分住在七个省区，为南京军事当局所不愿的，必须把这些“钉子”拔出去。同时，中国共产党亦有把这些队伍集合来参加抗日战斗的愿望，于是新四军的成立的运动，才在南京提出来，这时已到 1937 年的 11 月。

编队、集中与其困难

新四军的成立问题被提出来后，中国共产党的主要条件是以新四军参加东南战线，不北调。至于队伍则在军之下成立两个师（每师两个旅），虽然折冲结果行动地区是在江南（原来国民党军事当局是要调他到山西受八路军节制），而编制问题未得到解决，直到首都南京被占，军事当局才答应编为八个单独的支队（一个支队等于一个团）。后来又才改成四个支队，每个支队辖两个团（支队等于旅了）。结果在实际上是师一级的指挥机关没有能够成立。

这样第一支队，包括江西的永新、莲花、大庾、南雄、“三南”，湖南的平江、浏阳，安徽的祁门、婺源的几个部分的游击队，以陈毅为支队司令，傅秋涛为支队副司令。

第二支队，包括福建龙岩、长汀、连城、云霄（即何鸣部）、汀州和江西瑞金及浙江平阳、温州的几个部分游击队，以张鼎丞为支队司令，粟裕为支队副司令。

第三支队，包括江西上饶、铅山，福建崇安、寿宁、福鼎、福安、南屏、古田的几个部分的游击队，以张云逸为支队司令，以谭震林为副司令。

上面三个支队在江南行动。

第四支队，包括河南信阳、确山、南阳，湖北黄安、麻城的几个部分游击队，以高敬亭为支队司令，戴季英为副司令。

上面一个支队在江北行动。

军部当着各地谈判大体解决，南京军事委员会即任叶挺将军为新四军军长，后因改编各种问题未得相当解决，直到1937年底，即先在汉口成立，到1938年1月移到南昌。

军部到南昌后，即计划各部分队伍改编，人事调整，装备补充，以及集中的时间、地点和路线。

这时期仅仅军部移到南昌，而四个支队即就本身来说，亦尚未集中。有些部分因为分散，完全不可能以支队为单位来集中，都只能由各部就原地出发，到前方来集中，已得到第三战区的命令，集中于徽州岩寺，因此军部以命令下达各部分，除第四支队外，都就原地出发向岩寺集中。然而那时候还是冬天，部队的冬衣补充没解决，各部分游击队在本区域住久了，一旦要离开，必须有些善后事情要处理，经费很少，各部分的老弱残废的安置，将士家属的安置，出发的开拔费等，都不能够解决。同时地方当局对于这部分队伍的歧视，士绅阶级之造谣破坏，双方摩擦也未减少，并且大部分是福建队伍，与安徽相距甚远，又不能取得铁道和公路的运输便利。因为这些原因，使得部队的集中不能如期完成，一直到3月初，各部分才开始分头向岩寺集中。

（一）首先是赣皖边的景德镇的一部分（一支队）到达岩寺。

（二）江西上饶、铅山及福建崇安的部分（三支队），因邻近安徽，出动较速，仅次于赣边之部分。

（三）湖南平江、浏阳部分（一支队），步行至萍乡（江西），乘湘赣车转浙赣路至江山下车，步行到岩寺。

（四）江西永新、莲花部分及大庾出发到吉安（江西），乘船至樟树，转乘湘赣车转浙赣路至江山下车，随上列湖南部队跟进至岩寺。

（五）闽东、闽中各部（三支队），分由宁德、古田出发，经屏南、政和、浦城入浙江之江山、常山向岩寺集中。

（六）浙江平阳之部（二支队），由温州、丽水至金华乘车至江山转常山、开化，向岩寺前进。

（七）闽西、闽南之部及江西瑞金之部，均由龙岩出发，至汀州入江西，经瑞金、会昌、雩都至赣州，乘船到樟树，乘湘赣车转浙赣路至江山下车，经常山、华埠至岩寺。

江南三个支队于此时（约在4月初）已大部集中完毕。仅福建尚有两个连，湖南平江、浏阳一个连及湖南耒阳、郴州两部，于最近始到前方，编为军部直属之特务营。

在江北的第四支队，亦于4月初会合，向合肥、巢县前进，现已在合肥以东、津浦路以西，与日寇进行游击战争了。

军部亦于4月初移岩寺指挥。

出动与我们的任务

部队既已完全集中在岩寺，除第四支队归第五战区李司令长官宗仁指挥之外，这三个支队就要去执行它的任务。

首先，第三战区派员来点验部队。另一方面，我们为准备着出动，一面加强本身的战斗教育，一面向第三战区要求装备弹药的补充。

为了这些工作，就在岩寺将近住了一个月。

这时队伍点验过了，弹药装备也补充了一些，已得到一个短时期的休养和教育机会，而任务规定的命令也来了，是在南京以南的不大地区中进行破坏铁路、公路，扰击敌人。

我们过去一般的都有山地游击战的经验，但南京附近的地形和今天的敌人，已和过去的经验不相融合。为了首先明白敌情和地理条件，我们决定派出一个先遣队出去。

先遣队是各支队派人混合组成的，配备相当充实武器弹药，由4月底乘汽车运输至南陵，通过宣城、芜湖之线左进，经当涂右侧转进，进至南京以南地区。现在它的足迹、传单、标语、影响、活动，已于江苏省的高淳、溧水、溧阳、金坛、江宁、南京、句容、宜兴、武进、镇江这一广大地区了。它虽尚未与日敌对面作战，但它已破坏了若干处公路、电线交通，宣示了中央决心抗敌的意旨，发动了这区域人民抗战的组织，打击了若干汉奸投降分子的叛国行为。

有了这个先遣队的出动，对于当面敌人的情况已渐次明了，同时地形上虽非全属山地，但也可进行游击战争。本于上项任务，其他支队现正陆续前进，挺入敌区。

同时，以前划给本军的活动区域比较狭小，几无回旋余地，而现在则比较大了，京沪铁路、京杭国道、江南铁路（即京宣线），皆由我们出入，我们当然可以担负起这个任务来。

这个任务是什么？让我重说一遍，即是破坏铁路、公路及电线的交通，截击敌人的辎重，钳制更多的敌人于几个据点，打击敌人的少数队伍，发动人民坚持抗战，组织人民自卫的武装，实行坚壁清野，困厄敌人的给养和妨害敌人，使它不能再掠夺中国资源，坚决打击为日寇作走狗的汉奸政治组织及军队。

我们已在执行这个任务，我们继续执行这个任务，并且准备在战斗中锻炼自己，壮大自己，以便打击更大的敌人，不仅能作游击战，还够作运动战和阵地战，一直到反攻，而且是反攻和克复我们的首都——南京！

陈 毅

我们新四军要在茅山站住脚，在困难中求得生存和发展，首先必须得到群众的信任和支持。要做到这一点，就要坚持“三不”（不拉夫、不派款、不扰民）政策。

● 1901年8月26日生，四川乐至人。

● 1923年，加入中国共产党。

● 1937年，全面抗日战争爆发后，积极参与组建新四军。

● 1938年初，任中共中央东南分局委员、中央军委新四军分会副书记、新四军第一支队司令员。

● 1939年11月，任新四军江南指挥部（后改称苏北指挥部）指挥。

● 1940年10月，指挥黄桥战役，大获全胜。

● 1941年1月，皖南事变后，重建新四军军部，任新四军代理军长，领导华中抗战，广泛开展游击战争，巩固和扩大了华中抗日根据地。

● 1944年3月，回到延安参加整风。

● 1945年10月，任新四军军长兼山东军区司令员。

● 1972年1月6日，在北京逝世。

论游击战争 *

陈　毅

一

同志们，现在来谈游击战争问题，我只想从历史的叙述帮助同志们能进一步了解抗日游击运动，以便加强其领导。因此，不是一般来谈游击战争。为尔后说明方便起见，我首先把几个军事用语作一番解释。

游击运动，是指从开始组织和发动游击战争直至巨大发展的斗争过程，包括广大人民的参加，包括斗争涉及军事政治诸方面而言。

游击战争，是指一种革命和反抗的武装斗争方式，特别是农村中广大群众在反抗暴虐压迫时所通常采用的方式，可称之为农村斗争的最高方式。

游击战术，则仅仅规定关于军事斗争的部分，关于斗争的动作部分。

游击动作，则更是单个的来说明如何使用武器而着重于技术方面。

游击根据地，应该包括若干游击基点，实际是会集若干游击基点始能成为游击根据地。所谓根据地，是指该地敌人难于侵犯，已经大部或

---

* 此文是陈毅在新四军第一支队干部会议上的报告节录。原文刊载于 1939 年 9 月 15 日出版的《抗敌》杂志第 1 卷第 5 号。

者全部结束了流动性，处于比较稳固的局面，已经成为一个后方地区。

游击基点，仅是一种依托，作为游击队进攻时之跳板。

游击区域，是指该地敌我势力并存，你来我往，常不相下，完全处在敌我争夺的局面，而且常常是敌人力量大而我们力量小。假如我们力量大敌人力量小，则已经可成为收复区域或者根据地，那就不成其为游击区了！

同志们，我为什么用迂儒式的讲解来打搅你们，麻烦你们，实在因为许多刊物上关于游击战争的解释误会太多。在我们使用名词时不能不审慎，因为一个名词代表一个确定的概念，这是我们做学问讲战术的人首先应该遵照的条件。

二

承认上面解释是合理的，我们可以来说明：第一，游击运动在中国历史上是屡见不鲜的。所谓游击是“来路货”的说法，完全是不正确的。游击战争这种斗争方式在远古时代已为被压迫群众所发明、所创造，更是屡屡采用。我们设想，在农业社会环境中，广大农民受着剥削压迫到忍无可忍的时候，只有铤而走险，以自己劣势武器集合成为无组织的军队，所谓乌合之众来与压迫者搏战，这种战争要避免敌人的聚歼，必然采用流动滋扰的各种办法，而且逐渐使自己进步，走入正轨。这说明游击运动一般产生于农业国家或者半殖民地国家。在先进的工业社会，人民有了更好的反抗武器，如罢课、罢市、罢工、武装暴动之类，一般也用不着游击战争，也难以掀起游击运动。明白这一点，则知道游击战争只能在一定的社会条件之下才能产生，其作用也受着限制，这可以纠正许多人中间那种游击万能以及诅咒游击的观点。第二，既然游击战争，其战术，其动作，其技能，其政治性质等，都受着一定的社会的政治经济条件所限制，则领导游击战争的人，他就要善于运用自己所处的具体环境，自己能抓住的各种条件来组织游击进行斗争。凡在农村的斗争环境，广大人民的反抗情绪愈大，则愈容易进行游击战争以至提高到游击运动。因此，游击运动常常是由极简单粗疏而日益走向最高的发展阶段，凡不积极去发展和扩大的，凡不积极去纠正自己的弱点、从斗争中补救自己的弱点的，必然走向失败。游击战争要求不断发展，要求走向主力，凡停顿、保守的等于自杀。第三，游击战争是军事问题，同时也更是政治问题。因为游击战争是依靠广大人民的反抗情绪，离开了政治领导和动员，决然不能发动和扩大游击战争。所谓命令游击、强迫游击是决然不可能的事，煽动游击是可能的，但一定在群众愿意条件之下。他们能决然武装走向战场，没有这一政治基础，任何巧妙手腕都是无用的。第四，中国辛亥革命以前由同盟会领导的革命，诸先烈也常常采用游击手段对付清皇朝，当时统治者以“乱党”“匪党”的名目加诸同盟会身上。这一段回忆谅必是仍存在我中国人民的头脑中，当时的统治者大骂“乱党捣乱，只知破坏，不知建设”，造谣中伤说“同盟会的领袖是外国人生的，是要把中国奉送给外国人”，这一类滥调不仅说后十年已为我们所熟闻，现在在抗日中的江南，南京、上海的日寇发言人也以“游匪”“共匪”“游击队就是土匪”“蒋、共投降苏俄”等称号加诸我们及一切抗日军队的头上。实际游击战争规律是在对统治者进行反抗滋扰，必然使用可以削弱对方的一切手段。这种行为，因有政治目的和政治纪律，当然与土匪行为决然不同，但统治者常抹杀此点而进行造谣中伤。另一面更有趣的我军捉的日本俘虏，也公然义愤似的抗议说：“中日交战要堂堂正正，不应该用这种无耻的游击偷窃办法。”再有就是当去年广州陷落之际，日寇华南总司令某也致电蒋委员长，要求两军会战。他责备中国军队在不利情况下的战略的自主退却。这又说明统治者与游击者的斗争方式根本对立的倾向……总之，凡统治者和两军的强方，他们总想把弱者或对方聚而歼之，总喜欢用硬战强攻，总讨厌这种游击的办法，所以轻蔑他、诅咒他，加以“匪、匪、匪”等恶名。但是被压迫的人，力量较弱的人，总是舍不得这个避实击虚的游击办法：一面可以保存自己，一面可以逐渐来增强自己。这已经是说出了全部的秘密。历史本是前进的，本不会兜圈子的，但是五十年来中国民族解放的斗争史中，恰恰有类似的重复事件，从统御术与革命术的对照中，我们可以找得出许多滥调的无数次的重复，虽然他们内容和实质不能尽同，这应该是最开心的事体。第五，孙中山先生在民国十一年在桂林，对滇粤桂军讲演游勇战术，一般已指出游战的特点，他更主张革命军的补充与接济应该取诸前方，不应专靠后方，这点更是远见卓识，令人崇敬。孙先生这一段指示，特已印发，大家可以细看。我们回想本军的历史，十年来的艰苦斗争，全部都经过游击战争的阶段，所以我们具备了游击的专长。我们在实际斗争中所获得的结论实与孙先生的指示暗合。我们不应该抱残守缺，我们应该继续不断来发扬自己的特长，创造更新的东西。

三

中国的游击运动以近十年来最为丰富，尤以现在的抗日游击运动，如果发展下去更是集今古中外之伟观。现在有把内战游击运动与外战游击运动看成一个东西的人，比如同志中那种观点“我是老游击，现在游击不算什么，自有办法”。也有把两个东西看成毫无关联的人，譬如某些人士说“现在才是真游击，以前是土匪，不是游击”。不消说都是错误的。照我的意见，我先从我军在历史上所遭遇游击时代说起。我分为四个时期：第一个时期可以井冈时期为中心，运动的特点是处于暴动的初期，其环境是零星的不联系的游击地区，游击方面力量弱小，进攻方面自然也说不到大动兵马，这是在空隙中生长起来，其战术特点包括在

“敌进我退，敌驻我扰，敌疲我打，敌退我追”毛泽东的十六字诀内，又可包括在黄公略的“化零为整，化整为零”的两个战术口号之内。显然当时的游击运动没有遇着像以后那样的大的遮拦，比较可以作自由的发展，所以进退集散能够灵活布置便可臻上乘了。此时期最容易发生盲动主义。但是游击运动发展到第二时期，强大的进攻军摆在面前，宽广的根据地的正面需要防守，于是提出建立主力的问题。显然，在江西苏区从第一次反“围剿”到第五次反“围剿”，如果不集中各游击队建立主力兵团，决然不能进行大规模的战争。所以游击运动发展到主力时期，游击战争就退居于次要的附属的地位。“一切服从主力”“配合主力作战”，这是最可代表其精神的两大标语。这种时候其战术的战斗的诸方式采用远殖队、挺进队、破坏队诸办法，从以不脱离主力的指挥，求得与主力的战役及会战的配合为中心。这种场合容易发生一切依靠主力以及对游击战争的取消主义。这种教训想来大家还记得起吧！第三个时期，到了江西突围留在南方各省边区的游击部队，这个时候游击运动采取了新的形式，斗争环境是空前的艰苦，而没有顺利发展的革命形势，只有一个坚持阵地保持基干力量的任务。进攻者与我们的力量对比悬殊，同时又当着一个大的根据地放弃之后，由大的斗争转到小的斗争，由大的进攻转到小的退守。革命往前发展指导运动是比较容易的，但在革命挫折之际以及转变关头，要保持力量收容部队，则是十分困难的事。南方三年游击战争，在这方面的艰苦远超过于以前两个时期，因此其斗争经验的丰富和战术上的创获更超出前两个时期。扼要的总结说来，他善于在大的失败之后保存自己，善于由大的进攻战局转变成退守战术；他善于聚集自己的力量，以局部反攻来掩护退却，收容自己；他更善于团结群众，以群众的掩护作为自己保存和发展的基础；他善于把一切群众斗争的方式如秘密的、公开的、半公开的、亭子间的、搭棚子的与游击战术和动作综合到一起来灵活使用，所以能在大的“清剿”和严重进攻的局面下坚持到底。这里就做出实例，不仅崇山峻岭可以发展游击，就是平原地、丘陵地、沿海地带一样可以进行游击。游击战争应依靠群众作基础，游击战术应更多带群众性质，这个真理便全部被发现了！在中国社会的环境内，如游击战争有了人民的基础，赋予坚强的政治领导，他之不可消灭性，也从事实上证明了！然而此时期最容易在转变关头发生悲观失望的逃跑主义，同时在尔后坚持中，由游击主义蜕化为土匪主义。第四个时期，就是当前的抗日游击运动，卢沟桥的炮声征调了四万万五千万同胞走上战场。中日战争是日本帝国主义与中华民族的决斗，犬牙相错的战争局面，梅花形的相持阵容，敌“扫荡”我反“扫荡”，敌包围我反包围，敌大踏步前进与我大踏步后退，敌由疯狂进攻逐渐趋于坚强防守以及最后的引退，我由国境的大规模退兵，逐渐转为艰苦相持以及最后的反攻驱逐敌人到国境以外，这样战争的伟观，必然是前无古人后无来者的。一切战争的方式，从现代的机械化兵团的战法，到原始的人民的最野蛮的战法都可以，而且已经搬演于中日战场上，游击运动以及游击战争的办法，便担任着攻击敌后方的重大任务。就全国范围说，他是担任着配合主力、配合正面、配合战役、配合会战的伟大任务；就他本身所在地区说，他又是独立坚持作为吸引敌人扼制敌人的铁手；就其力量的来源，完全依靠抗日的民众为祖国战争的情绪；就其动员的深广和地区广阔，包括了一切中国人的各阶层，战线在万里以外，远非内战时期能够比拟。另外，敌人是现代强大的帝国主义武装，而我们仍然从农村的粗劣武器使用起。战术的特点，在军事上是抓住敌人弱点避免敌人的长处，发扬自己的长处和补足自己的弱点，凡机械的以现代战争的条文来对付日寇的，决然要遭受失败。在政治上更是使游击运动担负着恢复政权、保护政权、组织民众、训导民众的艰巨任务。因此，单纯的军事家决然不能胜任于抗日的游击战争，就是我们在内战中的经验，也就不够应付这全面的新的斗争局面。这新的斗争任务提出了如何去创造新的斗争办法，老游击解决不了新问题，他的悲哀正在这个地方。在此种时候，因为在主力受挫之后，容易过分扩大游击战争的作用；同时又因为四处分散，无坚强领导，容易产生土匪主义及消极保守的行为！

同志们，我这一大段话有什么意思？我是说战争的规律是变动的，历史的规律是发展的。我把十年来的游击运动分成四个时期，就是要我们能把握着变动的规律、发展的规律来作比较研究，我们才能知道有所去取，才能知道发扬光大，才能指导运动，了解其过去，把握其现在，适应其将来。本军的干部在两年来抗战中多所成就，但也有所损失，关节恐怕在这个地方，离开这一基点是难以说明的！

四

现在再费一点时间来说在江南的抗日游击运动，作为对上文更进一步的说明。江南的敌寇推誉本军说“共产军的战术为十年来百战磨炼的战术”。这种说法是含着痛苦、受过教训而说出来的。我又研究一个日军文件，他归纳中国游击战术为下列课程：

甲、旋磨战术，指善于回旋，打圈子往来自如而言。

乙、隐伏战术，指善于暴露目标，消灭目标而言。

丙、穿插战术，指善于在据点内远去挺进通过封锁线而言。

丁、偷袭战术，指善于偷营劫寨突然袭击而言。

戊、破坏战术，指破坏交通桥梁诸事项。

日寇归纳上面五种战术又提出了他的对策如下：

甲、以遮拦战术对付我之旋磨战术。就是着重加强封锁，补填空隙，以棋盘格式紧缩游区，压迫我军远行高飞。

乙、以“清乡”政策对付我之隐伏战术。就是着重在遮断人民与军队的联合，造成我军的孤立。日寇在这方面以威吓利诱加紧欺骗着手，是以政治手段达到其军事“扫荡”的目的。

丙、以封锁战术阻止我之穿插战术。日寇利用我国内战经验，在铁道、公路上加强点线的守备，缩短点线上的据点间的距离，以强力的巡查队日夜定期巡查和不断的预期埋伏，阻止我军的灵活转移。封锁战术与遮拦战术之不同，即前者是缩短点线上的距离，后者是填补交通网内的空隙。

丁、以堡垒战术应付我之偷袭战术。着重加强守备，加强据点的防御，采取炮楼碉堡政策，更使防守趋于地下层，“把战争装在柜子里”，趋于避免火攻并配置毒气。

戊、以平毁政策对付我之破坏战术。敌寇对付我军之破坏战术已感困难，尤其对付人民之破坏战术是更加困难，因为沿交通线居民家门前的破坏真是防不胜防，日寇只能以烧屋、杀人、决堤作为对策，日寇在战而难胜的情势下，专向和平居民泄愤，这本是日寇的专长，我军非有充分的人民工作不能打破其万恶的企图！

上面所罗列的已可一般说明敌我之江南战术之变换和争夺，此地更可指出下列诸点：第一，日寇苦心孤诣所计划的下乡“扫荡”均告无效，不能驱逐我军，同时据点封锁政策依旧留我军以活动余地。可以指出敌寇今后一方面要更着重坚强防守，求得攻不能破；一面必然集中更大兵力进行集团“扫荡”，一般小部队下乡“扫荡”必然会减少。这可以说明江南战场必然趋于战斗次数减少，战斗范围扩大的前途，这不是战事的沉寂而正是战争的发展。第二，我们中国军队及游击部队一定要使自己有远见地适应这种发展的情况。我们过去在句容城、在新丰站、在太平山、在延陵、在四摆渡、在魏村、在仓头、在白兔等地，固然予日寇据点以彻底摧毁，扫除其梅花桩的政策，我们过去在珥陵、在东湾、在武进丹阳之交、在句容北方、在上下会战斗，打破了日寇之下乡的分进合击，这些战绩使日寇日益改变其战略战术，我们就应该同样的改进自己吧！要能够攻破更强固的据点，必然学习更高的攻击技术；要能够打破敌之大举“扫荡”，必须学会更高的运动战术；要能继续破坏，必须更深入动员民众，有自己的高超的工兵队；同时化学防御也不能不讲究。这中间对于干部的指挥艺术必须提高。过去是小部队行军、宿营与作战，现在应研究集团使用部队才行了；过去仅仅以口令指挥就可以抓住全部，现在提出组织战斗的问题，没有良好的参谋工作，没有良好通信交通侦察工作，没有良好而有力的政治工作，决计不能开展战局。第三，抗日就是打日本，就是讲打、讲拼，打得过、拼得过才有胜利的可能！因此指战员要求有臂力、有强壮的体魄，能够肉搏，能够纠缠，拳打脚踢，能够使用长枪大戟来压倒武士道，同时又要讲究智谋，讲究战术，讲究指挥，一个人勇敢不如领导大家一齐勇敢。俄国早期有一个革命家说：“提高群众一寸比自己一个人上高楼要强。”这是政治的名言，用在军事斗争上一点也不错啊！我们的干部不少是“猛张飞”，勇猛有余而智谋不足，这是再不应容忍的现象。在部队的编制上，要力求切实精练，反对头重脚轻，反对非战斗员多于战斗员的现象！能战者留队，不能战者送其归家。许多文人学士应该要他们学习拿武器，真正来参加有血有肉的战争。第四，居民起义，敌军内变是对付敌人最好的办法。敌人进行的是反革命战争，他没有使用这种斗争武器的政治基础。我们进行的是革命战争，合乎正义，合乎人道，为了和平，为了自由，所以我们具备了使用这种瓦解敌军的政治上的优越条件。有人怀疑能够把敌人力量掉转过去对付敌人，我们应该决然相信，这是能够的；我们可以做出许多实例来看。第五，旧的战术只估计军力而忽视民力，新的战术不仅使用军力而且善于把民力加在军力上面以打倒敌人。敌人处在江南的人山人海中，他屡屡企图吸收我们的人民到他们方面，我们不仅防止其阴谋的实现，而且应该从积极方面调动民力参加作战来回答他。第六，日寇在江南已构成坚固的战略后方，我们应该在京沪路两侧造成巩固的游击根据地来同他对立。一年来我们在江南所建立的若干游击基点，目前已逐渐形成根据地的雏形。我以为抗日游击根据地应包括下面四大条件：（一）强有力的武装部队。（二）强有力的指挥战斗。（三）比较广泛的人民组织，人民中有相当的斗争经验。（四）能便于利用相当的地势（不一定是崇山峻岭，就是茂林修竹和湖泊河湾亦可以）。现在的江南尚没有完全具备上面的条件，我们仍须极大努力，这不仅是本军的任务，也是参加江南抗日的所有党政军民的任务，我们大家应该努力来担负这个任务，本军的同志应该随时记清自己在这个任务下应如何努力啊！

五

最后，我还要就战略来说几句。游击兵团的战略，凡处于进攻、经常保持进攻状态、经常保持主动的靡不胜，反过来说，凡专力防守、处处陷于被动的靡不败。因为，大兵团的战略，因敌我条件及我本身主、客观条件，常有决定战略进攻和战略防守退却的可能。这是变换多端的。但在游击运动处于敌人包围之中，处于敌人侧近，处于敌强我弱力量悬殊之下，它只有以灵活的进攻才能支配敌人保持自己。因此，也可以肯定说，游击兵团无所谓战略防御的问题。游击兵团的进攻常常是多股的分散的进攻。要经常保持主动进攻的局面，这就提出进攻的指挥问题。从这一方面可以说，指挥游击队的进攻，比指挥大兵团有他的特殊的困难的一面。因此游击队的进攻，依靠于游击指挥部多给下级部队以独立活动的可能，而下级部队首长应该具备独立作战的特长。各部队就自己单位积极行动，并力向前，便可以造成齐头并进的游击战略的进攻配合。凡是等待上级命令、等待友邻配合、自己消极的人，必然陷于防守、遭受敌人进攻的危险。大胆派遣部队，大胆鼓励所分散部队坚决动作，仔细注意部队的补给，适当计划部队的轮流休整，经常以全局敌情和各部行动结果通报分散之部队，这都是游击兵团战略指导的基本事项。指挥大兵团作战，要常以敌情、任务、友军诸事项具体指示下级，而下级则根据首长决心来定出执行的动作方针，从战斗开始到战斗终结，都是依命令行事而且了如指掌。游击兵团之作战则难以这样做，上级只能给予下级一般指示，指定其在某一个地区担任某一方向的任务，训令指示是最好方式，命令则要审慎，不必要的要避免。下级得到上级训令后，一切依靠自己的独断专行，自己应该去找仗打，找敌人弱点，“东方不亮西方亮”，这只靠上级指示是无能为力的，他只能以今天当面的敌情、地形和本身状况来决定行动，来决定打法。这些问题处理得适当，是游击战斗胜利的决定因素。常常上级认为必须要打，而下级在其本身不可能的情况则其突击计划必须放弃；常常上级并未提出突击计划或给以任务，而下级在其当面恰有可乘之机，则应该独断专行坚决去干；常常在全局需要突击而下级并未感觉到的，常常又有下级认为可以打而上级又认为是多事的，这中间是存在着许多不一致。这个问题的解决，一面要求下级指挥员都能着眼全局，同时要求上级指挥员也应顾及局部情形，才能正确解决。游击战争既然是以避免决战为原则之一，因此对于应付事机应有伸缩余地的可能。我们在江南一年来的战斗，对以上诸方面的做法，已达到相当的程度。我们的优点是埋头作战，艰苦与敌人纠缠。但一般说来，尚缺乏照顾全局，尚缺乏战略眼光，尚缺乏战术素养。同志们，我们要以英勇战斗的卓绝精神，提高自己的战略战术的认识，我们决然可以战胜日本强盗！

陈毅同志在苏南

范征夫

1937年“八一三”战役以后，上海失守，镇江、南京等地先后沦陷。侵略者的魔爪肆意伸向我江南腹地。苏南地区狼烟四起，战火弥漫；人民生灵涂炭，血流成河。

1938年1月，新四军军部在南昌成立。6月，一支队司令陈毅同志肩负重任，带着党中央的命令和“抓紧有利时机，猛烈地发展创造模范根据地，扩大新四军的影响”的指示，亲自率领新四军一支队一、二两个团挺进苏南敌后，着手开辟以茅山山脉为中心的抗日民主根据地，奏响了新四军东进的序曲。

以理服人　一席话鼓舞斗志

茅山，虽有山的称谓，却无山的雄伟奇拔，没有重岩叠嶂的山峦，没有陡峭险峻的山崖，草不蔽人，林不茂密，很难隐藏部队。从游击战的地形要求上看是不理想的。

陈毅同志初到茅山，看到这样一座“童山”，也不免暗暗吃惊。指战员产生了一些顾虑：进无依托，退难藏身。要想在这里扎根、壮大、发展，似乎有些“巧妇难为无米之炊”。陈毅同志深入调查研究，同指挥员一起仔细分析，逐步掌握了茅山地区的基本情况。

在地理位置上，茅山地区坐落在宁、镇、芜之间，位于长江三角洲的中心。北依长江，东南延伸太湖地区，西南与皖南接壤，是一片起伏不大的丘陵地带。这里人口稠密，物产丰富，铁路、公路、水路纵横其间，形成网络。工、农、商业及文化教育都比较发达。由于资产阶级、地主士绅人数众多，乡保甲基础势力盘根错节，以前一直是国民党反动统治大本营，素有“模范区”的称号。江南沦陷后，茅山地区又成为日寇向我华中内地进犯“以华制华”的军事要地和战略后方。

在力量对比上，苏皖边境驻扎着国民党第三战区顾祝同的部队，拥有两个实力较强的集团军。他们居心叵测，妄想施用借刀杀人之计，消灭三年游击战争保存下来的红军力量。在新四军挺进苏南之后，他们又设置种种障碍，企图把立脚未稳的新四军赶到日寇重兵集结的南京、芜湖近郊的狭窄地区，欲借鬼子之手置我于死地。此外，还有蜂拥而起、名目繁多的各种“游击队”势力达数十股之多。大的几百人、近千人，小的十几人一股，自封的司令多如牛毛。当地的群众讽刺说：“马牛羊、鸡犬豕，都成了司令。”不少由土匪组成的“游击队”割据称王，独霸一方。他们骚扰村庄，强派捐税，为所欲为。老百姓胆战心惊，苦不堪言。

面对敌伪顽三方夹击的险恶环境，我军困难重重。

陈毅同志深思熟虑，洞察秋毫。他明白首要的问题是解决干部的思想问题，在指战员中树立起必胜的信心。

1938 年，他先后在南陵和溧阳召开了两次干部会议，做了《新的战斗条件和新的斗争任务》的动员报告。他操着浓重的川音说：“敌强我弱，形势十分严峻。但困难多正好考验锻炼我们的意志。我党领导的抗日民族统一战线是战胜日寇的基本路线。取得广大群众的支持和拥护，是开展游击战争的必要条件。而我军模范的纪律，党的政策的正确贯彻执行，战斗的不断胜利，则是发动群众、组织群众的中心环节。我们要在敌人戒备森严的后院开辟抗日根据地，成为敌人心脏中的一把尖刀，咽喉里的一根骨刺。”陈毅同志还明确地提出：我军要想在茅山地区站稳脚跟，必须具备三个条件，即模范的战斗，模范的纪律，模范地执行党的抗日民族统一战线政策。我们要用实际行动组织群众，置日寇、汉奸、卖国贼于孤立无援的境地。陈毅同志坚定乐观的态度，鞭辟入里的分析，深入浅出的道理，诙谐生动的语言，深深打动了干部的心，激发了全体指战员的抗日斗志。

干部的思想问题解决以后，做了大量的群众工作，群众对新四军的怀疑逐渐消除了，僵持的关系开始解冻，不少人对新四军寄予莫大的信任。陈毅同志趁热打铁，亲自做群众工作，掌握了茅山地区各个司令的政治态度和基本立场。他首先选择了一个有代表性的著名人物——纪振纲，作为打开局面的突破口。

三顾“茅麓”　新四军茅山扎根

纪振纲在北洋军阀时代曾出任过高级官员。因内部倾轧，他离职卸任，漂洋过海，在南洋群岛做起生意，是个基督教徒。几年后回国，即以华侨巨商的身份在茅山脚下用“40万投资，20年经营”，开了个“茅麓”茶叶公司，自任经理，专门生产、出售茅峰茶。他以防匪为名，组织了一支200多人的自卫队，配备了20多挺轻重机枪和大批新式的步枪，还有两门迫击炮，堪称茅山地区的实力派。纪振纲集军人、士绅、政客、民族资本家于一身，交际广泛，影响极大；出入前呼后拥，威风凛凛，是个有钱、有权、有势的举足轻重的人物。各方头面人物都敬重他几分，老百姓则畏惧他几分，避而远之。他与另外一支叫“大麓”的以陶华阳为首的土匪部队积仇多年，誓不两立。曾数次交锋，血溅茅山，可谁也没有吃掉谁。对于日本鬼子，他从来没碰过，更不敢同国民党的军队对立。

正是纪振纲这样一个有名人物，一时成了敌伪我三方面都要争取的对象。鬼子对他表示亲善，要将他的自卫队改编成伪军，而他因自己经营的茶场受到日机的轰炸，经营的茶叶在国际市场上受到日商的排挤，加上他尚有民族自尊心，所以耻于做日寇的帮凶；国民党第三战区派代表几次上门谈判，对他封官许愿，企图收编他的队伍，加以控制，而他认为一旦受国民党管辖，自己的势力就会大大削弱，早晚要被吞并，成为国民党刀俎下的鱼肉，所以推三阻四，不肯就范。

陈毅同志十分重视这支力量。他对参谋处干部讲："现在几方面都在拉纪振纲，如果他投靠了鬼子或国民党，对我们的抗日斗争威胁很大。必须抓住时机，千方百计把他争取过来。"参谋处同志认为此人很难说话，但陈毅同志仍然坚持亲自安排，邀请纪振纲见面。

纪振纲坐了八人大轿，带着100多个卫兵到镇江宝埝镇来了。陈毅热情地接待他，笑着说："久闻先生大名，今日得见，让我们好好叙谈叙谈。"纪振纲随声寒暄了几句。

陈毅爽朗地说："先生不愿做亡国奴，武装自卫，我钦佩先生的民族气节。"

纪振纲没想到共产党的高级将领竟如此谦虚坦率，初来时的傲慢神情被恭敬所代替，连忙说："陈司令过奖了，鄙人旨在经商，无心卷入军界，来去自由，不受约束。"

陈毅诚恳地说："日寇侵吞中国的虎狼之心国人皆知；国民党消极抗战，大家心中早已有数。先生想洁身自好，自由经商，走中间道路，恐怕时局不允许。我们共产党领导的新四军，到茅山的宗旨是打日本鬼子，希望先生能和我们携手团结，互相合作。"

陈毅同志将心比心的态度打动了纪振纲的心，他说出了几句真心话："国民党把你们新四军推到日寇的钢刀之下，你们虽然纪律很好，但人少枪少，装备太差，凭你们这些人能打败鬼子吗？”话中又流露出怀疑和悲观。

陈毅同志针对他的实际思想，不厌其烦地多次做工作，希望他至少能保持中立，不投降日军，因此三次去茅麓公司登门拜访；派出文工团进行慰问演出，让新四军部队和纪振纲的自卫队一起联欢，增进彼此的友情。纪振纲手下的一个军官感慨地说：“三国时，刘备三顾茅庐，请诸葛亮出山。如今，陈司令‘三顾茅麓’，请纪司令合作，真是难得的一片诚意啊！”

纪振纲从陈毅同志的一言一行中，看到了共产党人光明磊落的胸怀，真诚待人的品格。又看到我新四军纪律严明，对百姓秋毫无犯，对抗日事业一片忠心，对他的部下亲如弟兄，思想上震动很大，行动上有了较大的转变。他心悦诚服地对陈毅说：“你们新四军称得上是‘王者之师’呀！”

有一次，鬼子大部队到茅山地区“扫荡”，纪振纲得知风声，急急地赶到新四军驻地向陈毅通风报信。他劝陈毅说：“鬼子兵力强过你们几倍，且武器精良，倘若硬拼，肯定要吃大亏，陈司令还是换便衣回避为好。”陈毅同志镇定地对他笑笑：“谢谢先生的好意。我们新四军就喜欢啃硬骨头，专打鬼子。”

陈毅同志作了周密的军事部署，运筹帷幄，指挥若定，粉碎了鬼子的“扫荡”。以后又奇袭新丰车站，接连打了几次大胜仗。纪振纲大为佩服，捐助了新四军几百套棉衣。不久，应纪振纲的请求，陈毅同志派部队配合他作战，一举消灭了“大麓”的残匪，为民除了害，也消除了纪振纲长期以来的一个“心病”。这一下，他对新四军完全信服了，主动协助新四军站岗，担任警戒任务。

从此，纪振纲十分敬重陈毅同志，他对新四军干部说：“你们陈司令是个了不起的人物，真是文武全才。”1938 年 7 月 7 日，在陈毅同志亲自筹备下，镇江、丹阳、金坛、句容四县抗敌委员会总会成立，纪振纲当选为主任。

1939年初，日寇加紧扫荡，占领了茅山，在山顶修筑工事，设立据点，在石马桥成立了维持会。纪振纲的自卫队失去了立足之地，国民党顽固派又趁机软硬兼施，威逼利诱纪振纲就范，委任他为苏南第一行政区督察专员。纪振纲受到左右夹攻，处境十分困难。陈毅同志写了一封信给他，要他赶快离开茅麓公司，提出：如愿到皖南新四军去，愿意护送；如愿到国民党地区去，也为之饯行。纪振纲回信说，到皖南去吃不消，三战区他也不想去。并说已和部下商量，决定把部队交给新四军陈司令指挥。

开始，陈毅同志不肯接受，派人劝说他和新四军一起坚持敌后斗争。纪振纲直截了当地说："你们可以打游击，而我却有财产、家小要照顾，我决定到上海做生意。陈司令对我的教育帮助，我终生难忘。今后无论出现什么情况，我绝不做亡国奴，也不当汉奸。请陈司令接收改编我的部队，以表明我抗日的态度。"经他词恳意切地再三请求，陈司令才同意了他的意见。纪振纲亲自来告辞，并解下随身佩挂的一支镶有金边花纹的勃朗宁手枪，递给陈司令，连声说道："这小小的礼物，请陈司令留下作个纪念吧！"

纪振纲带了个头，当地不少国民党区长、乡长和各个游击队司令纷纷靠拢我们，一大批开明的地主、绅士主动接近新四军。他们说："纪振纲都相信新四军是可靠的，我们更没有怀疑了。"

就这样，陈毅同志率领的新四军旗开得胜，克服种种困难，顺利地在茅山地区站稳了脚跟。

促膝谈心　交朋友发展党员

陈毅同志初到茅山时，住在乾元宫，就听当地群众反映，原国民党句容二区区长樊玉琳，为人正派，给地方做过一些好事，但日军侵占苏南后，国民党不战而逃，丢下了地方政府和人民不管，樊对此十分不满。

在无可奈何的心情下，他隐居在家，闭门不出。陈毅同志为了广交朋友，团结各阶层人士共同抗日，亲自写了一封信，派人送到句容县古隍村，请樊玉琳来茅山乾元宫叙谈。

樊玉琳听说茅山到了军队，不知是凶是吉，正在纳闷，忽见两个穿灰色军装的士兵前来敲门，更是吃惊，“丘八上门，不是好事”，便硬着头皮出来见面。不料来人举手敬礼，然后毕恭毕敬递上一封信。樊玉琳接过一看，信封正中写着“樊玉琳先生启”六个苍劲有力的字，左下方是“陆军新编第四军第一支队司令部缄”。拆开一看，顿时心头一块石头落地，不觉轻松起来，原来信上称他为“玉琳兄”，邀请他到茅山乾元宫叙谈，下面署名是“弟陈毅”。问了来人，才知道陈毅就是新四军一支队陈司令。于是就随着两名新四军战士，来到茅山乾元宫，当即受到陈毅同志热情款待。

陈毅同志对樊玉琳说：“新四军挺进江南，人生地不熟，这就要仰仗地方各界人士鼎力相助，樊兄在句容一带颇负声望，还望能多多支持我军工作。”

樊玉琳为陈毅同志这种虚心热忱态度所感动，连忙说：“国家兴亡，匹夫有责。贵军到江南打鬼子，鄙人理应出力效劳。”

陈司令与樊玉琳谈了一个通宵。樊玉琳感到意气很相投，来时心头还忐忑不安，此时却由衷喜悦：茅山来了真正的抗日部队，救国救民有了希望。在陈毅同志的开导下，他同意参加新四军。

为了培养地方干部，团结更多的人参加抗战工作，陈毅同志和樊玉琳等人联名，发起筹备成立镇江、丹阳、句容、金坛四县抗敌自卫委员会。这个机构名义上是群众性的武装组织，实际上是带点政权性质的统一战线组织。经过短时间的筹备，1938 年 7 月 7 日抗战一周年纪念日，四县抗敌自卫委员会于镇江县宝埝镇正式成立了。大家推选茅麓公司经理纪振纲为主任。由于纪振纲怕吃苦、怕日伪找他麻烦，不敢驻会办公，不久，就由樊玉琳接任主任。从此，樊主任的名气，就越来越响亮了。

樊玉琳不负陈司令的期望，他坚持随军行动，每到一地，宣传抗日救国、新四军是人民的军队的道理。他动员亲友、家乡人参军，积极筹办部队给养，认真做好优待军烈属工作，在敌伪多次“扫荡”中，毫不退缩，博得了新四军干部及地方群众的好评。

在一片赞扬声中，樊玉琳一桩心事涌上心头：他耳闻目睹共产党为国为民吃苦在前、冲锋在前的种种动人事迹，打心眼儿里佩服，自己也想参加共产党，但自己过去是国民党员，这个愿望能实现吗？在又一次宿营茅山附近一个村庄时，他鼓起勇气向陈毅提出了这个问题。

陈毅同志爽朗地笑着对他说：“你有这个愿望好呀，为什么不行呢，有了这个觉悟就行嘛！”

樊玉琳听到陈毅同志这几句话，激动得几乎掉下眼泪。

陈毅同志接着语重心长地和樊玉琳讲了爱国主义和共产主义的关系，要他的思想不要停留在抗日救国上，而要树立为劳苦大众献身、为共产主义理想奋斗终生的信念。

樊玉琳不住地点头，表示一定不辜负陈毅同志的教导。此后，他更加刻苦学习，努力弄懂什么叫马列主义，并在行动上严格要求自己。在许多党员帮助下，这个“统战对象”于1939年春参加了共产党，成了一名光荣的共产主义战士。

在陈毅同志两年多言传身教的影响下，樊玉琳迅速成长为苏南一位有名望的地方干部。他在苏南先后担任过镇江县县长、茅山地区专员、保安司令等重要职务。他遵照上级党委指示，广泛开展帮会工作，他名下有几千徒弟很利于开展工作。一提到“樊司令”，日伪军就头痛，但广大群众却对他非常热情。由于群众的拥护支持，他长期坚持敌后斗争，以后又随军转战大江南北，担任过苏皖行政委员会委员重要职务，为党为人民做出了重要的贡献。

循循善诱　好干部为国捐躯

陈毅同志十分注意发现人才，着力培养选拔了一批优秀的当地干部。

巫恒通在抗战前是国民党江苏省泰兴县教育局局长。抗战爆发后，他切齿痛恨国民党的昏庸腐败，怀着“匈奴未灭，何以家为”的壮志，跑到丹（汤）、北（古），寻求抗日之路。不久，回到家乡与当地小学教员洪天寿等人组织了“人民抗敌自卫团”，拿出家产，购置枪支弹药，在句容县一带开展游击活动，专打危害人民的土匪。

陈毅同志发现了这个人才，就主动与他会晤。巫恒通非常感激陈毅对他的关怀和指点，出于对陈毅的充分信赖，他毅然站到新四军方面来，并经常向陈毅倾诉襟怀，和盘托出心中的壮志。陈毅不断激励他的爱国心，有意识地帮助和引导他，和他谈岳飞、文天祥的故事。时隔不久，巫恒通光荣地加入了中国共产党，历任我新三团团长、句容县长、第五行政区专员等重要职务。

皖南事变后，茅山地区形势十分恶劣，在1941年9月6日的日伪大“扫荡”的疯狂袭击中，巫恒通率领部队奋勇杀敌。最后，终于寡不敌众，在句容二区坝上村负伤被俘。南京日寇派遣军抓到巫恒通后，如获至宝，一面急急地向东京通报请功，一面采取威胁利诱双管齐下的手段，逼迫巫恒通投降。

敌人派汉奸来劝降，派医生给巫恒通治伤，又用封官许愿、金钱美女来动摇他的革命意志。巫恒通不屑一顾，横眉怒视，拒绝医生治疗。那个汉奸说了半天，不见动静，不由恼火了：“你不要敬酒不吃吃罚酒，自讨苦吃。”

巫恒通嗤之以鼻，冷冷地讥讽他：“你自己出卖了灵魂，还想替鬼子收买别人的灵魂，你不过是一具行尸走肉的傀儡，有什么资格和我说话！”汉奸的脸青一块白一块，被骂得哑口无言，只好灰溜溜地走了。

软的不行，鬼子就用酷刑来拷打折磨他，妄图动摇他的意志。面对敌人惨无人道的兽行，巫恒通大义凛然，在刑堂上厉声痛斥敌寇侵略中国、残害人民的无耻行径。他慷慨激昂地回答敌人的审讯：“我已把生死置之度外，想叫我投降，叫我当汉奸，你们是白日做梦！”为了彻底粉碎敌人的造谣阴谋，巫恒通进行了绝食斗争，1941 年 9 月 14 日以身殉国，保持了共产党人坚贞不屈、忠于革命的气节。

区别对待　统战政策显神威

在复杂的政治环境中，陈毅同志以党的统战政策为武器，不仅敢于做统战工作，而且善于做统战工作。宽严相济，区别对待，显示出极高的政策水平和领导艺术。

出身书香门第的陈湘甫是溧阳县的一个有名望的地主，做过国民党的中级官员。由于长期受国民党反动宣传，对共产党抱有敌视心理，冷眼旁观，避而远之。他的儿子陈练升也念过不少书，懂得一些道理。鬼子入侵以后，陈练升看到国民党消极抗战、变本加厉鱼肉乡民，国家危亡迫在旦夕，虽满腹牢骚，但找不到出路。在严酷的现实面前，他选择了一条沉沦的道路：花天酒地，醉生梦死，消磨时光。一向以清高自诩的陈湘甫恨儿子不争气，却无法使浪子回头，不免整天摇头哀叹。

陈毅同志全面地分析了父子两人的情况，认为陈湘甫当过前清秀才，知书达理，清高而且要面子，可以与他交往，发掘他内心的正义感；陈练升年轻幼稚，本质是好的，只是不明方向，一时误入歧途，尚且污染不深，只要下功夫帮助他，是能够教育改造过来的。陈毅同志首先抓住陈练升对新四军的好奇心，邀请他到部队里参观，在闲谈中告诉他共产党是怎么回事，新四军是干什么的。陈练升的兴趣越来越浓厚，经常往新四军驻地跑。

陈湘甫听说儿子常去新四军那里，顿时产生了戒心，认为生活上的堕落虽不光彩，却无是非之争，卷入了政治斗争，那可要招杀身之祸的。他时时警告儿子，不要轻信新四军。但他的“规劝”不起作用，儿子反而像着了迷似的跑得更频繁了。陈湘甫非常担心儿子的前途，日夜坐卧不宁。但不久他发现，自从儿子和新四军接触以后，精神面貌发生很大变化，再也不是过去那种昏沉沉、醉醺醺的模样，言语中常出现一些新的名词。陈湘甫暗暗惊奇，不知道究竟是什么力量改变了儿子的性格。不过，儿子逐渐变好，这使他感到宽慰。

陈毅同志及时抓住时机，直接与陈湘甫交谈，提高了他的认识。他惭愧地对陈毅说：“过去我轻信了国民党‘共产共妻’的谣言，对你们新四军产生了不正确的看法，请陈司令原谅。”

陈毅同志说：“共产党不计个人恩怨。大敌当前，最重要的是携手合作，一致抗日。”陈湘甫频频点头，深表钦佩。

以后，陈湘甫又积极支持儿子参加新四军，鼓励他好好干工作。陈练升在斗争中彻底改掉了旧习，成为一个好干部，又参加了共产党，担任共产党领导的溧阳县县长。

1941年2月，国民党四十师占领溧阳游击区，大肆诬蔑新四军为“叛军”，攻击共产党是“奸党”。他们破坏新四军交通站，抓走我伤病员，烧毁老百姓的房屋，无恶不作。为了离间新四军和群众的关系，他们搞了一次训话，用枪逼着陈湘甫在百姓面前公开发表反对共产党、新四军的声明。

经过事实教育的陈湘甫早已认清了国民党顽固派狼心狗肺的本质，他愤怒已极，慷慨陈词：“做父母的都‘望子成龙’，我却教育不好自己的儿子。‘养不教父之过，教不严师之惰’，就在我毫无办法的时候，新四军陈毅司令把我吃喝嫖赌的儿子培养成打鬼子的干部。对此，我感激不尽。”他又指着国民党的军官说：“新四军忧国忧民，抗日救国。而你们不打鬼子，专与新四军作对，还逼着我讲违心话，骂共产党，孰是孰非，自有公论，你们还有没有人性天良？”一些国民党士兵听了陈湘甫掷地有声的话，羞愧地低下了头。

对于那些执迷不悟、屡劝不悔的顽固分子，陈毅同志则决不手软，采取快刀斩乱麻的办法，给予狠狠打击。

朱永祥是高淳地区自立为王的所谓“苏皖游击司令”。他心怀二意，表面上宣称支持抗日，背地里与日伪勾勾搭搭，几次配合鬼子“扫荡”，企图消灭我新四军，并四处烧杀抢掠，残害人民。陈毅同志派陈雨笠同志到他部队对他劝说、警告，晓以民族大义，要他痛改前非，站到人民的立场上来，他只当耳边风，一意孤行。最后，他竟要把部队拉到南京近郊的小丹阳，准备投敌，死心塌地充当汉奸卖国贼。

陈毅同志在得到确切情报，掌握充分证据后，当机立断，于 1938 年 7 月 2 日派出新四军一支队一团及三团，在江渭清等同志率领下，趁着夜幕包围了朱永祥部队驻地——梅村，闪电般地出击，以迅雷不及掩耳之势，很快消灭了这股残匪。俘获匪正副司令朱永祥、韩昌吉，并交给有关部门法办。这次行动清除了一个隐患，震慑了其他一些反动分子。

两年来，在茅山地区艰苦卓绝的斗争中，陈毅同志出色地运用统一战线这个法宝，实现了党中央提出的“向东作战，向南巩固，向北发展”的伟大战略方针。他像一个艺高胆大的高明导演，在苏南的政治舞台上，导演出一幕又一幕威武雄壮的活剧。

张云逸

杀头尚不怕，流血算什么？

- 1892年生，广东文昌（今属海南）人。
- 1926年，加入中国共产党。
- 1937年4月，参与同国民党的谈判，为建立和发展抗日民族统一战线而积极奔走。
- 1938年1月，任新四军参谋长兼第三支队司令员，为新四军的组建、整编、集中、扩展做出了贡献。同年8月，率部分军队到长江以北，整编新四军江北游击纵队，开辟了皖东抗日游击战争的新局面。
- 1939年5月，任新四军江北总指挥兼前敌委员会书记。
- 1941年皖南事变后，任新四军副军长兼二师师长。
- 1974年11月19日，因病在北京逝世。

淮南抗日根据地的开辟

张云逸

新四军成立后，我在皖南军部担任参谋长。1938 年 11 月，我带两个连从皖南到江北。当时党组织在大别山有一个工委，彭康负责，不久就改为鄂豫皖区党委，长江局派郑位三来任区党委书记。新四军在江北有一个第四支队，是由两支武装合并组成的：其七团和九团是高敬亭领导的原鄂豫皖红二十八军，八团是周骏鸣从河南竹沟带来的原桐柏山游击队。

我过江以后，把庐江、无为一带我党领导的游击队合并成立了江北游击纵队，司令员戴季英、政委黄岩、政治部主任桂蓬。

这时发生了高敬亭拒绝执行中央指示的严重错误。高敬亭在鄂豫皖游击战争中是有功的，但抗战以后居功自傲，错误越来越严重。郑位三、叶剑英、董必武、郭述申和我等先后去他那里做工作，都没有解决问题。1939 年 5 月初，军长叶挺到江北来整顿江北部队，于 5 月 5 日在庐江东汤池宣布成立江北指挥部，由我担任江北指挥部指挥，邓子恢担任政治部主任，赖传珠担任参谋长，统一领导新四军江北部队。不久高敬亭部下七团正、副团长叛变，就发生了反高斗争，后经军部批准解决了高敬亭的问题，由戴季英任四支队司令员。

张云逸

反高斗争后，以四支队的八团为基础，又成立了五支队，时间是1939年7月份。五支队司令员罗炳辉、副司令员周骏鸣、政委郭述申。五支队是我们独立自主搞起来的。

当时，王明代表的右倾机会主义在江北有很大影响，项英执行王明右倾机会主义也负有一定的责任。抗战初期，江北的地方党和新四军的关系是相互关系，不是领导和被领导的关系，地方党受长江局领导，军队受皖南军部领导。1937年以后，自从上海、南京失守，不少青年学生从城市撤退到农村，要求武装抗日。如果我们当时向敌后发展武装，这是一个最好的机会。但王明、项英只讲"统战"，不敢独立自主地发展武装，只有用"合法"名义替国民党组织保安队、替国民党发展武装，强调发展武装要经国民党批准、承认。因此，虽然发展了一些武装，但都不是新四军领导的。其实，如果我们当时用新四军的名义发展武装，那么，国民党就不能也不应该指挥我们的部队。我们是完全可以独立自主地发展武装的，并不需要国民党承认，国民党也不会承认的，只要群众承认就行了。我到江北后，抵制了项英要取消四支队九团、挺进团和游击纵队的错误指示，挺进团当时已取消，我将其恢复起来，并扩大了游击纵队。但王明、项英主张精兵主义，说一个支队只要两个团就够了。当时国民党安徽省政府主席廖磊也说："你们没有钱，兵要精，不要多。"在这点上，右倾机会主义者与国民党的观点是一致的。我曾当面驳斥廖磊说："我们的力量并不是多，而是少。你为什么要往大别山，而不到安庆、合肥去呢？蒋介石为什么要到四川，而不到上海、南京去呢？这是因为你们的力量不够，怕鬼子打！"由于项英什么都讲"合法"，怕破坏统一战线，所以皖南军部的武装一点也没有扩大。

在江北时，国民党无理扣减我们的弹药，我们就搞税收，还办了一个教导队，把干部训练一个月或半个月后就放出去搞武装，我们武装抗日是为了打败日本侵略者，是为了无产阶级解放事业，虽然是国共合作抗日，但国民党始终是想消灭我们的武装力量的。我们要求得生存，摩擦是一定会产生的。我当时与项英争论说：我们现在之所以有摩擦，是国民党欺侮我们力量太小，什么事情都还要向廖磊请求，如果我们的武装发展到10万人，那时国民党就不敢与我们闹摩擦了，什么事情还要反过来请求我们，不然他的省主席就当不成。

党中央的指示是要我们向敌后大力发展，独立自主地发动群众，扩大武装，建立根据地。但项英却要一切通过国民党，向国民党要委任状，不执行中央向东发展的指示，硬是把已到苏南的部队调回皖南。当时国民党为了割断新四军和八路军的联系，命令我们皖东的四支队和豫皖苏边区的彭雪枫的游击支队调到江南去。廖磊还无理地限制我们皖东部队只准在津浦路东西30里之内进行活动，企图借刀杀人，让日本鬼子打我们。当时我们没有接受国民党这个命令。针对这种右倾错误，毛主席有过指示：对国民党不合理的命令，要进行抗议，不仅中央可以抗议，哪个军队都可以抗议。我曾故意对廖磊（廖磊当时兼二十一集团军总司令）说：如果我们与鬼子打仗失败了，你当司令的也不光荣。而项英却主张服从国民党的命令以维护团结。

以国民党的面目来进行革命，大革命时期我搞过，但由于陈独秀的右倾机会主义，只搞表面政治宣传工作，不敢争取领导权，同国民党右派进行针锋相对的斗争，结果使大革命失败。抗日战争时期，毛主席的正确方针是：坚持抗日民族统一战线又斗争又团结，以斗争求团结，采取有理、有利、有节的斗争原则，达到团结的目的。王明、项英只讲团结，不讲斗争，这是重复陈独秀的错误。他们害怕破坏统一战线，不敢独立自主地发展武装、建立抗日根据地。他们不了解抗战是全民的要求，不是少数人的要求。为什么蒋介石在表面上也要抗战？因为他也懂得，不抗战人民会起来反对他。毛主席说过："人心向背，是革命成功的关键。"右倾机会主义者就是看不到人民群众的力量，当时华中比华北的发展机会好，完全可以在华中敌后大力发展武装，建立根据地。但由于右倾机会主义的错误，没有这样做，失去了在华中发展的最好时机。

1939年11月底刘少奇同志来到皖东后，右倾机会主义的错误才开始得到纠正。少奇同志来之后，传达了党中央的正确指示，说服了地方党，批评了王明、项英的“苦力政策”，指出不发动群众，不发展武装，不建立政权，做国民党的工具是极端错误的。当时他没有提这是右倾机会主义的错误，因为那时候中央还未作正式结论。少奇同志还指出，要抗战，一是要有枪杆子；二是要有“家”——建立根据地，只有这样才能把群众发动起来。他还向江北的广大干部介绍了华北工作的经验，从而扭转了局面。

1939年12月，鬼子约有二三千人向我们发动“扫荡”，江北指挥部把四支队全部兵力调上去反击敌人“扫荡”，我们的装备虽然比较差，但因为在战斗中采取了“敌进我退，敌驻我扰”的战术，战士们作战又勇敢，所以最后在全椒周家岗一带粉碎了敌人“扫荡”，并乘胜追击到古河。在鬼子“扫荡”开始不久，驻古河的国民党专员李本一部队都跑掉了，我们占领古河后，李本一才敢回来。这一仗是随少奇同志从延安来皖东不久的江北指挥部副指挥徐海东同志指挥的，此战政治影响很大，给群众印象很好，群众从国民党部队和我们新四军对鬼子“扫荡”两种不同态度上认识到：新四军是真正打鬼子的抗日部队。

这一仗以后，在少奇同志领导下，我们在皖东地区进行了发动群众扩大军队等一系列工作。邓子恢同志当时说：我们就是要发展“人、枪、款”，我认为是很对的。革命就是要建立武装，建立根据地，才能有立足点。自从少奇同志来传达了党中央毛主席的指示后，皖东的抗战局面才彻底打开。我们江北党和军队的同志都一致拥护少奇同志为首的中原局的正确领导。

1940年春天，国民党桂系军队在淮南路西向我们发动进攻。我们调

四、五支队主力在路西反击，从藕塘打到定远，歼灭了顽军几百人，先后建立起定远、凤阳、怀远、滁县、全椒、合肥、含山、和县等县政权。我们在路西反顽斗争正激烈进行之时，国民党江苏省主席韩德勤以10个团的兵力进攻半塔，我方仅有五支队一个教导队的兵力，顽强坚持了一个星期。后来把路西的主力调到路东支援，陈毅又派叶飞、陶勇部队也赶来配合，打垮了韩德勤的进攻。这一仗是建立淮南抗日根据地的决定性的战斗。战后，在路东先后成立了嘉山、盱眙、来安、天长、六合、宝应、仪征等县政权。定远—半塔自卫反击战以后，安徽顽固派再不敢轻易向我发动进攻。

各级政权建立以后，立即发动群众搞减租减息。淮南的反动地主武装出于对新政权的仇恨，组织武装起来暴动。当时天长县我们有个乡长被地主杀死了，因为这关系到新政权能不能站住脚的问题，我们对反动地主武装进行了坚决镇压，捕了几百人，杀了一批人，把地主武装暴动迅速地镇压下去了。古语说得好：乱时用重兵。当然杀人过多也不是好事，这是政权不巩固的表现，政权一旦巩固后，可以少杀或不杀。

经过减租减息，广大群众发动起来了。群众组织扩大了，有了自己的政权作依托，很短时间内，新四军武装力量就得到了很大的发展，打开了华中抗日的新局面，在淮南津浦路东西两侧广大地区正式建立了淮南抗日根据地。

粟　裕

看一个部队能不能作战，首先看每个战士有没有牺牲的决心。

● 1907 年 8 月 10 日生，湖南会同人。

● 1927 年，加入中国共产党。

● 1937 年，全面抗日战争爆发后，任新四军第二支队副司令员。

● 1939 年 11 月，任新四军江南指挥部副指挥。

● 1940 年夏，任新四军苏北指挥部副指挥，参与创建了苏浙敌后抗日根据地。

● 1941 年 1 月，皖南事变后，任新四军第一师师长兼政治委员、苏中军区司令员兼政治委员。

● 1944 年 12 月，率部南下，任苏浙军区司令员兼政治委员、中共苏浙区党委书记，开创了浙西抗日根据地。

● 1984 年 2 月 5 日，因病在北京逝世。

挺进苏北与黄桥决战

粟　裕

这段历史，发生在1940年。多年来，回忆和歌颂这段历史的作品已经不少。我愿以这场斗争的亲身经历者的身份，为读者提供一些背景材料。我的回忆，将侧重在一些重大问题的决策和军事指挥方面。

执行东进北上抗日方针，江南新四军挺进苏北

苏北地区在抗日战争中具有特定的战略地位。它是一个有2000多万人口，盛产粮、棉、盐等战略物资的重要基地，是控制日寇沿江进出的重要侧翼，又是连接我新四军同八路军的重要纽带。苏北抗日局面一旦打开，向南可以与我江南抗日根据地相呼应，扼制长江下游，直接威胁设在南京的日本侵略军总部和汪精卫伪政府；向北、向西发展，可以与山东、淮南、淮北抗日根据地连接，分别直通华北、中原。控制苏北，对于我发展和积蓄抗战力量，更沉重地打击日寇，以及制止国民党顽固派反共投降都具有极其重要的意义。所以，苏北是日、顽、我必争之地。

新四军向苏北发展，是党中央早就确定了的方针。1938年春，党中央、毛泽东同志对江南新四军的发展方向有过明确的指示："目前最有

利的发展地区是茅山山脉。”5月4日又指示：“在茅山根据地大体建立起来之后，还应准备分兵一部进入苏州、镇江、吴淞三角地区去，再分一部渡江进入江北地区。”

这个任务的提出，是对蒋介石的险恶意图作了充分的估计的。自主力红军长征，蒋介石便想彻底消灭我坚持南方的红军游击队，但是未能得逞。抗日战争开始，蒋介石迫于形势，不得不同意将我坚持南方八省14个地区的红军游击队编成新四军，开赴抗日前线，但又将我主要力量限制在面临长江天险和日军侵华心脏的南京附近地区。实行借刀杀人之计，企图借日军之手消灭我军于这一狭窄地区。党中央、毛泽东同志采取了将计就计的方针，要求各部迅速深入敌后。因为我军一经开到敌后和人民群众相结合就如鱼入水，蒋介石将无以售其奸。

遵照党中央的方针，我新四军江南部队于1938年4月在皖南歙县岩寺集中后，即派先遣支队向苏南敌后挺进，接着，第一、第二支队于六七月间挺进苏南敌后。约两个月，便取得了韦岗、新丰、新塘、句容城、珥陵、小丹阳、永安桥、江宁、当涂、禄口等大小百余次战斗的胜利，与新四军皖南、江北部队的英勇抗敌行动遥相呼应。

项英同志从右的立场看待国民党蒋介石借刀杀人的阴谋，不敢到敌后去，希望通过谈判在第三战区范围内得到一个“较好”的防区。党中央、毛泽东同志曾多次向他做工作，说明“在敌后进行游击战争虽有困难，但比在敌前同友军一道并受其指挥反会要好些，方便些，放手些。敌情方面虽较严重，但只要有广大群众，活动的地区充分，注意指挥的机动灵活，也会能够克服这种困难”。但项英同志对党的独立自主的敌后游击战争的方针仍然顾虑重重。当时，苏南敌后空隙很大，群众在日本侵略者蹂躏下，迫切盼望抗日领导力量的到来，是我军获得大发展的好时机。项英同志却把过多的力量，其中包括经过战争锻炼的许多骨干力量和大批知识青年留在皖南。后来还把已在苏南敌后取得了一定作战经验，并初步改善了装备的主力部队第一团、第三团先后调回皖南，在一定程度上影响了我军在敌后的迅速发展。

1939 年 2 月下旬，周恩来同志亲自到皖南来对项英同志做工作，同他商定了新四军“向南巩固、向东作战、向北发展”的一致意见。此后项英同志派了一些干部到苏南、江北加强敌后工作，但他常常屈服于国民党蒋介石的压力而不断动摇。

当时蒋介石、顾祝同划定我第一、第二支队的防区非常狭窄。如第二支队的防区，被划在南京、天王寺、秣陵关这个三角地带，最长距离不过 30 公里。为了发动群众，抗击日军，我们不断冲破蒋介石的束缚，打到防区之外。向南打到高淳、郎溪，西南打到芜湖，东北打到镇江、金坛一带，“抗日有罪”，每次打击日寇的行动，都遭到顾祝同的追查、警告。项英同志不仅不敢理直气壮地给予对方以反击，反而责难我们“破坏统一战线”。1939 年 5 月，陈毅同志决定派叶飞同志率领第六团挺进到澄（江阴）锡（无锡）虞（常熟）地区活动。项英同志得悉后十分恐惧，急电制止。那一天，陈毅同志把项英同志的来电交给叶飞同志看。电报中说了两点：澄锡虞是日军控制的重要地区，交通便捷，部队去了会被消灭；那里不是国民党划定的防区，我们去了，会破坏统一战线。这时，陈毅同志面色阴沉，一言不发地在室内来回走动。稍停，突然问道：“你带部队到澄锡虞，会被敌人消灭吗？”叶飞同志坚定地回答：“不会的！我们不会被消灭，而且还会发展。”陈毅同志严肃地拍着胸说：“好！部队被消灭由你负责；破坏统一战线由我负责。决定去！”以陈毅同志为代表的广大指战员是这样坚决地抵制项英同志的错误主张。

这时在陈毅同志的领导下，茅山抗日根据地已初具规模，我们就陆续派主力部队北渡长江。

1939 年初，陈毅同志派出第一支队第二团一部，协同管文蔚同志所领导的地方抗日力量丹阳游击纵队，积极向扬中和长江北岸发展。他们消灭了企图叛变的丹阳县游击纵队第二支队，加强了梅嘉生、韦永义两个支队，控制了扬中和江都所属的大桥一带江北沿岸阵地。这里的位置十分重要，控制了这个地区，使我军获得了向苏北发展的跳板。

10月下旬，苏北地方实力派李明扬请求我军协助其运送部分弹药过江，我们即派陶勇、卢胜同志率二支队第四团一部分北渡长江，进入苏皖边区以后与梅嘉生部合编，命名为苏皖支队，活动于扬州、仪征、六合、天长地区，并向北发展，同新四军第五支队取得了联系。

11月底，为加强苏北力量，又决定叶飞同志率江抗二路（原第六团）到达扬中，与已发展改编为江北人民抗日义勇军挺进纵队的管文蔚部合编，然后渡江北上，向吴家桥周围地区发展，积极打击敌伪。

到此时为止，江南敌后我军已有数支主力部队到达苏北，控制了长江渡口，造成了我军足跨长江两岸、随时可以发展苏北的有利态势。

此时，我新四军江北、江南指挥部已先后成立。第一、第二支队由江南指挥部统一领导。

在派出主力部队的同时，苏北地方工作也在积极开展。1938年下半年，惠浴宇同志由延安分配到苏南，陈毅同志了解到他是苏北人，就派他到苏北扬州、泰州地区开展工作。以后协助韦一平同志组织了党的临时工委（后改为苏北特委）。随着抗日形势的发展，苏北革命群众也逐步活跃起来。泰州、泰兴、如皋、南通一带，是1930年土地革命战争时期红十四军的主要活动地区。当年的武装斗争虽然失败，但是党在人民群众中的影响很深，“野火烧不尽，春风吹又生”，一些革命分子开展宣传活动，收集武器，组织和发展抗日武装。同时，上海地下党（江苏省委）也陆续派出党员、干部到通、如、海、启一带，并组成江北特委，发展进步势力，利用社会关系开展对友军的工作。由北而南的工作也在开展。赵毓华、钟民、朱群、陈伟达、周一峰、洪泽、韩念龙、梁灵光、许家屯、俞铭璜等同志都已从各方到来。各路力量汇于苏北，给予我军挺进苏北以有力的配合。

1939年底和1940年初，抗日战争形势有了进一步的发展。日本侵略者在对国民党加紧诱降的同时，集中主要兵力打击我党和敌后抗日军民，首先是华北敌后军民。国民党顽固派在日军的诱降政策下，加紧推行“以军事反共为主、政治限共为辅”的反动方针，在第一次反共高潮被我粉碎后，将摩擦中心逐步由华北移向华中，以顾祝同、李品仙、汤恩伯、韩德勤从苏南、皖中、皖东、豫东和苏北等地大举向我进攻，作为其准备投降的重要步骤。

党中央、毛泽东鉴于国共第一次合作时的血的教训，及时地要求全党同志提高警觉，从思想上、政治上、组织上全力巩固我们的党，巩固党所领导的军队和政权，以准备对付可能的危害中国革命的突然事变，并做出了大力发展华中的战略部署。明确提出：鉴于日寇大量增兵，华北敌占区日益扩大，我方斗争日益艰苦，以及国民党可能的公开反共和投降，全国性突然事变可能到来，我军决不能限死在黄河以北不入中原，故“华中是我最重要的生命线”。“整个苏北、皖东、淮北为我必争之地。凡扬子江以北，淮南路以东，淮河以北，开封以东，陇海路以南，大海以西，统须在一年以内造成民主的抗日根据地。”在军事上作了这样的部署：派八路军主力两万余人由冀鲁豫分路南下，会同新四军第四、第五、第六支队和江南指挥部已到达苏北的挺进纵队和苏皖支队共同完成发展华中的任务。

党中央关于大力发展华中的战略部署，不仅在当时对坚持抗战、反对投降，坚持团结、反对分裂，坚持进步、反对倒退具有关键性的作用，而且对以后革命形势的发展，也有着深远的影响。

为了贯彻这一战略任务，中共中央代表、中原局书记刘少奇同志于1939年11月进入华中敌后，在淮南路西与张云逸同志会合。在刘少奇同志的领导下，中原局经过前后几个月的调查研究和不同意见的讨论，着重分析了大别山、伏牛山和苏北平原的不同条件，进一步明确了苏北是当时华中最有利、最能发展的地区，是我军的战略突击方向。这样，发展苏北的任务便由关系新四军发展方向的一个局部上升到关系我党对日、对顽斗争的全局的位置上来了。

1940年3月，顾祝同调集5个师、1个旅，连同地方保安团队约18个团的兵力，主要部署在贵池、青阳、绩溪、宁国、宣城、繁昌、南陵、泾县一带，还加强了溧水、高淳、郎溪、广德、宣城之线，企图切断我皖南、苏南之联系，造成围歼皖南、威逼苏南我军之势。同时，在大军压境的态势下，勒令我将江北四、五支队和叶、陶部队南调。皖南并非敌后，处在三战区包围圈中。苏南是我军对日作战和向东向北发展的基地。而且以当时我军的兵力来看，暂难在皖南、苏南两处应敌。为此，我们建议皖南军部率部即向苏南靠拢。当时，蒋顽对形势也做过分析，认为“叶、项在皖南，如瓮中之鳖，手到擒来；陈、粟在苏南，如海滨之鱼，稍纵即逝”。4月26日，中央复电同意我们的建议，指示皖南军部速移苏南为宜。从我们控制的郎溪、宣城地区到军部驻地泾县云岭仅160公里左右，双方对进，一昼夜就可会合。我们布置了3个团去接应他们北进，并将电台呼号、通信联络约定好了。但项英同志竟又动摇起来，以种种借口拒绝北移，反而再三要求中央批准将叶、陶等部调回皖南。

党中央断然拒绝了项英同志的要求，于1940年5月4日发出《放手发展抗日力量，抵抗反共顽固派的进攻》的重要指示。其中指出：在国民党反共顽固派坚决地执行其防共、限共、反共政策，并以此为投降做准备的时候，我们应强调斗争，不应该强调统一，如果不斗争，就将再犯1927年的错误。中央还就我在敌后地区的发展方针着重指出：“不应强调特殊性”，“在江苏境内，应不顾顾祝同、冷欣、韩德勤等反共分子的批评、限制和压迫，西起南京，东至海边，南至杭州，北至徐州，尽可能迅速地并有步骤有计划地将一切可能控制的区域控制在我们手中，独立自主地扩大军队，建立政权”。

这些指示是对项英同志右倾思想的再一次教育，又是对以陈毅同志为代表的坚持敌后游击战争的广大指战员的鼓舞与支持。陈毅同志当即召集县团干部会议作了传达，并提出了今后的努力方向。广大干部了解到五四指示的精神后，群情振奋。同时，陈毅同志以中央军委新四军分委会副书记的身份，再次向项英同志提出建议，促其北上。但项英同志却向中央撂挑子，说中央的五四指示表明他的领导已有了路线错误和不执行中央方针，他“当然不能继续领导而且无法领导”。

6月，国民党蒋介石部署的由顾祝同、冷欣、韩德勤、李品仙从南、北、西三个方向向我新四军进攻的阵势已步步进逼，由于项英同志的坚持，我皖南、苏南部队已无法集中；江北几支部队协力发展华中的步伐因种种原因进展不够顺利，我军现有的力量已不可能求得在大江南北同时对付顽固派的进攻。形势的发展，已经到了最后抉择的关键时刻，机不可失，时不再来。6月15日，陈毅同志当机立断，急电中央，决心部署移往苏北，“再不决定，必致苏北、苏南两方受损”。这时，我们同延安已有了直通电台。从此，完全摆脱了项英同志的限制。

争取中间势力，全力对付韩德勤

江南新四军主力部队挺进苏北，是抗日战争开始后的第三年。这时，苏北敌后广大地区大都为国民党所统治。蒋介石派顽固派、反共专家韩德勤担任江苏省政府主席兼鲁苏战区副总司令。在蒋介石的支持下，他依靠其嫡系主力第八十九军和独立第六旅等武装，实行苛政重赋，鱼肉人民，极力镇压爱国行动，摧残抗日力量。如1939年春，突然围攻我东海县抗日武装——八路军独立第三团，杀伤该团团长以下数百人。同年夏，又围攻我活动于高邮湖北闵家桥地区的抗日游击队，惨杀该游击队领导人陶容以下数百人，其中大部是共产党员。类似大小血案，遍及苏北各地，时有所闻。苏北国民党部队内部爱国官兵的抗日要求，也受到韩德勤的压抑。日军在其兵力不足的困境下，乐于利用韩德勤作为其镇压苏北抗日军民的统治力量。日、顽双方信使往还，狼狈为奸，人民陷于水深火热之中。韩德勤已成为苏北抗战的主要障碍。要坚持和发展苏北抗日战争，建立抗日民主根据地，必须从韩德勤手中夺取苏北抗战的领导权。

当时，苏北地区由韩德勤指挥的国民党总兵力共有16万人，其中韩德勤系统8万人，号称10万，但派系繁多，矛盾重重。驻在泰州及其附近地区的鲁苏皖边游击总指挥部李明扬、李长江及曲塘一带税警总团陈泰运等部，都是深受韩德勤排挤和歧视的中间势力。他们的处境和具体情况与韩德勤的嫡系部队和保安旅有所不同，因而政治态度也有差异，李明扬是老同盟会员，资历比韩德勤老，他和李长江原是国民党江苏省保安处正、副处长，自从顾祝同、韩德勤包揽江苏军政大权以后，保安处长由第八十九军军长李守维取代，两李的地位一落千丈，后来得到桂系的扶助，才维持了当时的地位，他有一定的民族意识。他企图借助于我新四军的抗战声威，以抵制韩德勤的压迫与兼并。而贵州籍的苗族人陈泰运，属于宋子文系统，是以同乡关系得到何应钦的支持而维持了今天的地位的。他也有一定的抗日意识。1939年，他曾一度被韩德勤软禁于兴化。在季方、黄逸峰等同志的帮助下脱险归来后，曾暗中联李反韩。

我们认为李、陈等地方实力派与韩德勤之间的矛盾，虽有其自身的利害关系，但包含有坚持抗战与破坏抗战的矛盾。在苏北顽、我之间，李、陈等地方实力派处于重要的地位。如果他们能中立，就便于我们同韩德勤作最后的较量。1940年1月28日，中央曾明确指示：对于中间势力，如李明扬等，我应采取中立他们的政策。所以我们把同韩德勤争夺中间派作为扩大抗日统一战线，解决苏北抗日领导权的一个重要环节。

在苏北争取中间势力以孤立韩德勤这个问题上，陈毅同志表现了高超的策略思想和领导艺术。早在1938年7月1日的新丰战斗之后，丹阳县抗日自卫团的负责人管文蔚同志前来要求新四军领导时，陈毅同志就指示政治部主任刘炎同志派一批干部去加强该部的建设和改造，将该部扩编为丹阳抗日游击纵队，并利用广泛的社会关系向扬中及江北大桥地区发展。其后，陈毅同志了解到李明扬部第二纵队司令颜秀五是苏北人，就要惠浴宇同志以同乡关系与他联络，并且经颜秀五的疏通，与李明扬、李长江取得了直接的联系。1939年，陈毅同志曾写信给李明扬，用毛泽东、朱德同志的名义向他致意，措辞恳切，李明扬看了非常感动，以后对人夸口："我在这里打塌了，到延安去，玉阶（即朱德同志）会招待我的。"从此开始了与李明扬的信使往还。1939年5月以后，陈毅同志由惠浴宇、管文蔚等同志陪同，三次到泰州和两李见面，表达我军团结抗战的诚意。陈毅同志特地从我军的战利品中挑选了30支三八式步枪送给颜秀五。选了一匹好马，配上新鞍鞯，送给李长江。还向李明扬赠送了指挥刀。两李待陈毅同志为上宾，在泰州街贴标语："欢迎四将军光临指导！"他们以"四将军"称呼我新四军，既表达了他们对我党领导的抗日军队的敬重，又以此避免韩德勤等反共顽固派对他们的刁难。还集合队伍请陈毅同志训话，并将韩德勤的反共密令告诉我们。陈毅同志也面告两李，由于苏南顾祝同、冷欣对我逼迫，我军不得不到苏北抗日。两李也表示谅解，有助我东进抗日反韩的意愿。这一切，为我挺进苏北创造了有利条件。

可是，对两李的统战工作并不是一帆风顺的。事实表明，由于两李在抗日反韩这一根本立场上存在一定程度的摇摆性，因此对他们的争取工作要准备"和"与"打"两手并用，"和"是为了争取，"打"也是为了争取。

当我方积极争取两李时，韩德勤利用两李对蒋顽压力的畏惧以及对我挺进纵队在江北发展的疑惧心理，又打又拉，表示要与两李“捐弃前嫌，重修旧好，共同反共”，使两李动摇而倒向反我。

1940 年 5 月 17 日，我挺纵为粉碎敌伪“扫荡”，移往郭村休整。两李在韩德勤的挑唆下，说是占了他的地盘，竟向我挺纵下最后通牒，限三天退出郭村。在顽军保安第三旅的配合下，调动其第一、第二、第四、第六纵队向郭村进逼，总兵力达 13 个团。其第二纵队踞于塘头、宜陵、丁沟一带，隔断郭村与大桥地区和苏南我军之联系；第四纵队在泰州、刁家铺、口岸一带由东对我；保三旅则在郭村以北之小岐一带，妄想一举围歼我挺进纵队于郭村、大桥地区。

此时我方政治、军事态势急迫。一方面挺纵兵力单薄，顽我兵力对比悬殊，如作战不利，我将失去大江南北交通的枢纽地带，势必严重影响我主力北上。另一方面，即使打败了两李，但如果处置失当，两李倒向韩德勤一边，造成韩、李反共大联合，对我发展苏北也极为不利。加之此时在有的领导干部中对党的统战政策和争取两李的方针认识不尽一致。在此关键时刻，陈毅同志一面令在天仪扬地区的苏皖支队星夜赴援，一面电示挺纵：他将立即着便衣渡江北上，亲临决策。电报发出后，他便换了中式夏布衫裤，戴上凉帽，匆匆向江北赶去。

挺纵领导叶飞、管文蔚、姬鹏飞、张藩等同志接到陈毅同志的指示后，一面作紧急应战的准备，一面派政治部副主任陈同生同志为代表，前去泰州向两李倡言和平。可是，李明扬却以开会为由离泰州去了兴化，李长江则扣留了陈同生同志。6 月 28 日，开始了对郭村的大举进攻。李部先后到达兰家桥、白塔河、杨家桥、董家桥、庄家桥、吴家桥、黄毛墩、麻村等地，形成四面包围、十路进攻之势。我军收缩于郭村、西周庄坚守。在地方党和人民群众的全力支援下，我军利用李部各路互不配合的弱点，采取积极防御，逐次杀伤其最突出的一路，有效地稳定了郭村阵地。这时，奉命增援的苏皖支队已由陶勇等同志率领，跨越天扬路，夜渡邵伯湖，穿过日军封锁线，日夜兼程200余里，突然进入了李部防区——郭村西面的杨家桥、麻村一带，与挺纵取得了联系，并于当夜进入郭村，分担了部分防务。

6月30日，我军以挺纵第一团两个营于夜间荫蔽出击，突然袭入李军后方重镇宜陵，消灭其一个营和一个团部，李军大恐。此时，共产党员陈玉生同志率领了一个团（该团是我地方党领导的部队，为适应斗争环境，当时公开用李明扬的第三纵队第八支队番号），共产党员王澄同志率领了一个营（该营是李明扬的第二纵队第五支队第四大队，是我地方党所控制的），在我第四团接应下立即起义，进一步改变了战场形势。我军反守为攻，对李军实行内外夹击，歼其三个团，迫使李军全线溃退。

7月3日，陈毅同志被迎到郭村，他给部队以热情的慰问和鼓励。但他又说：战役和战术上的胜利，不等于战略上的胜利。我们要打开苏北局面，非把韩德勤打败不可；要打败韩德勤，就必须争取两李中立，不使他投奔韩德勤。这一打，究竟是把两李打到韩德勤一边去，还是打到我们这边来，这就要看我们政策和策略的威力了。

这时，有的同志主张驻守郭村，不再前进；有的同志又主张直下泰州。陈毅同志认为郭村地区过于狭小，将来势必还会发生摩擦；而打到泰州又会逼得两李非倒向韩德勤不可。他决定乘胜打下塘头，控制交通要点，解决部队给养；又在泰州城唾手可得的态势下，适可而止，收兵于泰州城郊的碾米场，并派代表去见李明扬，表明我顾全大局，灭敌、反顽、联李的方针不变，要他以“互助互让、共同发展”八个字来推动抗战。这时，李明扬从兴化赶回来收拾残局，听说我们不攻泰州，还派来代表倡导和议，正是求之不得，连忙向陈同生同志赔礼道歉，派专使陪送返回挺纵。电话架通后，陈毅同志亲自同他通话，再次表明我军为了团结抗战，愿意与他们重修旧好，将俘虏他们的人员全部释放，归还缴获的部分枪支，并愿将郭村等地全部让出交给他们，但要求他们团结抗日，助我东进；如果将来韩顽不以民族利益为重而向我进攻时，希望他们保持中立。李明扬难中得救，全部答应。

郭村战斗是巩固苏北桥头阵地的一仗，也是同韩德勤争夺两李的关键一仗。至此我们取得了政治和军事的双重胜利。

进军黄桥，建立以黄桥为中心的根据地

1940年6月中旬，我江南指挥部率领第二团、新六团等部准备经溧(阳)武(进)路向长江边北移。顾祝同、冷欣以其第四十师主力一部及“挺进军”第五团等部对我突袭。我军奋起自卫还击，歼其两个团于西塔山地区，余部溃逃。我军随即越过公路、运河、铁路、长江等日军的几道封锁线，于7月8日前胜利到达苏北吴家桥地区，与挺进纵队、苏皖支队会合。

江南指挥部率部过江后，苏北顽、我斗争进入新的阶段。在此以前，双方以争夺中间力量为中心，此后即将进入正面的交锋了。我们分析形势，蒋介石、韩德勤绝不会允许我们在苏北敌后建立和发展抗日根据地。顽、我之间势将有一次决战，必须积极做好准备。至于对韩德勤的斗争方针，我们认为，在韩德勤军事实力数倍于我的形势下，要争取我在苏北全局的优胜，必须坚持自主的原则；但这时正处在顽固派两次反共高潮之间，全国人民心向缓和，力促团结抗战，从顽、我斗争的全局出发，又必须运用“以退为进”的策略。

对我军以何处为中心建设根据地的问题，在指挥部到达苏北后有过三种议论：一是扼守扬（州）泰（州）地区，二是北进兴化，三是进取黄桥。我们主张东进黄桥。第一，黄桥处于靖江、如皋、海安、泰县、泰兴等县的中心，以黄桥为中心建立根据地，便于向通、如、海、启发展。而只有控制通、如、海、启才可以与我江南部队相呼应，控制长江通道，

威胁日军和切断韩顽与江南冷欣的联系。第二，吴家桥、郭村一带，原为两李范围，地区比较狭小，如果向外发展，势将与两李发生矛盾，影响主力对韩，与我统战方针违背。水城兴化，是韩德勤盘踞的中心，周围全是水网，对我进出不利，且地域偏西，对日军威胁不大。第三，盘踞黄桥一带的保安第四旅何克谦部，一贯勾结敌伪，积极反共，敲诈勒索，久失人心，而且战斗力较弱，易于歼灭。第四，该地区有我党的工作和影响，群众基础好。我军东进抗日，能获得地方党的配合和广大人民的热烈拥护。

这时我们遵照中央指示，将渡江北上的江南指挥部改为苏北指挥部，仍由陈毅同志任司令员兼政治委员，我任副司令，刘炎、钟期光同志分别任政治部正、副主任。此时刘炎同志尚在苏南，政治部工作由钟期光同志主持。部队整编为三个纵队，每个纵队三个团。第一纵队以叶飞同志任司令员兼政委，下辖第一、第四、第五团；第二纵队以王必成同志任司令员，刘培善同志为政委，下辖第二、第六、第九团；第三纵队以陶勇同志任司令员，刘先胜同志为政委，下辖第三、第七、第八团。全部共7000余人。数量虽还不大，但统一了指挥，行动协调了，部队面貌一新，这对开辟苏北局面有重要意义。

苏北指挥部随即发布政治动员令，提出团结、抗战、反顽口号，要求全体指战员做好打运动战、歼灭战的充分准备，严格执行纪律，宣传党的政策，开展群众工作。

部队在扬泰地区休整了一周，7月25日出发，采取远道奔袭和各个击破的战术，直指黄桥。我军以战斗姿态于7月26日、27日两日通过口（岸）泰（兴）线上的寺港口、缪湾等“两李”防区，李部如约让路，并朝天鸣枪，我军佯作夺路而过。

韩德勤得知我东进的消息后，即令何克谦率保安第四旅由黄桥及其以南地区向北攻击，同时命令陈泰运率税警团由曲塘南下至北新街一带，妄图南北夹击，消灭我军于运动中。

我们对于何克谦、陈泰运两部，决计采取不同对策。当我军东进到北新街以南时，突然掉头向北，击溃陈泰运部两个团，歼其一个多营。当陈泰运碰得头破血流时，我方如数遣还了俘虏，还主动地送了部分枪支给他，警告他不要跟着韩德勤制造摩擦打内战，应该团结抗日。

在对付陈泰运的同时，我们以第二纵队占领黄桥以北及东北的蒋垛、古溪、营溪，以第一纵队占领搬经，截断何克谦的退路，第三纵队攻占黄桥及其以南地区。28 日一夜激战，各部胜利完成了任务。我军于 29 日凌晨，解放了黄桥。此战歼何部主力近 2000 人，在我党团结抗日号召之下，何部两个团由陈宗保等同志率领于战后起义。

我军到达黄桥时，沿途群众夹道欢迎，并热烈要求我军长期驻扎，保护地方，打击日军。这时陈丕显同志已从东南局来到苏北，协助陈毅同志抓地方工作，加强根据地建设的领导。指挥部也派出干部、民运工作队和服务团，协同地方党组织发动群众，积极进行抗日民主根据地的建设，工作进展异常迅速。8 月 10 日，我们向中央报告：“我占领黄桥以后，便分兵发动群众，清剿散兵游勇，委派了泰县、如皋、靖江、泰江、江都 5 县县长，筹建苏北临时行政委员会，成立苏北军政干校，出版石印的《抗敌报》（苏北版）；建立 4 个税卡，10 天内扩大新兵 100 余名……”接着，我们又派部队攻下了黄桥以南之孤山、西来镇等敌伪据点，我党我军声威大振。以黄桥为中心的根据地已粗具规模了。

韩德勤对我进占黄桥，创建以黄桥为中心的抗日民主根据地，以及部队猛烈发展，群众运动轰轰烈烈，感到莫大的威胁。在军事失利之后，他表面上同我划定防区，韩部驻姜堰、曲塘、海安一线，不再南下，我军驻黄桥、蒋垛、营溪、花园桥一带，不再北进，实则处心积虑准备向我进攻。他利用秋水暴涨、我军各部不便相互支持的时机，调动兵力，调整部署，补充弹药，焚烧涟水、淮阴间老黄河各渡口的船只，阻止我八路军第五纵队继续南下，妄图消灭我军于立足未稳之际。

黄桥根据地的建立，为以后与韩德勤决战准备了一个比较理想的战场。我方为加速准备决战，指挥部、军分委联合下达了《对于创建黄桥大根据地的指示》，着重指出："目前的工作任务是积极充实主力，严格整训部队，努力民众运动，建立民主政权工作的基础，随时准备迎接反'扫荡'、反摩擦的胜利。"指挥部政治部颁发了《9月份政治工作方针的训令》，明确提出了"准备决战是中心""决战决定一切"的口号。

果然韩顽不顾人民的愿望和我党团结抗日的呼吁，调集大军，破坏协议，于9月3日开始向我发动进攻。以两李、陈泰运部及保安第三旅编成右路军，在姜堰附近集结，以军参谋长郭心冬指挥第一一七师（欠一旅）、独立第六旅（欠一营）、保安第一旅（欠2营）为左路军，在曲塘、胡家集、海安附近集结，计划分别经蒋垛、古溪向黄桥进攻。其右路军的"两李"和陈泰运部在我争取下态度犹豫，进展缓慢。左路军则大胆冒进。我决计严守自卫立场，坚持不先放第一枪，逐步收缩，等到第八十九军一一七师、独立第六旅、保安第一旅深入我防区，再集中兵力，予以各个歼灭。

9月6日，顽左路军进到营溪以南，我即展开英勇反击。一举歼其先头部队保安第一旅两个团，余部回窜。

保一旅原有我江北特委的工作。此次战后，我军释放了所俘该旅副团长及其以下全部人员，对他们宣传合作抗日，不应反共之大义，使该旅旅长薛承宗大为震动，争取了该旅在以后的黄桥决战中保持中立。

营溪之战，是韩德勤对我的一次试探性进攻。韩德勤在受挫后改取"堡垒推进"方针，指令姜堰顽军保安第九旅张少华部严密封锁我区粮食来源，并挟制李明扬、陈泰运两部，企图逐渐压缩我于沿长江狭小地区，勾引日伪对我合击。我们已经注意到在营溪战斗的同时，天长、六合等县及津浦路苏皖段沿线敌伪相继增加，天长、六合两据点的敌人已增加到1500余人，骑兵数百。9月5日，即韩顽进犯营溪的前夕，日军攻陷了我路东中心区之马家集、竹镇集、舜山、半塔、汊涧等地，每到一处，抢掠烧杀，无恶不作，与韩顽遥相呼应。形势表明，与韩顽长期相持对我十分不利。我为打开局面，本着自主原则，决定进取姜堰。

姜堰原是陈泰运的防区，韩德勤为了向我进攻，将陈部调往曲塘，而令保安第九旅张少华部进驻。张少华曾当过汉奸，虽声明“反正”，其实仍然和日军互派代表，保持联络，是一个身兼顽、伪的双料货。他进驻姜堰后，依托南面的运盐河，构筑了以36个碉堡为核心的防御工事，加设了电网，以求固守。

9月13日，我以第二、第三两个纵队围攻姜堰，二纵队主攻，第一纵队在白米、马沟一带打援。我攻击部队挑选了优秀战士组成“勇敢队”两个排，担任突击任务。他们由共产党员带头下水渡河，自镇东北突击。队员用橡皮包裹马刀把子，奋力砍开铁丝网，从碉堡的夹缝中猛插进去，以“孙行者钻进铁扇公主肚皮里去”的战术，先打掉张少华的司令部，再由里向外打，内外夹攻。经一昼夜激战，攻克了姜堰，歼守敌1000余人，缴获了大量武器和军用物资。

我为继续保持政治上的主动与优势，在占领姜堰、打开粮源之后，再次表明我停止内战、团结抗日的初衷不变，只求救国有份，抗战有地，派朱克靖等同志四出奔走，联络各界绅民代表继续呼吁省韩，重开谈判，以求合理解决纠纷。

由于事关大局，我方团结抗战的旗帜鲜明，陈毅同志登高一呼，韩紫石等许多上层人士和八县代表同声响应，四五十个留胡须、穿长袍的人奔向黄桥与我会谈。这些人中，有的确是本着团结抗战好意来的；有些则是希望顽、我力量均等，以便在中间立足；有的则和韩德勤有不可分离的利害关系，眼看韩德勤再打就会失败，所以出来劝解。尽管各自的动机不同，但他们出面斡旋，对促进团结抗日是有利的。

当士绅代表向韩德勤呼吁“停止内战、团结抗日”时，韩顽竟乘机要挟说：“新四军如有合作诚意，应先退出姜堰。”在他看来，“金姜堰、银曲塘”，我军以革命同志的鲜血换来的抗战阵地是决不会退让的；如果不让，他就有了向我进攻的借口。中间人士也很担心，认为韩德勤要价太高，我军必不答应，和谈必将失败。出乎他们意料的是，我方断然答应让出姜堰。陈毅同志在姜堰召开的各方代表会议上慷慨陈词，表明我方顾全大局、忍让求全的苦衷，但也要求对方履行诺言。如省韩必欲置我党我军于死地，我方也只有出自自卫一途。陈毅同志义正词严，博得所有代表的同声赞叹。如黄桥朱履先老先生说：“如果你们退出姜堰，省韩还来进攻，则是欺人太甚，万分无理，不但欺骗了你们，也欺骗了我们，省韩必遭到苏北人民共弃！”

9 月 30 日，我军履行诺言，撤出姜堰。为争取中间势力，通知李明扬、陈泰运来接防。李明扬喜出望外，单独接管了姜堰。我又主动送给陈泰运 100 多条枪。韩德勤一无所获，与李、陈之间的矛盾越发加深。

我军自攻取黄桥到让出姜堰，把军事仗与政治仗、自主的原则与以退为进的策略结合得十分巧妙。尤其是姜堰，如不夺取，便没有让出的文章可做。而让出姜堰，对我是“一举三得”：既揭露了韩德勤积极反共、破坏抗战的罪恶阴谋，在政治上赢得了社会各阶层的极大同情，造成我党我军完全有理的地位；又加深了苏北国民党军队内部派系之间的矛盾；还使我适时集中了兵力，在军事上对付韩顽的进攻处于有利地位。这些处置，是陈毅同志对党的斗争策略的杰出运用。

决战黄桥，一举解决苏北问题

我军自北渡以来，经过四次战斗，连克黄桥、姜堰，控制了东西200里、南北数十里的较大地区。但从夺取苏北全局来说，还只是初步的胜利。虽然我们已给顽军以一定的打击，但是同韩德勤的主力还没有交锋；虽然我们已经控制了一些地方，但苏北抗日民主政权还没有确立；虽然我江南主力已经过江，但与八路军的联系还没有打通。所以我们还没有在苏北站稳脚跟。在这几个迫切需要解决的问题中，第一个问题是核心；只有同韩德勤的主力作了决定性的较量，其他的问题才能迎刃而解。

这时，南下的八路军第五纵队第一、第二支队已抵达涟水以北地区，新四军第五支队已列阵于宝应湖、大运河西岸，与我新四军苏北部队形成了由北、西、南三面夹击韩德勤的有利战略态势。针对国民党顽固派、特别是韩德勤的反共阴谋，中央公开提出了“韩不攻陈（毅），黄（克诚）不攻韩；韩若攻陈，黄必攻韩”的严重警告，使我军处于政治上的有理有利地位。

韩德勤深惧八路军与我会师，又以我退出姜堰为虚弱，决心采取“先南后北”的方针，先歼我苏北新四军，然后回师对付南下的八路军。于是亲自指挥26个团共3万余兵力南下，妄图与我决战，歼灭我苏北部队于黄桥地区。韩德勤主动寻衅，正是我一举解决苏北问题的良机。但我军全部人员仅7000余人，其中战斗人员不过5000余人。

大敌压境，顽军多我数倍，能不能打歼灭战呢？从发展苏北的任务来看，我们是必须打歼灭战的；如果只把韩德勤击溃，没有歼灭他的有生力量，他还会卷土重来，其结果会使苏北战争长期延续下去，对我开辟苏北、发展华中、反摩擦很不利。但是在实际上能不能达到目的呢？

毛泽东同志说，我们与敌人作战，在战略上是以少胜多，在战役上、战斗上是以多胜少，这是一个原则。但当前的形势却要求我们不仅在战略上，而且在战役、战斗上也要以少胜多。我军军政素质是敌人所不可比拟的，我军又处于“哀兵”的地位，“哀兵必胜”。但是，要克敌制胜，还需要发挥灵活机动的军事指挥艺术。

韩德勤的进攻部署是：以其嫡系李守维第八十九军和翁达独立第六旅为这次进攻的主力，组成中路军，经营溪、古溪和祖师庙、加力攻我黄桥北面和东面地区。以鲁苏皖边游击军两李部及苏北游击第八军（由税警团等部编成）陈泰运部组成右路军，以第一、第五、第六、第九、第十共五个保安旅组成左路军，掩护其主力之两翼，攻我黄桥以西及东南地区。目的是占领黄桥，消灭我军主力。

我军自退出姜堰后，兵力已经集中。我们对顽、我形势作了认真的分析研究：黄桥地区北面是通扬河，南边是长江，西面有一条从泰州到口岸的运河，周围有泰兴、靖江等日军据点，如果放弃黄桥，我军就没有回旋余地了，而且对民心、士气必将产生极为不利的影响。但是从我军当时的人才、物力来看，我们没有条件采取集中兵力、坚守黄桥的方针；而且集中兵力坚守黄桥，最多只能击溃敌人，而不能歼灭其主力。于是，我们决定以黄桥为轴心采取诱敌深入、各个击破的作战方针。有了黄桥这个轴心，既可以大量吸引、迟滞、消耗敌人，又便于我观察全局，机动使用兵力，达到各个歼敌的目的。

在各路敌军中如何选择首战歼灭对象，对战局的胜败关系极大。我们选择了翁达旅作为首战歼灭对象。这个选择的主要根据，一是“两李”和陈泰运虽然已表示中立，但在韩德勤大军向我进逼的形势下，疑虑很大，如果我首战歼灭了翁旅，对于拉开两李、陈泰运同韩德勤的距离，稳定李、陈的立场将起重要作用。这样就使韩德勤的右翼失去了掩护。二是翁旅是韩德勤中路右翼，把它消灭了，就把韩德勤的中路军打开了缺口，使我军可以实现对韩军主力的包围与迂回。第三，翁旅是韩德勤嫡系主力，如首战被歼，可以给敌军士气以严重打击，并使其他杂牌军不敢动作。所以如果首战歼灭翁达旅，对战役的转变会起决定性影响。

选择翁旅为首战歼灭对象，是一着奇兵。因为翁旅在韩德勤的战斗序列中，是战斗力最强的部队之一。全旅3000多人，一色的“中正式”七九步枪，每个步兵连有崭新的捷克式机枪9挺，号称“梅兰芳”式部队（指装备漂亮），军官大都是“军校生”，是强敌。一般作战原则是先打弱敌，后打强敌，而这次我们是先打强敌。我们认为这是可以办到的。我们可以利用“青纱帐”的掩护，荫蔽接敌，对行进中的翁旅实施突袭，把它截成几段，使其首尾不能相顾，这就能发挥我军优势，达到速战速决的目的。

对于日军，我们分析，当顽军向我大举进攻时，他会采取坐山观虎斗的态度，而韩德勤也不敢公开要求日军直接参与向我进攻。只要此战能速战速决，日、顽联合攻我的局面不会出现。

在兵力部署上，我们决定以3/4的兵力作为突击力量，仅以1/4的兵力守卫黄桥。

我们充分注意发挥各个纵队的特点。这三个纵队都是善于勇猛攻击的。其中第一、二纵队兵力比较充足，用于突击方向，荫蔽集结于黄桥西北之顾高庄、严徐庄、横港桥地区待机；并由第二纵队派出主力两个营配置于古溪至分界一线，实行运动防御，诱敌深入；另以一纵队一个营化装进入敌后，配合地方武装袭扰敌人。第三纵队全部人员不足2000人，用于防守。这个纵队的作风顽强，指挥灵活，是可以胜任正面阻敌任务的。

陈毅同志召集各纵队领导干部开会，很快统一了认识。部署既定，便对党政军民进行了深入的动员。政治部印发了军分会的《敬告指战员同志书》，反复强调打好这一仗的政治、军事意义，号召全体同志为打败顽军的进攻而战，为巩固和扩大苏北抗日民主根据地而战。全军上下斗志昂扬，紧张地进行战斗准备。地方党政机关和人民群众，纷纷声讨顽固派破坏抗日的罪行，掀起了支援我军作战的热潮。数千民兵和人民群众扛着门板和各种器材帮助部队赶修工事。在支前委员会的组织和领导下，救护站、担架队迅速组成，待命行动，家家磨面、烧水、烙饼，仅黄桥镇上就动员了 60 多个烧饼炉为前线烘烧饼。由此诞生了以后广为流传的《黄桥烧饼歌》。

即将来临的是我军在苏北进行的一场前所未有的大战。它的胜败，关系到党中央开辟苏北、发展华中抗战局面的整个战略任务，是有决定意义的一仗，所以称之为“黄桥决战”。而且我军从东进开始，方向的确定，战场的选择，战役的部署，各项准备工作的进行，都是指挥部根据党的方针紧密地结合当时的具体情况来安排的，目的全在与韩顽决战，成败的责任完全在我们。在敌众我寡的条件下，肩上的担子是很沉重的。陈毅同志有一挑珍贵的书籍文稿，从皖南挑到茅山，又从江南挑到苏北，从来不肯丢开，可是这时也从铁皮箱里拿出来“打埋伏”，显然是作了“破釜沉舟”的打算。但当时，我们的干部都是 20 多岁、30 多岁的人，连陈毅同志也还不到40岁，恰是风华正茂、精力充沛的时候，全都抖擞精神，迎接严峻的考验。

陈毅同志坐镇严徐庄掌握全局，我到黄桥前线，负责战场指挥。

黄桥周围，全长约四华里。我和陶勇同志商量：防御兵力不足，只能保证重点，机动部署。从当时的敌情出发，西边、南边不派部队，由后勤、伙夫担子担任警戒；北门只放一个班；其余兵力全部集中在东门之南、北一线。

顽军出师不利，9 月 30 日出动后，受阻于暴雨。10 月 3 日雨过天晴，才又向我攻击前进，分兵几路，扑向黄桥。10 月 4 日，攻城战幕揭开。

这时，苏北各种政治势力的注意力都集中到黄桥这块弹丸之地上来了。4 日下午李明扬宣布“谢绝会客”，中止了和我方代表见面（一直到 6 日我军已取得全胜，他才又开始会客），日夜询问战况；陈泰运则派人伏在通扬运河堤上向南眺望；泰兴日探也进到黄桥以西 15 华里的石梅（失迷）观战；周围伪军据点中的汉奸队伍也在注视黄桥风云变幻。一时，在以黄桥为中心的苏北战场上，出现了一幕两方对战、多方围观、准备应付突变的奇局。这一切情况都要求我们，必须在军事上迅速歼敌取胜。

正当顽军第三十三师一部向我黄桥东门进攻进入高潮时，翁达旅也从高桥南下了。对于这个首战歼灭对象，我军选择在什么时候突击最为有利呢？这又是极其重要的一着。如果突击过早，只打到它的先头部队，而没有打到它的要害，顽军不但可以退缩、避免就歼，而且还会暴露我军的部署和意图；如果失之过晚，顽军多路会攻黄桥，我军难以坚守，观战各方就可能争先扑杀过来。4 日下午 3 时，据报翁旅的前锋已抵黄桥以北五六里处。为了进一步判明情况，确实把握最有利的出击时机，我赶到北门，登上土城高处观望。但见北面五六里路远的大路上，有许多群众惊慌地向西南奔跑，判明独立第六旅的先头确已来到。我们计算，独立第六旅采用一路行军纵队前进。如果两人之间的距离为一米半，全部 3000 多人的队形将是长达八九华里的一路长蛇阵。从黄桥到高桥的路程约 15 华里，其先头部队抵达黄桥以北五华里时，后尾必然已过了高桥，完全进入了我伏击地段，我军此时出击，正好可以将独立第六旅拦腰斩断。我决心采取“黄鼠狼吃蛇”的办法，多路向其突击，将它斩成几段，然后各个包围，力求首先歼其首脑机关。

我在征得陈毅同志同意后，马上下令出击。

我一纵为主要突击力量，分为四个箭头猛插过去，将独立六旅切成几段，首先歼其旅部和后卫团，迫使其先头团回援，然后以一部从侧翼迂回到翁旅后方，乘势将其包围。经过三小时的激战，全歼独立第六旅，中将旅长翁达自杀。

我军一举歼灭了独立第六旅，斩掉了韩德勤中路的右翼，使顽军主力第八十九军完全暴露和孤立了。

翁旅被歼后，战场重点立即转到黄桥城下及其以东地区。顽军为扭转不利的局面，拼命猛攻黄桥，以猛烈的炮火掩护部队向我东门进攻。我军防御工事大部被毁，部队伤亡颇大。敌人三十三师一部居然在尘土硝烟中突进了东门。情况异常紧张。如果黄桥失守，对李守维的包围圈被突破，在我完全无预备队增援的情况下，将无法达到围歼敌人的目的，不仅战役任务不能完成，我几个纵队势将被敌人分割，被迫分散活动，形成打游击的局面。因此，必须动员部队人员以有我无敌的战斗精神，坚决迅速地把突入东门的敌人就地消灭或驱逐出去。恰在这时，听说奉命增援的老四团一个营由江南过来了，离黄桥镇还有 20 里路。我便振臂高呼："同志们，江南增援部队过来了！"同志们受到鼓舞，士气大振，都兴奋地回答："我们坚决打退敌人的进攻，迎接江南主力！"陶勇同志和纵队参谋长张震东同志把上衣一脱，挥动马刀，带领部队硬把顽固派杀出东门，然后架起机关枪，把敌人死死顶住。

当翁达旅被歼，攻入黄桥的敌人又被反击出去后，战场出现了对我极为有利的转折。我第二纵队已经八字桥插到分界，第一纵队已由八字桥与黄桥之间南下，与我守卫黄桥之第三纵队完成了对已经进入黄桥以东地区的李守维部的合围。我军已完全掌握了战场的主动权。

原来，顽军三十三师于 4 日下午在黄桥东门进攻受挫时，第八十九军军长李守维便命令他的预备队之大部在古溪待命，自己亲自率第三四九旅经八字桥向黄桥疾进增援，刚刚到达黄桥东北之野屋基村附近，得知翁达旅正被我包围于高桥及其以南地区，危在旦夕。李守维非常惊恐，既不敢救援翁旅，又不敢继续前进，遂令第三四九旅在野屋基村附近构筑工事固守。而我第二纵队在王必成、刘培善、杜屏等同志的带领下，于当夜悄然向东南穿过八字桥，插至分界，截断了顽军归路，接着，第一、第二纵队两路夹击，将三四九旅和三十三师全部分割包围于黄桥东北地区，并首歼三十三师主力于小二房庄。然后向东，全力围攻野屋基村附近的第八十九军军部及第三四九旅。

正当围歼战激烈地进行的时候，陶勇同志从守备部队中抽出力量，把包括炊事员在内的所有人员都组织起来，从黄桥的东门及其两侧地区打了出去，配合第二纵队聚歼顽第三十三师，活捉了该师师长，加强了对李守维的围歼。

顽军第八十九军李守维部，是韩德勤赖以横行苏北的主要军事支柱，人多武器好，是顽军在苏北最有战斗力的主力之一。虽然已被包围了，但李守维还想作困兽挣扎，拼命抗击我军的进攻。由于敌人火力猛烈，我军多次攻击，进展不大。我军组织力量，调整部署，黄昏后发起总攻。

经过一夜激战，6日清晨，顽八十九军的军部被彻底歼灭了。李守维妄想渡河逃窜，失足落水，淹死于洼尺沟河中。

顽军失去了指挥，但第三四九旅仍在拼死抵抗，在野屋基村附近与我展开逐屋争夺战。我军经多次白刃格斗，终将顽军反抗气焰彻底压倒，第三四九旅大部歼灭，其残部沿原路溃退。但因地形复杂，桥梁早被我人民武装所控制，陷入我人民战争的汪洋大海，在一片“缴枪不杀”“宽待俘虏”的呼喊声中，纷纷缴械投降。

奉命增援三十三师的顽军预备队进至分界以西，因三十三师被歼，便转守营溪。我第二纵队追至营溪，把它包围，激战半天，歼其大半，残部向海安方向溃逃。韩德勤纠集来的各保安旅团见势不妙，也争先撤退。为了囊括通、如、海、启，控制长江，向大海边发展，我们把海安作为追击战的首要目标。在作战命令中规定：“不顾伤亡，不计俘获，占领海安就是胜利。”因为海安是个十字路口，控制了海安能割断如皋、南通、海门、启东四县顽军与海安以北顽军主力的联系。当时我曾对江南增援来的部队说：“你们才从江南赶来，本来应该让你们休息一下的，现在任务紧急，只能先执行任务了。”他们立即出发，和各兄弟部队争先前进，逢水过水，见桥夺桥，不怕疲劳，边打边追，直奔海安。海安的顽军逃了，我军胜利占领。

至此，顽军第八十九军及独立六旅几乎全军覆没。最后清查，我军自10月3日起至6日止，共歼顽军主力12个团，保安第十旅全部，保安第三旅、保安第五旅各一个团，共计1.1万余人。其中第八十九军中将军长李守维、独立第六旅中将旅长翁达及旅、团长数人毙命，俘三十三师师长孙启人、九九旅旅长苗瑞林，一一七师参谋长等师、旅、团军官10余名，下级军官600名。据不完全统计，主要缴获有长短枪3800余支，轻、重机枪189挺，山炮3门，迫击炮59门，还有大量弹药和军需物资。

韩德勤见大势已去，率残部千余人向兴化狼狈逃窜。我本着有理、有利、有节的原则，到达东台，便停止向西北追击，给韩德勤留下一条后路，以便争取更多的人继续抗日。我军派出一支部队，继续沿通榆公路北进，准备迎接南下的八路军。10月10日，我苏北部队前锋与黄克诚同志率领南下的八路军先头部队会师于东台县之白驹。

11月7日，恰好是新四军江南指挥部成立一周年的日子，刘少奇同志及八路军南下部队的领导同志来到海安，陈毅同志率苏北指挥部及地方党、政领导同志举行了隆重的大会热烈欢迎。盼望已久的大会师终于在决战胜利之后实现了。陈毅同志曾慷慨赋诗：

十年征战几人回，又见同侪并马归。
江淮河汉今谁属？红旗十月满天飞。

在回忆这一段革命斗争历史时，我还深切地怀念当年共同战斗的其他一些同志：龙树林、徐绪奎、陈时夫、乔信明、邱玉权、廖政国、郭猛、黄才胜、吴载文、严昌荣、罗湘涛、孔峭帆、李景瑞等同志，这些同志已经先后离开了我们，他们都为挺进苏北、发展华中做出过重要的贡献。我新四军江南部队全体指战员没有辜负党中央、军委的信任，胜利地完成了挺进苏北，夺取苏北抗战领导权的历史任务。从此掀起了苏北抗日民主根据地建设的高潮，展现了华中抗战蓬勃发展的前景。

苏中抗日斗争

粟　裕

冲破黎明前的黑暗

1943年是在紧张的气氛中开始的。日寇在泰兴、如皋、东台、海安一带增调兵力，有举行大规模军事行动的模样，随即又有敌三个师团将增调苏北的传闻。1942年冬反“清剿”胜利后形势一度相对稳定，现在又突然转为紧张了。我们为应付最严重的局面，雷厉风行地抓紧进行在1942年10月即已开始的精兵简政工作，并准备为主力兵团另行择地整训，一时引起部分干部和群众的不安。区党委认为主要是宣传上有片面性。在1942年10月下旬召开的“南坎会议”上，传达了“今年（1942年）打败希特勒，明年打败日本”的政治口号，当时过多地强调了反攻的形势和准备反攻的力量，忽视了对今后艰苦斗争的宣传。现在弯子一下子转这么大，自然要引起群众思想上的波动。于是，我们立即坦率地说明前一段对形势的宣传不够全面，在指出大好形势的同时，强调指出1943年是苏中抗日斗争最尖锐、最艰苦的时期，也是黎明前的黑暗的时期，号召全体军民坚定最后胜利的信心，争取抗日战争胜利的早日到来。不到半个月，干部、群众的情绪稳定了，全体军民投入到新的以反“清乡”

为重点的斗争之中。

早在1941年初，日本侵华派遣军总司令部就确定了以长江下游为起点，逐次推行“清乡”的方案；汪精卫伪国民政府也将其定为“国策”。同年3月成立了“清乡”委员会，汪逆自任委员长，伪江苏省主席、国民党特务头子李士群任秘书长。从1941年7月起，先后对我苏南抗日根据地的苏常太、澄锡虞地区，进行了首次“清乡”。我苏南区党委、第六师经过一段艰苦奋战，转为执行合法斗争、隐蔽坚持的方针，原活动于该区的第六师第十八旅奉命撤出苏南，进入苏中第一分区。汪逆便大肆吹嘘所谓“胜利”，于1942年12月1日制定了《民国三十二年度上半年清乡工作训令》，确定在苏南继续推行“清乡”，在浙东进行“清乡”试验，而将“清乡”重点放在我苏中根据地，并首先选择临江濒海、易于分割封锁、对日伪威胁最大的我第四分区，作为“苏北第一期‘清乡’实验区”。划定天生港、丁埝之线以东，丁埝、马塘、南坎之线以南，东至黄海，南至长江为“清乡”区范围。除调集伪第三十二、第三十三、第二十四师外，日军还从苏南抽调了参加过对苏南“清乡”的第六十一师团的四个大队和部分宪兵，以及大批“清乡”警察、特工和伪军行政人员，进驻“清乡”区内各集镇和重要村庄。沿“清乡”区边沿，日伪军构筑了长达175公里的竹篱笆封锁圈，每隔一定距离构筑碉堡、瞭望哨，派兵驻守。封锁了长江岸边大小口岸，仅留少数孔道，派兵把守。占领了沿海集镇，封锁了海上与陆上交通。日伪计划用六个月时间完成“清乡”，妄图在“清乡”区内彻底消灭我党我军、肃清一切抗日势力和“敌对分子”，建立起彻底的伪化统治。

日寇对第四分区的“清乡”，原计划于1943年3月1日开始。我们为打乱其部署，鼓舞群众斗争情绪，决定先发制人。我师部特务团主力于2月23日一举攻克如皋县曹家埠伪军据点，第三旅及第四分区主力又乘伪军调防之机，攻入金沙、余东、三阳、悦来、小洋口等10多处据点，还进抵长江边，掩护群众烧毁了日伪用以封锁“清乡”区的大批毛竹，迫使敌人把“清乡”计划推迟了一个月，到4月1日才开始。

区党委把领导工作的重点放在制定方针政策和组织实施上，首先是制定反“清乡”斗争方针。1943年1月28日，华中局、新四军军部确定反“清乡”斗争的总方针是必须坚持原地斗争。苏南反“清乡”执行的是合法斗争、隐蔽坚持的方针。我们依据华中局、军部的总方针，对比苏南的情况，从苏中实际出发，进行了认真的研究，认为我们如果也和苏南采取同样的方针，将使日寇得以基本上实现在第四分区的伪化，并必然将“清乡”依次扩展到苏中全区。苏中是华中抗日根据地的前哨阵地，如果不能保持，则敌我斗争的第一线势必向北推移到盐阜、淮南、淮北诸地区，对全局显然不利。因此，我们制定了“以公开武装斗争为主，达到坚持原地斗争目的”的方针。我们认为，苏中是具有执行这一方针的条件的：第一，第四分区的地理状况虽临江濒海，水网交织，交通便捷，与苏南大致相同，但是它背靠大块根据地，有苏中全区作支援。第二，苏中有坚强的武装力量，有在平原水网地区同敌伪开展游击战争的丰富经验，可以在军事斗争中取胜。第三，苏中抗日根据地是在同敌人反复激烈斗争中坚持、巩固起来的，全区人民和各级组织经受过锻炼和考验，并且已经取得了1942年反“清剿”斗争的经验。第四，苏中区领导已经为应付最坏形势的到来，在领导体制、斗争方针、组织形式、作战指导、物资储备等方面做了许多工作，全区领导处于有备的状态。当然，我们也充分估计到斗争的长期性和极端尖锐、极端艰苦、极端残酷；苏中全区，首先是第四分区必须为之做出最大的牺牲，但是这种牺牲是光荣的、值得的。这一方针得到华中局的批准。

确定了斗争方针，我们又在坚定的原则基础上采取灵活的斗争策略，制定和实施了一系列政策和措施。

以公开武装斗争为主，充分发挥主力部队的骨干作用和三结合武装体制的威力。1942 年我们已经完成了整编计划，第三旅除第七团外，其余各团均编入第四分区地方团，这些地方团已成为分区的主力。此外，第三旅又抽出 2000 余人，转化为区游击队及民兵骨干，以强化民兵的军政素质。在“清乡”区内，我们决定以区队、民兵开展群众性的游击战争为主，以武工队对敌伪进行重点打击为辅。主力部队实行“以进为进”的方针，撤至“清乡”区外围，随时抓住敌人的弱点，机动地给予打击，或抓住有利时机，由外向里，在封锁线上打开缺口，突入“清乡”区内，攻克据点，掩护和配合群众斗争，尔后又迅速撤出；还组织一批武工队进入“清乡”区，同地方武装、民兵一起作战，并有计划地轮换长期在“清乡”区内坚持斗争的地方武装、民兵，把他们撤到“清乡”区外休整、补充。这样形成不同层次、不同形式的波澜壮阔的人民游击战争。

以武装斗争为后盾，更有效地开展其他各种形式的斗争。武装斗争与非武装斗争相结合，军事斗争与经济、政治、文化斗争相结合，公开工作与秘密工作相结合，内线与外线相结合，使反“清乡”斗争成为一场军事、政治、经济、文化等各方面的总体斗争。

进一步加强和扩大统一战线工作。充分发挥我们在社会基础上的强大优势，尽量团结、争取、利用一切力量以集中打击敌伪“清乡”势力，使反“清乡”斗争成为各个阶层、各种力量的最广泛的斗争。

强调“清乡”区与非“清乡”区在斗争方针上的区别。敌人在“清乡”区是要打破在我统治下的现状，而在非“清乡”区，却因兵力不足，有意无意地维持现状，以达到分区“清乡”的目的。所以，我们要求非“清乡”区必须给敌人以主动的打击，造成敌人顾此失彼的窘境，以减轻敌对“清乡”区的压力，使苏中区的斗争以反“清乡”为重点，各分区紧密配合，相互支援。

我们充分估计到反“清乡”斗争的长期性和残酷性，始终注意保护群众的积极性。对群众性斗争不提过高的不能达到的要求，以免招致不应有的损失，挫伤群众的积极性。例如，我曾提过每个乡、每个支部每月捕杀一个敌人的号召，后来成为群众的实际行动，有的乡与乡、支部与支部还开展了竞赛。我们提醒各级领导，组织成千成万的民兵围攻据点，是在特定条件下的一种人民武装斗争方式，不能作为经常的战术，那样是危险的。我们还不断地由其他地区给予“清乡”区人民以救济、支援，帮助他们渡过灾难，重建家园。

我们力求正确地判断和把握形势，防止片面性。1943 年 10 月，敌在为时六个月的第一期“清乡”失败后，紧接着搞“延期清乡”，采取高压手段，推行“三光”政策，形势更加严酷，一些地区群众情绪一度低落，斗争陷入被动。我分析这种情况后认为，这是长期斗争中的疲劳现象，而不是退潮，应适时地加强宣传，并采用各种更巧妙的斗争手段，更复杂的斗争方式，继续作更分散、更艰苦的顽强斗争。我们规定在敌情特别严重的地区，实行公开的武装斗争与合法、秘密的斗争相结合，在一定时期内以合法、秘密的斗争为主，并规定这一转变，应由上一级党委适时地予以掌握和批准。

为掌握反“清乡”斗争的第一手材料，及时总结反“清乡”斗争经验，也为了提高司令部机关军事指挥水平，我从师直属队选派中层领导干部和骨干组织武工队，轮流进入“清乡”区参加斗争。

加强敌伪军工作。我们重新研究了对敌伪军工作的政策。当时苏中地区的伪军已有旧派和新派的区别。旧派是原国民党鲁苏皖边区游击总指挥部中的投降部队和地方上的妥协势力，这一派仍残存有民族意识和地方观念，太平洋战争爆发后，同日寇的矛盾增加了。新派则是由日汪扶持起来的力量，以日本买办和特工为主，代表人物是伪苏北清乡主任公署主任兼伪保安司令张北生。他们是日寇“对华新政策”的坚决执行者。我们利用旧派，打击新派；利用旧派又不使其完全胜利，打击新派又不使其完全失败，使两派力量互相对消。对于参加“清乡”的伪方基层人员，初期采取群众性的锄奸斗争，继而采取瓦解争取为主的政策，达到逐步掌握伪基层政权。

对于敌军，我们分析：敌南浦旅团是我们的老对手，几年来在我苏中军民不断打击下，累计伤亡消耗了5000人，经不断补充，仍剩下3700余人，南浦本人因此受到上级责备，并一度拟将该旅他调，经南浦本人申辩才没有被调走，后来增调第六十一师团四个大队到苏中"清乡"，却不属他指挥，引起他的不满。对南浦我们一直注意斗争策略，1942年即指出，对南浦之打击应适可而止，以抑留他在苏中单独与我纠缠。这时我们进一步利用敌人的矛盾，着重打击主持"清乡"的敌第六十一师团，适当给南浦一点面子，使他采取消极态度。

上述这些政策和措施，在反"清乡"斗争中发挥了强大的威力，收到了显著的效果。"清乡"区内的游击战争真正达到了全民参战的程度。游击战的战术技术发展到空前的水平。特别是经常性的游击战和围绕中心任务的斗争紧密结合，交织进行，势不可当。

反封锁斗争。敌人把封锁视为"清乡"的法宝之一。反"清乡"斗争开始后，我们提出"不让敌人打篱笆"的号召，一场破击战迅速开展起来。群众创造了许多行之有效的办法，如将固定篱笆的木桩拔起套上绳索，然后将篱笆成片拉倒；在篱笆上套上油箍，放火焚烧。开始是小规模的分别破拆，后来发展到几个乡、几个区的联合行动。在苏中区党委统一部署下，1942年6月17日和7月1日，第三、第四分区同时发动封锁线两侧群众大破击，仅7月1日夜，4万多群众和民兵，在主力部队、地方武装掩护下，在各级干部带领下，有组织、有计划地在100多公里的封锁线上进行大破击。他们锯倒电杆，收缴电线，挖毁公路，火烧篱笆。绵延上百公里，看不到头的冲天火光，噼噼啪啪的竹子爆炸声，斗志高昂的人群呐喊声，显示了群众游击战争的无比威力。日伪军吓得躲在碉堡里一动也不敢动，眼睁睁地看着苦心经营的竹篱笆被毁坏殆尽。

锄奸斗争。敌人以特工作为“清乡”的急先锋，他们是日伪的耳目、爪牙，肆意残害我干部群众的刽子手。4 月 1 日，我们以苏中第四专署名义颁布了《反“清乡”期间紧急治罪条例》，规定对“国人皆曰可杀”的汉奸、特务就地处以极刑，并把执行权授予区级以上政府和民众团体。早在敌“清乡”前，我们即已从军队和公安部门抽调了一批政治坚定、机智果敢、有作战经验的同志，配备短枪，组成精悍的武工队（原称政治保安队，群众称之为短枪队），其主要任务是深入据点，镇压日伪“清乡”的重要人员，后来成为群众性游击战争的骨干。反“清乡”斗争开始后，锄奸活动随即开始。武工队英勇机智，神出鬼没。民兵和群众在武工队带动下，采取盯梢、诱捕、“扎粽子”“包馄饨”“背娘舅”“老鹰捉鸡”等各种办法捕杀汉奸、特务。仅四、五两月全区不完全统计，共处决特务、汉奸 274 人。苏南调来的“清乡”队员，被我捕杀半数。敌人原拟续调苏中的两个“清乡”大队，未敢再来。许多伪“清乡”人员请长假、开小差或躲在南通城里不敢上任。使敌伪失去了耳目、手足。

反保甲斗争。日伪从“清乡”开始即加紧编查保甲，先是和平编查，遭到群众的反抗。到政治“清乡”阶段便推行强制编查，调集大量日伪军，将某一个地区包围起来，把群众拉到一起，强制编查，对反抗者血腥镇压。1943 年 7 月 26 日晚，日军在南通县十总店一次即活埋我群众 53 人。为击破敌人阴谋，各地党组织动员身份已经公开的党员、干部和民兵、青壮年临时转移，留下老弱去敷衍。同时布置秘密监视哨，及时发现并处置内奸、特务。区队、民兵则在封锁圈边沿袭扰日伪。日伪一撤离，干部立即返回原地慰问、抚恤、救济受难群众，继续领导斗争。在靠近日伪据点的地方，则控制两面派乡保长，令其慢编、乱编、假编；“编好”后又动员群众把门户牌烧掉，然后到据点报告说是新四军来烧掉的。到 9 月中旬，日伪强制编查保甲被迫陷于停顿。全区撕掉门户牌 7 万多张、毁户口册 5 万多页，惩处杀伤伪保甲指导员等 53 人。

反抽壮丁斗争。在残酷的“高度清乡”时期，敌人做垂死挣扎，加紧掠夺我人力资源，实施强行抽壮丁和编组自卫团。我们针锋相对，开展了反抽训壮丁的斗争，办法是采取拖、糊、抗、反等各种手段敷衍搪塞，捣乱破坏；对少数为日伪卖力抓丁的伪方人员，则坚决予以镇压。日伪编组自卫团的计划大部落空。

类似的斗争还有反维持、反自首、反伪捐等。财经战线、文教战线的斗争也不断深入。对“两面派”的工作、敌占区的工作、对敌伪人员的工作，都有了加强与发展。

活动在“清乡”圈外的主力部队，积极寻机歼敌，沉重打击敌伪。我第一师第三旅仅1943年四、五两个月进行的主要战斗，即达42次，先后袭击或攻克金沙、余东、六甲、悦来镇、麒麟镇、岔河、凤凰桥等据点，平毁碉堡108座。1943年9月，第三旅主力一部在如皋县地方武装配合下，强攻丰利镇据点，摧毁伪警察局和伪区公所，攻下碉堡五座，击毙伪教导旅团长及伪警察局长等40余名。

分区主力部队在“清乡”圈内和边缘地带艰苦奋战，与群众斗争紧相呼应，打击日伪。如1943年9月，南通县警卫团两个连，在白蒲以西李家桥附近痛击下乡强拉民夫的日伪军，经过白刃格斗，毙伤日伪军20余名，俘日军一名。同年11月，该团一部设伏于石港附近，袭击日军山本机动“清剿”队，当场将山本击毙，打死打伤日军10余人。

在多种形式的斗争中，我还要讲一讲汤景延、顾复生、沈仲彝同志和他们领导的通海自卫团、崇明警卫团（后两团合并，称通海自卫团）所做的斗争。通海自卫团是通海地区的地方部队，当时还是灰色面貌。团长汤景延，中共特别党员，副团长沈仲彝，中共党员。1943年初，华中局、新四军军部鉴于苏南反“清乡”的严重形势和苏中四分区反“清乡”斗争在即，决定利用汤景延同志的特定社会关系，打入伪军内部，进驻通如海启的“清乡”重点区，以配合反“清乡”斗争。为加强领导，又派中共党员顾复生同志任该团政委（未公开）。汤景延、顾复生、沈仲彝同志接受党的任务后，领导全团在极其复杂、艰险的环境中，英勇机智，进行着一场特殊的战斗。他们控制沿江港口，确保我苏中与江南的交通联系；购买、运输军需物资；掩护我党政军干部过往；搜集日伪重要情报；秘密处决日伪特务。他们对配合反“清乡”斗争起到了积极的作用。1943年9月，汤景延等领导同志奉命率部暴动，进袭日伪军据点，杀死了一些日伪军，扩充了部队，胜利归来，编为新四军苏中“联抗”第二团，和兄弟部队共同作战。汤景延同志后来受党的分配，到上海浦东、浦西地区开辟武装斗争，不幸受伤被捕，英勇就义。

从1943年4月1日开始，经过了六个月的反“第一期清乡”（“军事清乡”“政治清乡”）和三个月的反“延期清乡”，又经过反“高度清乡”，仅4月至12月的九个月中，第四分区党政军民共作战2100余次，毙伤敌伪军、镇压“清乡”人员2400余名，并争取了1700余名伪军、伪人员向我自首投诚。我军民也付出了巨大的代价，据不完全统计，群众死难上万人；县、区、乡干部牺牲104人；部队指战员伤亡近千人。许多军民受到日寇灭绝人性的残害，如活埋、剥皮、“点肉灯”“吞火龙”“腌咸肉”“灌肚肺”、戳钢针、上电刑等，但他们坚贞不屈，表现了中华儿女的伟大气节。一些开明地主、爱国士绅也不顾身家性命，英勇地投入斗争，有些献出了自己和亲人的生命。

这场斗争一直持续到1944年2月，敌人在我顽强斗争下累遭惨重损失，兵力更加不足，士气更加低落，不得不把以武装镇压、破坏、残杀为主的“高度清乡”，改为以政治伪化为主。我们终于度过了最严重困难的局面，坚持了第四分区原有阵地，并且还有新的发展。

苏中第四分区的反“清乡”斗争，是在华中局、新四军军部的领导下进行的。具体领导的是苏中第四地委和第四分区，他们身临其境，在斗争中创造了丰富的经验。承担最大牺牲、做出最大贡献的，是在第四分区坚持斗争的广大军民。整个苏中地区的党政军民对第四分区反“清乡”斗争进行了全力的支援和配合。第四分区的反“清乡”斗争还得到苏南地区的支援，并经由海上得到了山东、苏北、上海、浙东等兄弟地区的支援。苏中第四分区反“清乡”斗争，是一场以我们的胜利宣告结束的可歌可泣的悲壮激烈的人民斗争，已载入我党我军的史册。

在这黎明前的黑暗时期，与第四分区反“清乡”斗争交错进行的是全区的全面反“扫荡”。1941年三次大“扫荡”之后，敌人因兵力不足，又在我不断杀伤、不断消耗下，仅能对我进行分区“扫荡”或季节性“扫荡”。1943年春，敌人兵力突增一倍以上，在对我四分区“清乡”的同时，又对我苏中展开了全面“扫荡”。我则进行全面反“扫荡”。

1943年1月，我在全师直属队干部会上提出了五项政治号召：一切为了坚持原地斗争，反对退却逃跑；一切为了胜利，反对盲目硬拼；一切为了革命利益，反对个人打算；一切为了战争的胜利，要做困难时的英雄；巩固党内外团结，拥护党的绝对领导。号召全体军民迎接更全面、更复杂、更残酷的斗争，并夺取胜利。鉴于这时苏中抗日根据地已进入巩固时期，地方武装已能够独立坚持原地斗争，而敌人“扫荡”规模更为扩大，为避免不必要损失和不失时机地准备反攻，苏中主力部队于5月移至兴化、盐城地区。7月，进一步提出今后的反“扫荡”斗争应以群众性的游击战为主，充分发挥民兵的作用；同时要求一切部队都应加强战斗准备，以便能把握主动，在有利条件下打击敌人。

这一年敌人的“扫荡”，以春秋两季在第二分区进行的两次规模为最大。其中秋季大“扫荡”敌人出动了七八千兵力，还配合伪军四五千人，企图消灭我军主力。

我苏中军民奋起反“扫荡”。民兵广泛运用游击战术，“扫荡”前积极破路、打坝、拆桥、藏粮、埋雷……反“扫荡”开始后主动袭击敌伪并配合主力作战。我主力部队和地方兵团选择适当时间、地点机动作战，袭击日伪后方和薄弱据点。敌人的每次“扫荡”都以失败告终，消灭我军主力的企图更化为泡影。

一年来，我主力部队和地方兵团同敌人作战 624 次，毙伤敌 15054 人，俘虏 11949 人，缴获步马枪 30914 支、轻重机枪 294 挺、掷弹筒 62 个、炮 64 门。民兵自卫队共与敌伪作战 2855 次，毙伤俘敌伪 4105 人，缴获长短枪 596 支、机枪 4 挺、掷弹筒 5 个。反伪化斗争也获得巨大的成就，仅第一、第三分区七个县的反伪化斗争，便动员了 70 万以上群众参加。

1943 年是苏中抗日根据地敌情最严重、斗争最艰苦的一年。全区军民英勇无畏，顽强奋战，经受住了严峻的考验，终于获得了反“扫荡”、反“清乡”的双胜利。黎明的曙光已经在望了。

领导重心的再次转移

1944 年初，第二次世界大战反法西斯阵营胜利的形势更加明朗。苏军已基本上将德军逐出国境。英美的陆海空军，正向打击德军最有利的方向集中。欧洲各国反法西斯的第三条战线日益发展。在太平洋战场，美军加强了反攻。在中国敌后战场，我解放区军民不断地给日寇以沉重的打击。日本侵略军正在作最后挣扎。我党中央号召解放区军民抓紧时机，发展和巩固抗日民主根据地，壮大人民革命力量，高度警惕国民党的内战政策，准备在任何情况下把日寇打出中国去。

这时苏中的形势是这样：日寇阴谋在对我第四分区进行“高度清乡”的同时，对我第一、第三分区进行“扩展清乡”，对第二分区进行“强化屯垦”，但是已无更多的兵力可调，只能依靠抽集现有力量，而且老兵成分越来越少，士气越来越低落。而我苏中抗日根据地经过艰苦奋斗，获得了全面的发展和提高，到 1943 年 11 月底，全区敌人控制的地方仅及 16% 多一点；敌占区的人口仅及 15% 多一点。全区县以上早已建立了抗日民主政权，区一级政府一般都经过局部改选，半数以上的乡有了共产党的支部和群众组织，基层群众优势已经基本确立，并开始进行以乡政权为重点的基层政权改造。地方武装已能独立担负打击、歼灭日伪，坚持原地斗争的任务，主力部队随时可以用于机动作战。苏中区党委及时提出了“更顽强地坚持原地斗争和更有效地准备反攻力量”的方针。

积蓄力量，准备反攻，一直是苏中领导思想的一个重要方面，即使在苏中斗争形势最严峻时也没放弃过，并一直注意为反攻做思想上、组织上、军事上、物质上的准备。现在敌人正在作垂死挣扎，战争进行到了转折关头，作为战区的指挥员，必须正确估量形势，把握时机，积极主动地推进形势的发展。设若判断失误，轻率从事或优柔寡断，都会对全局造成不利的影响。为此，我开始把领导重心由以坚持为主转为发展为主。

苏中抗日斗争形势的转折，是从车桥战役开始的。组织发起车桥战役，我有一个较长的酝酿和形成过程。日伪对第四分区“清乡”后，除师直属队和第二分区的机关、部队要在东台南北地区活动外，第三、第四分区的主力团有时也需要转移到第二分区休整，或待机配合第四分区作战，因此，很觉得地区狭窄，部队拥挤，而大批干部亟待整风，也缺少一个较为安定的环境。1943 年 6 月 23 日，我奉命去军部驻地（黄花塘）参加整风会议和汇报工作，便带少数参谋、测绘人员和一个连，有意识地选择路线，对沿途地形、敌情进行实地调查。去时由台南穿过通榆公路、串场河，经兴化地区南下到江都真武庙，从昭关坝伪军据点中通过扬淮公路，偷渡运河，泛舟邵伯湖，在扬州城北 15 公里邵伯湖南岸的黄珏桥上岸，越过扬（州）天（长）公路，到达黄花塘军部。9 月返回苏中时，由天长之龙岗乘船过高邮湖北上，经黎城（金湖县）过淮河，到平桥、泾口两据点间登岸，然后夜渡运河，越过封锁线，乘船过建湖、兴化间的水网地区，再越过通榆路回到台南地区。我们穿行于车桥、曹甸据点附近以及许多边沿区、接敌区和敌占区，往返行程500余公里，沿途察看地形、了解敌情，同干部、群众交谈。在临泽以北的团寨，又与第十八旅旅长兼第一分区司令刘光胜探讨了这个地区的特点和军事地位。我注意到淮安、阜宁、宝应三县边界的淮宝地区，是我新四军第一、第二、第三、第四师的接合部，也是敌人两支部队的接合部。这里原是国民党江苏省政府所在地，是韩德勤在苏北苦心经营的反共基地。1943年韩顽弃守后为敌伪所占。敌人以车桥为中心，建有10余处据点。我们也跟进开展工作，一年来已在安丰、曹甸、泾河镇一线以南，打下了政权工作和群众工作的初步基础，其余地区伪化仍深。我设想，如果我们集中兵力拔除车桥、泾口等据点，在这里打开局面，敌两支部队都会因为是自己的边沿地区而互相推诿、观望，配合作战也不会协调。而我方得手后就可以获得一个相对稳定的地区，可以把领导机关移驻于此，集中干部开展整风运动，集中主力进行整训，还可以就近加强对第十八旅工作的指导。特别是可以打通苏北、苏中、淮北、淮南四个地区之间的战略联系。这样就形成了在淮宝地区发起以夺取车桥、泾口为目标的攻势作战的设想。在这一地域发起攻势作战，会不会刺激敌人，引起对我新四军大规模报复行动？这是需要考虑的。为此，战役发起时机应该审慎待机。到了1944年2月苏中区党委召开第五届扩大会议时，我在全面分析了形势后，认为日军已是穷途末路，在我发起攻势作战后，难以对我进行大规模报复“扫荡”，即便有些小动作，在我有所准备的情况下，影响也不会大。我便向与会的几位领导同志提出发起车桥战役的建议，得到了他们的一致同意，随即召开团以上干部会议，具体研究制定作战方案。

当时提出三个作战方案分析比较：一是由东向西，先攻泾口后攻车桥；二是车桥、泾口同时攻击；三是先攻车桥，后取泾口。经过分析比较，择优选取了第三方案。因为执行第一方案，虽背靠第三师地区，便于我军运动和开进，但不久前我攻击泾口未克，敌伪防备甚严，而且即使攻下泾口，还需再攻车桥，付出代价较大。第二方案，不仅兵力分散，而且如一处攻占不得手便会陷于被动，甚至使整个战役失利。第三方案的优点是明显的，首先，打下车桥后，敌人可能放弃一大片地区，我们可以得到最有利的战役效果；其次，车桥处敌中心地区，是敌人的心脏，工事坚固又有日军驻守，敌人自以为安全，而敌人认为安全的地方，正是我最容易得手的地方，这是战争的辩证法，我们可以采取掏心战术，隐蔽接敌，突然进攻，必能收出奇制胜之效；再则车桥周围的地形也较有利于我。为此决定选择第三方案。

车桥坐落在涧河（又名菊花沟）两岸，东西二华里，南北一华里半，河道上有五座桥梁，俯瞰全镇，形如“车”字，是以得名。敌伪占领后，驻扎日军一个小队，40余人，伪军一个大队，500余人，他们加高围墙，拓宽外壕，架设铁丝网，修建了53座碉堡，构成了绵密的交叉火力网。以车桥为中心，在外围还有十几个坚固据点相拱卫。车桥地处中心，来援方向较多，但敌两个师团部的驻地徐州、扬州，距车桥都比较远，估计不一定来援，其主要增援方向可能来自淮安。为此，我们决定调集主力第一、第七、第五十二团和苏中军区教导团及第四分区特务团共五个多团的兵力，采取攻坚打援并举的方针，决心不惜牺牲，坚决攻占车桥；同时歼灭敌人的增援部队，各阻击部队坚决保障两天两晚之战斗警戒任务。顺便说一句，有的同志把这次的作战方针表述为“攻坚打援并举，以打援为主”，这不太确切。打援的部队虽多一些，但我们的目的是攻取车桥，解放这一片地区。

在此以前，我们对日寇打的都是游击战，这次集中五个团的兵力，还有地方武装和民兵配合，以游击战和运动战相结合，对日寇举行这样规模的攻势作战，在苏中抗日游击战争中是没有前例的。所以我们狠抓了战役前的准备，特别重视协同作战的准备。第一，对敌情的判断，对可能出现的各种复杂情况，作了审慎周密的预案和计划；对我方部队集中时间、地点、开进路线、攻击时间作了精密的计算和要求，以减少战时协同的困难。第二，统一了弹药、器材、粮秣、野战医疗、运输等后方勤务工作，还根据我们所拟采用的战术手段，特制了一批攻坚器材，如连环云梯、单梯三角钩、爬城钩、麻绳、煤油、棉花、竹竿、土坦克、炸药、烟幕弹、沙包，还准备了火箭、灯笼、电话等通信联络工具。第三，动员群众支援前线，征集了大批船工和船只，组织群众及时配合战时勤务，战后平毁敌人据点工事。第四，战前对部队进行编组，将互相较为了解，战斗作风特长相仿的部队，临时编成一个建制，共编为三个纵队、一个总预备队，适当调整了组织与干部。第五，在战役发起前 10 余天，即由师部和各主攻部队派出得力干部，进入车桥和芦家滩伏击阵地作实地侦察，并依据实地情况，进行战前训练。

政治动员工作做得很充分，召开了各种形式的动员会，颁布了战时奖惩条例，组织了突击队、突击组，互相提出战斗竞赛。

在组织指挥上，师前方司令部与一分区司令部暂时合并，组成野战司令部。我和副师长叶飞也作了分工，叶飞负责战场指挥，我掌握全局。

战役于 1944 年 3 月 5 日晨 1 时 50 分发起，首先进攻车桥据点。我军利用夜暗从敌外围据点之间直插车桥，以隐蔽迅猛动作，从四面八方越过外壕，架起云梯，爬上围墙，很快攻占了围墙上的所有碉堡并迅速攻入镇内，分割包围各敌伪驻地。我军的突然攻击，使敌完全被动。经激烈战斗，于当日中午全部歼灭了镇内的一个伪军大队。接着对日军驻守的土圩及碉堡展开攻击，经一天一夜的战斗，日军一个小队大部被歼，残敌固守挣扎，我展开了政治攻势。5 日下午，淮阴、淮安、涟水等地日军（华北派遣军第六十五师团第七十二旅团山泽大队），纠合伪军共 700 余人，分批在淮安集结，乘汽车向车桥增援。当第一批援敌进入我韩庄、芦家滩伏击阵地时，我军突然猛烈开火，迫敌进入我预设的地雷阵地，炸死了一批敌人，接着第二、第三批援敌亦进入韩庄与第一批残敌会合。当晚，敌向我阻击阵地进犯。我军从敌侧背奋勇出击，与敌白刃格斗。敌伤亡惨重，向韩庄东北突围，在芦苇荡边被我切成三段，大部就歼。7日，车桥残敌狼狈逃窜，战役胜利结束。我军共歼山泽大佐以下日军460余人，其中生俘山本一三中尉以下24人，歼伪军500余人，攻克车桥据点，摧毁碉堡50余座，并缴获九二式步兵炮一门及大批武器弹药，我军乘胜扩大战果，至13日，共收复曹甸、泾口、塔儿头等敌伪据点12处，使淮安、宝应以东纵横50余公里的地区全部解放。

车桥战役发起前，我运用声东击西的手法，在东台三仓地区举行了牵制作战。当时敌军对我计划一无所知，仍在致力于“清乡”和“扫荡”。3月3日，我获悉日军百余人、伪军千余人增至安丰，有向东“扫荡”模样；南面海安之敌一部进至李堡，有向我台南地区“扫荡”之可能。我们遂将师直机关分为前后梯队，由管文蔚同志率后梯队北移，跳出“扫荡”圈；我率前梯队向南经三仓、三十总到薛家套，故意迎击“扫荡”之敌与其纠缠。3月4日，李堡、安丰、潘家镴各路之敌，以一仓河、吴家桥为目标分进合击。我们于夜间从敌人空隙中由薛家套安全转移到五总。敌合击扑空后继续分路追寻。我又安全转移到兰路址。3月5日凌晨，车桥战役打响后，敌即仓皇后撤，并放弃了潘家镴据点。南线的作战行动麻痹了敌人，加强了车桥战役发起的突然性。

车桥战役得到我兄弟部队第三师的积极支持。在战役前，我们即同三师沟通了情报联系。战役进行中，第三师一部攻克涟水、车桥间的朱圩子据点，歼灭伪军300余人，对车桥战役的胜利起到积极的配合作用。

车桥战役的捷报传到延安，新华社向全国播发了新四军收复车桥的消息，赞扬这是“以雄厚兵力”打的一个“大歼灭战”。延安《解放日报》发表了祝贺这一胜利的社论。在延安的陈毅军长也发来了嘉奖电。车桥战役后敌人未敢进行大的报复行动。一个月后，苏中区党委、苏中行政公署、苏中军区移驻车桥附近宝应县的固津一带，党校移到了固津附近的林溪镇。我们集中四个主力团在淮宝地区整训，为后来我军向苏浙战略机动创造了有利条件。

车桥战役以游击战与运动战相结合的战役形态，以机动突击、单刀直入、分别包围、各个击破、秘密接近、迅速猛扑等战术手段，偷袭与强攻、进攻与阻击、分途开进与协同攻击、步兵单独作战和步炮联合作战、主战场与牵制战场、主力与人民武装等多种作战方式以及周密细致、机智果敢的组织指挥而展现光彩。我军指挥员英勇顽强，不怕牺牲，185 位同志光荣负伤，53 位同志光荣献身。日本反战同盟苏中支部松野觉同志参加火线喊话，英勇牺牲。

车桥战役以后，我对全区斗争方针又作了一次考虑。当时日伪对四分区的“清乡”已转为以政治伪化为主，同时准备对第一、第三分区进行“扩展清乡”，对第二分区进行“强化屯垦”。面对这一情况，我认为敌人已无多大兵力增调苏中，我们对敌人的“扩展清乡”“强化屯垦”应采取打破的方针。至于第四分区的反“清乡”，则仍提“坚持反清乡”，不提“粉碎反清乡”，因为过早地提“粉碎”容易引起轻敌和急躁，导致敌人的报复，使群众遭受不必要的损失。同时，这时我们的领导重心，已经转向准备反攻，第四分区形势如再度紧张，对全局会有干扰。

6 月中旬，苏中区党委根据形势的发展，指出反据点斗争是一切工作的中心环节，要用一切办法来达到反据点斗争的胜利，使敌人被逼放弃小据点，集中到大据点，并使大据点一个个处于孤立局面。

于是苏中全区展开了对日伪的攻势作战。早在 5 月，苏中主力特务四团已攻克南通、如皋两县交界的童家甸据点；东南警卫团攻克竖河镇据点；各县警卫团、区队、民兵攻克日伪据点 28 处，歼灭日伪近千人。6 月 23 日，第三旅第七团在如皋中部耙齿凌附近与日伪军 500 余人打了一个遭遇战，经三个多小时激战，击毙日军中队长加藤大尉以下日伪军

200余人，活捉日军小队长以下14名，伪军200余人。6月27日，我主力第七团与特务四团，在300余民兵配合下，攻克“清乡”区封锁线上的日伪军重要据点南坎镇，把“清乡”区打开一个大缺口。此仗日军12人、伪军一个连被全歼，驻掘港日军中队长丹木率部增援，被我阻击，丹木以下10余人毙命。7月中旬，活跃在吕四、环港一带的海防团以奇袭手段，缴获日军运输艇两艘，活捉日军九名。7月中旬，第三分区主力一部与如西独立团攻占石庄，俘伪军150多人。区队、民兵收复新市、新生港、吕家窑、田家铺、张黄港、新坝等日伪据点，攻克长江中的永安沙。第二分区于7月中攻克兴化南的戴家窑，俘伪军营长以下180多名，强攻西团伪“屯垦”警备第一纵队第五大队，击毙伪军30余人，俘246人，平毁了13座碉堡，接着又收复谢家庄、洪家垛、河口、墩头、湖北庄、万来庄、朱家舍等日伪据点。

我第四分区军民在“清乡”区内发起了夏季攻势和秋季攻势。六七月间，南通、海门、如皋各地地方武装、民兵和群众5万余人，发动了为时20多天的大破击战，破坏公路700余公里，炸毁桥梁50余座，攻占八总店、鲍家坝、三余、北新桥等一批日伪据点。9月再次组织大规模攻势，历时45天。夏秋两季攻势，前后攻克、逼退日伪据点60余处。到了1944年10月，不仅恢复了“清乡”以来被日伪占领的地区，而且使根据地有所扩大。

至此，第四分区军民经过一年零七个月的艰苦斗争，终于取得了反“清乡”斗争的决定性胜利。而日伪的“扩展清乡”“强化屯垦”宣告破产。1944年初设立的伪“苏北屯垦总署”，也于11月1日被迫宣布取消。实践证明，我们对形势的估计是正确的，因而能不失时机地对敌人展开攻势作战，而车桥战役则成为苏中抗日根据地对日伪进行局部反攻的起点。

1944年秋，党中央为了发展东南各省的抗日斗争和准备战略反攻，并为在抗日战争结束后迎击国民党的反共内战预做准备，重申了发展东南的战略方针，我奉命担负向苏浙皖边区发展的任务。多年为之奋斗，一刻没有忘怀的这一夙愿终于实现了。1944 年 12 月中旬，我率苏中主力三个团由车桥地区出发，渡江南下，暂时告别了苏中父老。

战争教育了人民，人民赢得了战争。苏中抗日根据地是在同敌人艰苦顽强的斗争中建立和发展起来的；苏中人民是经过战争烈火考验的，因而是最坚强的。回忆这一段历史，我觉得这是一条最宝贵的经验。

李先念

以大局为重，团结抗战，把民族敌人赶出国土！

- 1909 年 6 月 23 日生，湖北红安人。
- 1927 年 12 月，加入中国共产党。
- 1937 年底，到达延安，先后在抗日军政大学、中共中央马列学院学习。
- 1938 年 11 月，任中共豫鄂边区省委军事委员会副主任、军事部长。
- 1939 年初，率新四军独立游击大队进入豫鄂边区，开展敌后游击战争。6 月中旬，任新四军豫鄂独立游击支队司令员。11 月，任新四军豫鄂挺进纵队司令员。
- 1941 年 2 月，任新四军第五师师长兼政治委员。
- 1943 年 1 月，兼任中共鄂豫边区委员会书记。
- 1992 年 6 月 21 日，在北京逝世。

一年来鄂豫边区抗日游击战争

李先念

由于各抗日党派以及全国人民的努力，一切中国抗日军队的英勇抗战，特别是中国共产党领导之下的八路军、新四军在敌后坚持抗战、艰苦奋斗的结果，使日本帝国主义遭受了巨大的消耗和打击。我们八路军、新四军三年多来，以我们对民族解放事业的忠诚与无比英勇，为保卫中国领土与中华民族而日夜不息地同日寇进行殊死搏斗。我们的艰苦奋斗，壮烈牺牲，英勇顽强，忠贞卓绝，在世界殖民地半殖民地解放斗争史上，写下了最光荣的一页。

我们新四军豫鄂挺进纵队就是其中有力部分之一。

我们遵循着中国共产党的英明领导和全国人民的坚强意志，不顾一切的艰难和险阻，在武汉沦陷以后，便以一支细小而有力的基干武装深入敌后，发动抗日游击战争。

我们从豫南向鄂中挺进的征途上，汇合了信阳地方上共产党员自动组织的武装；还有罗厚福同志，以 28 条枪（新四军四支队七里坪留守处的警卫队）为基础扩大起来的武装；平汉线上，许金彪同志，以一条枪为本钱创立起来的武装；以及鄂中陶铸、杨学诚等同志以 8 条枪起义而发展起来的几支武装。所有这些，就成为以后发展，坚持豫鄂边抗日游击战争的基本力量。

当我们这支细小的基干力量突进到豫鄂边的时候，正是去年春季的时节。那时抗战还只进行了一年多，正当武汉失陷不久，抗战形势还是处在敌进我退的状态，相持阶段尚未到来，抗战阵营虽然存在着局部破坏团结的现象，但是严重的武装摩擦还未显现。

日寇为了确保武汉占领地，在武汉外围数百里构成了许多据点。紧接着（1939 年 4 月）进攻襄樊失败后，在平汉路与公路两侧之交通要道增兵。我们武装所到之处，如信罗边、鄂中等地，各据点和公路线上的敌寇便立刻增加，以进行其所谓“搜剿”和“扑灭”之毒计；同时积极企图用组织伪军政权之“以华制华”的方法来扩展武汉外围。一时，汉奸、两面派、流氓、土匪、伪军蜂拥而起。如鄂东拥有二三万人之伪军金龙章（刘梅溪、刘亚卿、杨希起、陈少阶是其部下），与日寇勾结之李又唐、谢指良等，都是当时最著名、最为豫鄂边人民所切齿痛恨的日寇爪牙。此外，如应城的土匪游击队，被称为“黑击队”，也是民众痛恨的流寇。他们把豫鄂边弄成一个极其混乱、扰袭不堪之黑暗地狱。

在当时悲惨交加、残酷恐怖的情况下，地方上一般“明哲贤达”之辈不复再见，留下来的是有足而难跑的广大贫苦同胞，他们只好在家里等待着凄惨局面的到来。此外，只有为数极少的共产党员留在信阳、应城各地，发动抗日游击战争。而友党同志只是在鄂中有极少数与我们有联系，另外很少有其他部队来和我们配合抗战；至于民众抗战情绪，当时是非常低落的。地理条件更是恶劣，平汉铁路与公路网贯穿着我们的活动地区，敌人水陆交通均为便利，给游击战争的发展以很大的限制，同时还有反共投降派活动。当时我们所处的环境就是如此。

但，我们依靠了同志们的团结进步、艰苦奋斗的精神，开始进行着而且一步一步实现着我党中央所给我们的昭示和号召。

挺进一年中，我们与日寇、伪军、两面派进行过无数次的残酷战斗，我们备尝着饥寒交迫的苦处；然而，我们也经常欣尝着以自己的血肉换来的伟大战果，更经常因广大群众的热烈慰劳或亲切慰问而感到无限愉快。这一切，是一段伟大艰巨的斗争过程！

挺进一年，我们可分为两个时期。

1939年10月整编以前，我们的力量还不够强大，战斗环境中部队极形分散，联络不密，指挥又未能统一，但各部的政治路线与努力方针却是一致的。“只有在敌伪面前积极行动，才能取得自己的巩固与扩大，才能发生和扩大新四军的政治影响，才能提高民众的抗日情绪。”在这一方针下，我们做了无数次的异常英勇壮烈的战斗。

开头一仗，即应山余家店之役，我们勇敢机智的周志坚同志率领着两个中队，原为增援广西军和地方游击队的，结果却陷于孤军苦斗，坚持了12个小时，终于将200余敌人击退，并毙日寇20余人。这还是1939年2月初的事。

接着4月下旬，我们攻进云梦城。我们勇敢坚定的蔡松云、徐休祥同志，老当益壮的杜石公及应城的孙县长，都是当时英勇爬城的抗日英雄。这个胜利的消息立刻轰动了鄂中的每个老百姓。因为在豫鄂边，这是中国军队第一次攻克了沦陷县城。接着又击溃了伪军李汉鹏部，展开了罗山朱堂店之歼灭战，将三四百日寇包围痛击。许金彪同志指挥的西山战斗（平汉路附近），击溃伪军刘梅溪、刘亚卿部，汉奸金龙章部。襄花路上的伏击战，击毁汽车5辆。赵家棚（安应交界处）之三天三夜“捉迷藏”式的战斗，这是一场恶剧的反“扫荡”战斗。在蔡甸（汉口西北50余里处）击溃伪军九十二师和李又唐部，以两天一夜的时间将其七个支队全部击溃。此外，连续不断的战斗依然在进行着和继续着。其中，给鄂中人民影响最深、最著名的是（京山）新街战斗。

新街战斗是日寇在鄂中第一次惨败、汉奸伪军闻之战栗的有名战斗。鄂中人民至今还兴奋而热烈地传颂着这一胜利的战斗，几乎没有一个人不晓得这次战斗。

1939 年 10 月 13 日，日寇伪军共三四百名，向我大山头部队进攻，经一整天激烈英勇的战斗，将其击溃，缴获敌重机枪一挺，步枪达数十支，敌死尸未及搬走者达 20 余具。这一仗又大大提高了民众抗日情绪。白兆山中友军的报纸，用特大号字登载我们这个胜利的消息。

以上仅所述其荦荦大者，尚有无数次较小的战斗，不及一一叙述。

至于对伪军工作的方针，我们认为伪军中愿为日寇效力、甘心事敌者，这只是小部分，大多数还不是甘心愿做汉奸的，不过是一时受敌欺骗，趁火打劫，满足私人发财欲望而已。我们对他们，主要是从政治上争取，辅之以军事力量的打击。这是以政治、军事力量的灵活运用，来促成伪军的瓦解。在这个方针之下，我们收得了很大的效果。应城伪军被我们瓦解了，孝感伪军受到了我们的严重打击，一部分反正到五战区去了。我们大部分武器是从伪军和敌军手里夺来的。反共派常常明知故问我们“枪是从哪里来的？”一句话可以答复他们：政府并没有接济我们一条枪或一颗子弹，我们完全是从与日寇、伪军流血的战斗中得来的。

这些战斗告诉了豫鄂边区的人民，抗战的前途是光明的。的确，经过这些战斗，人民抗战的信心提高了，我们的政治影响扩大了，我们的部队迅速地壮大起来了，我们的战斗经验也丰富起来了，而且把某些动摇不定的两面分子争取过来了。从此豫鄂边的游击战争便奠定了初步的基础。

伴着游击战争的开展，我们的政治工作也更加活跃地开展起来。我们在政治上，不论在任何环境之下，都是在进行着和坚持着各党、各派、各阶层、各抗日军队一致团结的抗日方针。

在这个方针之下，许多积极的抗日分子与开明士绅乐于和我们合作，如信阳县长李德纯先生，应城县长孙耀华先生。在武装力量方面，如安陆杨弼卿先生，应城抗日国民自卫队，汉川、汉阳的自卫队，以及安陆一部分地方部队等，都曾与我们在战场上携手杀敌。不仅如此，而且我们对某些反共的地方政府也是仁至义尽、舌烂唇焦地劝告他们，说服他们，而且我们不顾一切困难经常在军事上援助他们。如我们邀请安陆县长彭炳文到马家冲，京山方县长到八字门，我们以殷诚的款待，晓以大义。令人痛心的是他们反而报之以枪杀我军人员，逮捕抗日群众。当他们向我们进攻时，我们总是一再忍让，从未先发一弹，始终都是采取严正的自卫立场。

总之，我们对于这些反共分子是采取艰苦的劝告和说服。对于一切抗日友军都是以最坦白、最诚恳、最亲切的态度去团结他们，帮助他们。这是众所皆知的铁的事实。

另一方面，我们开始了艰苦的宣传教育工作，以达到发动民众抗日的目的，由于这些工作的推进和一步步地实现，我们在去年10月以前便已经大踏步地去组织民众了。在去年10月以前，我们积极摧毁伪组织、伪政权，这以后，便积极建立和扶持抗日民主政权了。但这个政权绝对不是共产党自己包办的，它是各党派合作的抗日政权（符合于统一战线原则的政权）。这又是有目共见，有耳共闻的事实。

一切别有用心的反共派的谰言，必不可免为广大群众所唾弃，并为铁的事实所粉碎。

这是1939年10月整编以前一般的工作的经过情形。从1939年10月整编以后，我们的一切都走上了新的发展阶段。

这中间，国内政治形势改变了，我们的处境更加艰苦了。伪军虽然大量的被消灭，但日寇却严重的注意我们了。这是由于我们部队日益强大，对于日寇统治以更大的打击和威胁的必然结果。

部队扩大了，战役规模也大了，日寇被迫不得已不敢以小部队出城活动，另一方面日寇的集中“扫荡”却从此开始了。

在进行整编不久，有名的马家冲（京山）战斗便开始了。

日寇集中附近各据点兵力在1500名以上，炮四门，飞机一架，五路围攻马家冲之我军指挥机关，我们的工作人员与战斗部队收拢来不够200人，但经过一天英勇抵抗，日寇死伤七八十名，我却胜利地突了围，只伤数十人。

接着是去年元旦，我们配合五战区冬季反攻，在襄花路上伏击汽车，与敌骑兵三四百人进行战斗。敌死伤上百。接着又截击了由皂市开向宋河之五六百敌寇援兵于石板河（京山）。当日寇“扫荡”平汉路东之广西军时，我百余人闻讯即前往援救，与敌遭遇了，于柳林东15里之灵山冲，激烈地展开遭遇战，敌分四路进攻，终被我军打得狼狈奔逃。

还有声扬江汉、威胁日寇在武汉戒严三天之侏儒山（汉阳）战斗。我与汪逆步青伪军激战半日，攻占其街道及几个重要山头，后因日寇由系马口来截我后路，故未将其全部消灭。然而，我们依然获得不少胜利（毙敌100余，内有营长一名）。此外，在西南的战斗中，尚有坚毅突围的天西战斗。我某部因警戒不严密而被日寇重重包围，我全体指战员奋勇逆袭，反复冲锋，最后打开一条血路而胜利地突围了。

正当敌人大举西犯，襄樊告急的紧张局面下，我们又开始了具有重大战略配合作用的激烈战斗。

5月上旬，为牵制敌寇西犯，我军第一次进攻马坪，爬城而入，活捉维持会长一名，伪青年团长一名，并缴军用品很多。接着，5月下旬之王家店（平汉线上敌据点之一）战斗，痛击侵入南新街之敌寇，花园、广水、小河之敌源源增援上来，终为我英勇指战员所击退。我们年轻而勇敢的政治处主任陈一震同志，就在这次战斗中光荣负伤。更有使日寇感痛苦的战斗，即三次进攻鸡公新店（信阳）。这个武胜关下的交通要点，几乎变成了我们的仓库，我们前后从这里搬出大粒子盐几十包，有一次把敌人的“合作社”搬运一空。

这样的大小战斗，是说不胜说的，像最近之青龙潭战斗，毙敌数十，规模是相当大的。又如前次我们为了牵制敌寇西犯襄宜，动员了 2000 以上的群众，配合我军破坏花园至夏店的公路，使敌人很长一个时期不能通车。

其次说到伪军。在这一带地区伪军数量大大减少。敌人虽然又新组织了一些伪军，但却和老鼠一样，他们是不敢碰见我们的，我们也瓦解了盘踞花园的一部分伪军。最近在襄河两岸伪军汪步青部中，由杨经曲先生高举义旗，率领 2500 余人，参加了新四军，这是震动豫鄂边的政治伟绩。

在政治方面——总的方针，我们始终都是一致的。即坚持统一战线，坚持抗战到底，反对妥协投降，反对汪精卫及其爪牙。在这一方针之下，我们扩展和进行了打击日寇之较大规模的战斗，配合了襄樊会战的友军，高度地提高了民众的抗战信心，并用一切可能的力量去帮助组织民众，使之成为抗战的生动力量。我们组织了许多宣传队，向民众宣传抗战法令，号召民众拥护政府，使国民政府行政法令得以推行，三民主义与抗战建国纲领见于实施。1939 年 10 月以后，我们帮助恢复了云梦、孝感（一部分）、应山、黄陂、安陆等地方的抗日政权。

这便是 1939 年 10 月整编以后之军政工作的一般经过。如果把这两个时期之工作成绩归纳起来，那么就表现有如下数目字：

首先军事胜利的统计（大小战斗 243 次）：

——击毙：敌人 580 名，伪军 1950 名，敌军官 6 名，伪团长一名。

——杀伤：敌军 1880 名，伪军 6120 名，敌高级军官 5 名，伪师长一名，伪团参谋长一名，伪营长 5 名，伪连长 12 名，敌伪战骡马百余匹。

——生俘：敌军 13 名，伪军 258 名。

——反正军 2605 名。

——缴获大小炮 31 门，重机 34 挺，轻机 106 挺，步马枪 5774 支，手枪及驳壳枪 180 余支，掷弹筒 13 个，炮弹 310 余个，子弹 813500 发，手榴弹660余个，掷弹筒弹5个，飞机机枪2挺，大刀480余把，刺刀104把，指挥刀131把，望远镜18架，毒瓦斯88筒，防毒面具260余具，电话32架，钢盔160余个，战骡马350余匹，指北针115个，测量器61架，敌军毯220余条，敌大衣227件，敌雨衣91件，伪毯600余条，手表10余支，西药22担，饭盒180个，敌旗20面，伪旗43面，电台1架，军服300余套，伪符号80余个，行军锅20余个，小播音机4架，敌皮弹带13根，军号20余个（尚有其他军用品甚多，未及详细统计）。

——破坏：公路1870里，桥梁90余座，铁丝网800余处，电线1700余斤，伪政权560余处，飞机2架，汽车18辆，汽船30余只；敌木船80余只，电线杆1200根。

——捕捉：汉奸100余名。

其次在政治方面的：

（一）收复了广大国土。除了在这一地区日寇据点之伪政权外，所有广大乡村内的一切伪政权、伪组织都被我们摧毁了，青天白日的国旗在广大乡村里飘扬着，它的光辉照耀着这一块“中华民国”国土。

（二）帮助恢复了各级地方政权。在我们活动区域之内，各县、区、乡、保、甲的抗日政权机构都建立起来了。

（三）我们切实执行孙中山先生的“唤起民众”的遗嘱，帮助群众，发动群众团体。一年以来的奋斗努力，其成绩如下：

1. 抗日十人团团员：126300余人；

2. 农民救国会会员：4933人；

3. 工人救国会会员：3430人；

4. 商人救国会会员：2200余人；

5. 青年救国会会员：2000余人；

6. 妇女救国会会员：5000余人：

7. 抗敌文化协会会员：1000余人。

（共计 144860 余人）

目前在这个地区中，一切苛捐杂税都取消了，减租减息亦在某些地方开始实行，这证明改善人民生活与开展民众运动有莫大的关系。

（四）豫鄂边的民众武装，在我们的发动与帮助之下，现在已组成了八万到十万人的不脱离生产的自卫队。这主要是各级抗日政权和抗日群众自己一年来奋发努力的结果，他们也是经常拿着矛子，在行动中过生活，赤手空拳与日寇搏斗。一年以来，他们杀死日寇在 150 名以上。

（五）我们破坏了敌人“以战养战”的政策。目前敌人的奢侈日用品已不能在这里大量运销，这对于日寇的经济榨取的毒计，实在是一个要害的打击。

（六）我们开展了抗战教育工作。我们开办了几个训练班，已有 387 个学生毕业，并且组织了 200 余农村工作队开展民运工作；经常离敌人只二三十里的随营军校，前后已经培养出 800 多名抗日骨干到前线去了。仅是这个数目当然是非常不够的。

我们一年来之所以获得以上各种成绩，自然是由于我们对于抗日民族统一战线的能够坚持，特别是我党中央的正确领导，这对于我们今天的成绩和以后继续取得的成绩，有着头等重要的意义。当然，我们是不能忘记有许多友军、进步绅士以及豫鄂边广大人民对我们的深厚同情和热烈的赞助，这一点是必须提出来的。

最后，一年来的成绩也是依靠于我们豫鄂边区党和全体指战员的团结努力、艰苦奋斗、英勇作战的精神来取得的。正因为这样，我们团级干部才有丁宇震、李宗南同志，营级干部有何家荣、宁刚文、刘立安、谢玉龙、高功、蔡世芳、袁鸿德、袁高峰、孔耀、孙震、张文廷、望前进、张冀来、徐励、丁少谋、周国义、史正万、张奇江、袁正超、李杨德等同志在各个战役中英勇壮烈地牺牲了；还有连排级 56 人；班长以下的 853 人。战士牺牲者百分之七十为共产党员，干部者多为政治工作人员。

其次，还有光荣负伤的团干部熊作芳、梁天云、王海山、周正、陈一震、朱立文等同志；营级干部黄宏坤、曹玉清、林金山、宋蕴辉、陈炼、宋学汉、李冠群、张和知、陈震山、曹忠魁等同志。此外，尚有连级干部95人，排长以下的1856人，他们都是以自己的鲜血来报之国家民族，在每一次战斗中都表现其无限的英勇，表现其对于民族利益之无限忠诚。

其他，尚有许多积劳成疾的同志，如周志刚、王友德同志等。他们身体很弱，但仍是不辞劳苦，不避艰险，无日不在艰苦奋斗中过生活。他们都充分具有布尔什维克的伟大精神。我们伤亡同志的血绝不白流的。一年来的英勇斗争，有他的伟大代价。他们的名字将刻上中华民族解放斗争的史册，而历史的光辉也将照着他们光荣的名字！

我们坚决打击敌伪，处处遵守统一战线，对于一切抗日友军，坦白诚恳去帮助他们、团结他们，执行三民主义与抗战建国国策始终如一，彻头彻尾，行之审慎，虑之周详，从未有过越轨之处。我们的同志更是诚心诚意，不顾鲜血头颅，与民族敌人作殊死战。

这一事实，谁也不能否认，而且也无法否认。但有些别具心肠不顾民族大义的人，他们始终不去了解而且也不愿意去了解事实，他们故意歪曲事实，抹杀事实，他们无日不在造谣中伤，制造摩擦，到处散布“新四军破坏地方行政”“游而不击”等谰言。但我们要以事实告诉全国人士，我们在这里所作所行，无一不是符合于三民主义原则的。在摧毁伪政权以后所设立起来的抗日民主政权，都是各派别、抗日士绅所积极参加的。这里的民众都是很可靠的证人。他们还谴责我们“占据地盘”“扩充实力”，他们要我们放弃坚持这一地区的游击战争，但我们认为这种成见，是违反了全国抗日人民要我们在敌后发展游击战争的要求的。至于“扩充实力”，如果是指我们抗日武装力量扩大的话，那是抗日过程中之理所必需。因为只有把抗日力量不断地壮大与提高，才可能最后战胜敌人。如果借口不应“扩充实力”，反对我们抗日力量的发展，那无异于不希望抗战胜利。这种论调我以为不但对中国没有丝毫利益，而且正是帮助了敌人。

不管亲日派投降分子反对我们如何坚决，或者手段是如何卑鄙毒辣，我们同样要坚持豫鄂边区的抗日游击战争，坚持抗战到底；同时，我们对一切企图造成内战，进攻新四军的人们，亦必须采取严正的自卫斗争，予这些人以反击。

我们希望豫鄂边区的抗日友军、友党以及一切抗日人民，切实与我们团结抗日，枪口一致对向帝国主义，争取抗战最后胜利。

今后我们要以热诚的态度去帮助豫鄂边区的抗日友军友党，以至任何抗日地方政府。

我们今后仍将尽力帮助群众团体，尤其是群众的武装组织，使之能够保卫家乡。

豫鄂边的一切抗日的同志们！抗日的地方政府，抗日的同胞们！我们坚持团结抗战到底，我们反对一切分裂行为，我们一定要打倒日本帝国主义，争取最后胜利！

彭雪枫

革命队伍如果不爱护老百姓，不知人民疾苦，我们将不会得到人民的拥护。离开老百姓的军队，就像鱼儿离了水一样，非涸死不行。

- 1907年9月9日生，河南镇平人。
- 1926年9月，加入中国共产党。
- 1938年9月，组建新四军游击支队，任司令员兼政治委员。
- 1939年10月，建立中共豫皖苏边区党委，任书记。11月，部队改编为新四军第六支队，任支队司令员兼政委。
- 1940年7月，第六支队与八路军南下部队合编为八路军第四纵队，任纵队司令员。
- 1941年皖南事变后，任新四军第四师师长。同年10月，协助陈毅指挥了陈道口战役。
- 1942年，兼任淮北军区司令员。
- 1943年3月，率部参加山子头自卫反击战，大获全胜。
- 1944年9月11日，在指挥收复河南复邑八里庄的战斗中不幸牺牲。

迎击敌人春季“扫荡”

彭雪枫

新加坡失守[①]以后，国际人士注意的中心，是德意日法西斯跃跃欲试的新动向。德国正在积极准备发动春季攻势，以图挽回其在东线一蹶不振的败局。而日寇攻陷新加坡后已在西南太平洋取得显著的优势，很有冒险北进配合其盟友希特勒进攻苏联，以求击败同盟国的中心力量的最大可能。根据传出的消息，日寇早在德苏战争爆发伊始，即在伪满和苏联边境集中一百万大军，去年9月间，动员兵力三四百万，其中百万以上是集中在伪满境内。海军第一舰队当时即由朝鲜海峡向日本海峡移动，对海参崴采取监视态度，可见其侵苏阴谋蓄意已久。太平洋战争后亦并没有改变这种形势。在内蒙方面则已秘密囤积许多军需资财，构筑秘密工事，设置三道防御阵地，并抽调伪满军共同守备平绥沿线，最近敌由平绥线西开兵车络绎不绝。华北日军零星抽调集结于张家口，许多坚决反苏分子担任要职，同时在沪调查俄人与禁止对苏出口，均可作为日寇发动新冒险的征兆。

这一新的局势，无疑给我国抗战带来了许多新的困难，正如《解放

① 新加坡失守，指1942年2月15日，日本侵略军攻陷新加坡。

日报》社论所指出：“敌人一方面又在华北敌后举行大规模的‘扫荡’，一方面则是敌伪势力进行着诱降活动，同时我西南国际通路，则处于岌岌可危的境地，中国人民正处于重大时机的前面。”敌魁东条已在议会公开发出诱降的论调，汪逆精卫正亲自主持所谓“时局和平促进会”，德驻伪大使塔玛及其第五纵队亦正到处活动以促进敌伪之诱降活动。华北敌人正先后在大青山、晋西北、晋东南地区进行着大规模的“扫荡”，苏中地区敌人亦到处蠢动，我苏皖边区周围各据点敌人亦有调动并大肆扬言行将“扫荡”我腹心地区，这是敌人在进攻苏联之前，对其“心腹之患”的八路军、新四军必然会采取的行动和措置，即使敌人最近不对我边区进行“扫荡”，而对我实行春季“扫荡”，仍然是会到来的。

日寇这一新的策动，值得引起全国人民的严重注意，而处在敌后的我们抗日军民，尤应加以最大警惕。我边区军民及我师指战员同志，在过去将近一年中并未遭受敌人的残酷“扫荡”，是处在比较安定和比较胜利的环境中。因而在军队和人民中（特别是军队机关和地方机关中）普遍存在着一种浓厚的太平观念，加上由于苏联红军的胜利攻势，太平洋战争爆发后日寇困难的加深，而滋生一种“坐待胜利”的空洞的乐观思想。这一糊涂的太平观念和空洞的乐观思想，含有绝大危险性的毒菌和麻醉剂。它将腐蚀我们的肌体，麻醉我们的神经，涣散我们的意志，如果让其存在发展下去，它将会使我们事到临头张皇失措、悲观失望。我们必须将这一有害的毒素，从我们思想意识的领域里和生活工作的形态中，彻底加以肃清。否则，我们必然会遭受不可预测的危害。

因此，我们应该立即在党政军民中紧急动员起来，清楚认识面临着的新形势，清楚认识敌人今后“扫荡”的残酷疯狂程度和软硬兼施的办法，可能比过去任何时候还要更加严重、毒辣和阴险。同时，更应清楚地认识，经过八个月战斗后的苏联红军，是一支更加坚强英勇的伟大力量。它已经能够如《真理报》社论所说“春季到来时，我们一定能够更有力地消灭德军，我们知道德军究有多大力量，并且不需要过高估计他了”，加上同盟国家的同心协力，一定可以战胜法西斯的进攻，击灭德国法西斯的军队，已经用不着以“年”来计算，而可以用“几个月”来计算了。由此观之，日寇的新的冒险行动，必然会加速其崩溃和死亡，故敌人对我“扫荡”是不能持久的。在我党政军民的一致动员和坚强团结之下，一定可以粉碎它！任何悲观失望的心理，懦怯动摇的情绪，都是毫无根据的。问题在于我们要正确认识它，要我们百倍紧张起来，奋发一致，不慌张、不懈怠，切切实实进行充分的准备工作，则一切难关，都是可以胜利渡过的。

在具体施行的准备工作中，最重要的问题，是在于我们能以更加切实有效的办法，坚决执行中央精兵简政的方针。不可讳言的，无论在地方上或在军队中，机关庞大，部门重叠和冗员充斥的现象，仍是严重的存在着，工作制度还未能正规化，工作效能还未能大大提高，我们的兵尚不算“精”，我们的政尚未大“简”，以至我们的工作作风均尚未能合乎“战斗化”的要求。现在应该是急起直追纠正这种病态现象的时候了，军队与地方应该迅速讨论和布置这一工作。首先，就要着手紧缩机关，裁减冗员，凡是可以裁减的人员，在军队应用以充实战斗部队，在地方应用于加强下层特别是扩展新地区的工作，而尤应用以充实地方武装和加强人民自卫组织的领导。其次，便是工作力求正规，制度力求严格。每一工作同志必须养成尊重组织服从制度的精神和习惯。一切不急之务应该暂时搁置起来，把一切精力集中到反“扫荡”的动员工作和准备工作上去，紧紧掌握住整个工作的中心一环。再次，便是减轻装备和安置资材，凡是笨重的行李辎重务必及早减轻，凡是可以资敌的物质资财务必设法分散掩藏，后方工作则又必须加强，伤病员以及老弱残废必须预作妥善的处置，使得机关部队均能轻便灵活，运用自如，发挥最大的机动效能，而后方供给、卫生工作，又不致因环境紧张、战斗频繁而停滞其工作。同时还应注意努力进行生产节约运动，绝不能因情况紧张而稍生懈怠之想。因为在敌人残酷“扫荡”时期和“扫荡”以后，我们的粮食给养物资供给必然会发生更大的困难，这是需要我们更加节衣缩食，更加努力生产，预为未雨绸缪，求得多储存一批粮食，多积蓄一批经费，这样也就等于多减少了几分困难，多增加了几分力量。

至于各级政府机关的军事化问题，尤为今天当务之急，政府是民众仰望所归，是民众的保护者和领导者，举凡战时人心的维系和群众的发动以及各种战时工作的实施，均有赖于政府坚强的组织和领导，任何时候均应和群众站在一起。倘不能真正和群众打成一片结成一体，倘只能习于平时工作而不惯于在最复杂最困难的战斗环境中进行工作、坚持工作，则一旦恶劣的情况到来，即有不能工作不能立足的危险。我们提议各级政府的领导机关，应该强调“武装起来打游击”的口号，应该具备着战斗姿态并进入战斗。同时更应该加强政府与群众的联系，纠正高高在上的官僚主义的现象和主观主义宗派主义的残存作风，更加照顾群众利益，更加认真彻底地执行党的政策，以求能在任何时候、任何情况下，能够坚持自己的工作，坚持自己的岗位。

一切主力部队与地方武装，均应加紧战斗准备，研究华北各地反“扫荡”经验。群众纪律一定要严格遵守，军民关系要进一步改善，主力部队应尽可能求得休整，加强战略侦察的布置与指挥，随时随地能够明了敌人的行动及其意图，随时随地保持部队有坚强的战斗力和旺盛的士气。地方武装则应大胆地向边区活动，向边区发展，作为主力的外围，在敌人“扫荡”时期，则以最积极的动作，向敌人进行袭击，以求牵制敌人，迷惑敌人，疲劳敌人，分散敌人的兵力，迟滞敌人的前进，与主力部队起战略上的和战术上的配合作用，使主力能够伺机出动，粉碎敌人的进攻。

反“扫荡”胜利之又一主要基础，则是广大群众的全部动员，群众力量的充分发挥。这样就需要各级政府机关除了在广大群众中进行深入的政治动员外，还应有组织有计划地去动员民力组织民力。应该和目前正在进行的救济春荒工作和春耕运动密切的联系起来，向他们提出“武装保护春耕”“武装保卫家乡”的口号，号召他们加紧春耕，告诉他们如果春耕运动做不好，则今年的民食军食也就没有保证，根据地也就困难支持。号召他们组织自卫队，挑选勇敢青年，组织基干自卫队，组织游击小组，动员他们准备土枪土炮梭镖大刀，对他们的领导干部施以简单的军事训练，或者派遣一些干部去帮助他们，领导他们，使他们认识到自己的力量，使他们能够在战时到处扰乱敌人，发动群众积极破路浚沟，未破的路要加紧破好，已破的路要切实的进行检查，需要加深加宽的就应该加深加宽，必要时期则实行站岗放哨，使边区三百万群众都能在上提口号下组织起来，并且行动起来。更要向他们进行坚壁清野的教育，告诉他们具体执行的办法，而又能在动员方式上不致引起他们的恐慌。要求他们做到不给敌人带路，不泄露我军的军事秘密，不让敌人抢去一粒粮，带走一头驴，自觉向军队通风报信。只有这样的群众动员，只有这样把一切可用的人力，不问男女老少，都组织到反“扫荡”的战斗当中去，才是粉碎敌人的“扫荡”的可靠保证。

一切的问题，是在于我们能不能有充分的准备工作，能不能有战胜敌人的信念。只要我们党政军民能够全体总动员，只要军队与人民能够密切配合，人人有奋战之心，人人有杀敌情绪，相信敌人的“扫荡”也将如过去一样，像华北其他地区一样会在我英勇军民的铁拳之下完全被粉碎的。

罗炳辉

训练就是要平时多流汗，战时少流血。如果我们平时不认真加强训练，适应各种战斗的需要，我们就会在日伪频繁的“扫荡”和顽军的夹击中被消灭掉。

● 1897年12月22日生，原名罗德富，字宿星，云南彝良人。

● 1938年，调任新四军第一支队副司令员。

● 1939年5月，随叶挺北渡长江。7月，任新四军第五支队司令员、江北指挥部副指挥。

● 1941年皖南事变后，任新四军第二师副师长，多次粉碎日伪军的“扫荡”和“清剿”。

● 1942年，任新四军第二师师长兼淮南军区司令员，对建立、巩固和发展淮南抗日民主根据地做出了重要贡献。

● 1946年6月21日，因病逝世。

纪念“七七”与坚持淮南敌后抗战

罗炳辉

中华民族反抗日本法西斯的卫国战争，已经胜利地进行六周年了。我们淮南地区依靠全体指战员的英勇奋斗，以及广大人民的拥护和支持，使我们仍然能够胜利地坚持淮河以南的抗日阵地。今天“七七”，正当希特勒、日本法西斯在同盟国的坚强团结与打击下，即将遭受悲惨的失败，反法西斯斗争日益接近胜利的时候。因此，我们以极大的愉快和充分的胜利信心，来迎接抗战六周年的这个中华民族的伟大节日。

然而，日本侵略者愈接近失败和死亡，就愈企图作最后的挣扎。因此，在过去胜利的一年中，我们不断地粉碎了敌伪的“扫荡”与“蚕食”政策，与敌伪进行了残酷的顽强的战斗，使敌人的一切阴谋企图总归于失败。如去年11月间，敌伪3000余人对我路西地区实行大规模的反复“扫荡”，经我路西全体军政民一周的奋战，敌人的“扫荡”计划被打破了。在同一时期，我们为了配合兄弟部队的反“扫荡”作战，我驻防××与××部队，曾猛烈地打击了进犯该地之敌，有力地牵制了敌人。今春，为配合盐阜区韩部友军[①]反“扫荡”，我活动于××地区的部队，

① 韩部友军，指国民党鲁苏战区副司令兼江苏省主席韩德勤部。

又曾一度攻入敌人的最大据点——清江。

其次，在反“蚕食”斗争中，亦不断取得了辉煌的胜利。去年7月间，天长、仪征、扬州地区的破击战，攻下十二圩等据点十余处；高庄血战，毙伤敌兵100余；两度袭击山阴沟，予敌以很大打击；码头、三棵树战斗，将敌人全部解决；两次收复老人仓，打破敌伪修筑据点的企图；双庙、青家岗、杜集、陈集战斗，均获得了胜利；最近进行的八百桥战斗，打退敌人进攻；谢家集歼灭战，拔除了盘踞数年的敌据点。除这些较大的战斗外，路东、路西地方武装及民兵亦有很多战绩。如路东去年的新集战斗和今年的程集战斗，都获得了完满的胜利；路西地方武装，去年7月曾一度攻克凤阳府城，今春又袭击管店，最近进行的红心铺战斗，击毙了山本小队长。特别是边区①地方武装和民兵，经常打击敌伪的局部进攻与出扰部队，忠实地保护了边区人民的生命财产，成为边区人民依靠的有力支柱。例如来安、六合、月塘和定远、凤阳、怀远的民兵，在坚持边区游击战争中，表现了非常的英勇顽强，是值得我们表扬的。

总计一年来，我们与敌伪共作战217次，毙伤日军632人、伪军1091人，俘虏日兵15名、伪军762人，缴获步马枪1683支、轻重机枪21挺、掷弹筒3个、弹药52740发。

可是在这些胜利的英勇斗争中，我师光荣殉国的指战员310名，负伤的指战员884名。在这些殉国的同志中，有我们艰苦奋斗十余年的营长梅华中同志，总支部书记金钟同志，教导员董新、鲍仕学同志，副营长张有德同志等，还有很多的连排干部和战斗员，他们都是中华民族的优秀儿女，是我党我军优秀的指战员和政工人员，他们在民族解放战争中表现出无限的忠诚和英勇牺牲的精神，为国家、为民族流尽了最后一滴血！他们的血是钢硬的，他们的血铸造成了我们的胜利，他们的名字

① 边区，指淮南抗日根据地所在的安徽、江苏边界地区。

和业绩在抗战史上留下光荣的一页。我谨代表全师指战员，向这些牺牲的干部和战士致以无限的哀悼！向这些负伤的干部和战士致以亲切的慰问！

正由于我们指战员的英勇牺牲，使我们能坚持了敌后抗战，巩固了抗日民主根据地，粉碎了敌人摧毁与“蚕食”我根据地的迷梦，使我们淮南根据地成为坚持敌后抗战的重要的一翼，成为将来反攻的前进阵地。由于这些胜利，才能有力地配合全国正面抗战和配合华中敌后各抗日根据地的抗战，牵制与削弱敌伪相当大的兵力。由于这些胜利，使我们的抗日力量发展与壮大起来，夺取敌人的武装来武装和补充自己。在战斗的锻炼中，丰富了我们的军事经验，提高了我们的战斗力。也由于这些胜利，鼓舞和巩固了敌后广大人民（根据地的和敌占区的）的抗日情绪，提高了他们的民族自尊心，坚定了他们的胜利信心。

但是，这些胜利不是偶然得来的。

首先，是我们坚决执行了党中央和华中局军部的正确领导，执行了党的各种政治的、军事的、文化的、财经的、锄奸的政策和指示，同敌伪进行全面的斗争；尤其是去年以来，实行精兵简政政策，应付敌后斗争新阶段的形势；广泛地开展生产节约运动，减轻根据地人民的负担，改善部队生活，繁荣根据地经济，克服财政困难；开展整风学习，转变我们干部的思想方法和工作作风，实行军事教育革命，提高部队质量。这些都是保证取得胜利的重要条件。

其次，我们所以能够坚持与巩固根据地及取得战争的胜利，与地方党政机关工作人员的英勇斗争也是分不开的。他们为保证战争的胜利动员了根据地广大的人力、物力、财力，保证了抗日部队的供给，能配合战争的需要。同时，他们领导根据地人民与敌伪进行各种斗争，表现出坚决果敢，涌现出了不少光荣的模范。如来安、六合陈东乡乡长陈定和在程集战斗中，带领武装与敌伪作战，为追击敌人，与一名敌兵在水中搏斗，将敌兵致于死命；边区的税收人员，经常到敌区收税缉私，以至有不少税收工作人员在经济战线上光荣牺牲了。广大地方行政人员，埋头苦干，长期进行坚持根据地的建设工作，使抗日根据地不仅是我们今天坚持抗战的堡垒，而且是我们新中国的模范组成部分之一。

再次，还由于我们根据地建立了新民主主义政权，实行新民主主义的建设，积极改善民生，培养和增长民力，并坚决执行抗日民族统一战线政策，团结抗日各阶层，一致反抗敌人。这就是说，抗战与民主是分不开的，实行民主与动员各阶层广大群众参加抗战，是争取胜利的唯一保证。专制独裁的法西斯统治，将在时代的巨轮下被粉碎了，希特勒、墨索里尼、日本法西斯有出路吗？他们很快就要进坟墓去了！

为了继续坚持我们抗战，以配合全国正面战场与敌后的抗战，今后我们淮南必须执行下列任务：

（一）加强战斗准备，肃清内奸活动，随时应付可能到来的残酷的“扫荡”与“清乡”，只有充分的备战工作，才能争取反“扫荡”、反“清乡”的胜利。我们处在敌人心脏地区，敌人时刻在企图如何拔除这把刺在他背上的利刃。我们必须提高警惕，严重的局面随时都有到来的可能！应该深刻认识：假使战争失败，则根据地无法坚持，党、政、军、民都会陷入严重的情况。特别是我们淮南严重存在着的长期太平观念，是备战工作的最大障碍，必须坚决克服，今天谁再麻木不仁，谁就是政治上的近视眼，将来一定会受到事实的惩罚。

（二）认真完成生产任务，切实整顿“三风”，加强训练部队，巩固与提高部队战斗力，把战争、生产、教育三大任务密切的联系起来，以达到度过今后难关与准备反攻力量。

（三）加强基层政权建设，使民主政权成为坚持敌后抗战的强固支柱，无论敌人任何毒辣的“扫荡”与“清乡”都摧毁不掉。还要广泛组织与训练民兵，强化人民武装。这都是巩固根据地的重要环节。这不仅对今后坚持敌后斗争有重要作用，而且对将来反攻敌寇与建设新民主主义的中国也有莫大意义。

（四）进一步巩固各阶层人民的团结。为达到此目的，必须反对脱离群众的官僚主义，才能使全根据地的人民大众团结一致、军政民亲密的团结一致，全党团结一致，成为不可战胜的力量。

抗战最后胜利的曙光已经在望，六年来的坚持抗战已经奠定了胜利的基础；今天纪念“七七”六周年，正是迎接胜利的伟大象征！但是黎明之前还有暂时的黑暗，敌后还要经历严重的残酷的斗争，我们应当发扬过去的艰苦斗争精神，克服任何可能到来的困难；同时我们也不要因过去的胜利而骄傲，而是要以实事求是的精神埋头苦干。

只要我们在党中央和华中局、军部及淮南区党委的正确领导下，全体党政军民更加紧密的团结一致，坚定胜利信心，百倍努力，切实完成上述任务，便可在已经建立的胜利基础上，向最后胜利的大道迈进，胜利一定是我们的！

黄克诚

第三师指战员中，曾涌现出一大批可歌可泣的英雄事迹。他们以自己的生命谱写了人民军队气壮山河的英雄篇章，他们的精神将永垂千古。

● 1902 年 10 月 1 日生，湖南永兴人。

● 1940 年春，任八路军第二纵队政治委员，兼冀鲁豫军区司令员、冀鲁豫军政委员会书记。5 月，率主力一部南下豫皖苏，任八路军第四纵队政治委员。10 月初，率部驰援黄桥作战，进至淮海盐阜地区，与新四军北上部队会师，创建苏北抗日根据地，打通了华北、华中抗日根据地的联系。

● 1941 年，任新四军第三师师长兼政治委员、苏北区党委书记，领导苏北军民开展敌后游击战争，挫败日伪军的“扫荡”。

● 1945 年，在对日伪军向局部反攻和大反攻中，组织指挥了高（沟）杨（口）、阜宁和两淮等战役，使苏北和苏中、淮南、淮北解放区连成一片。

● 1986 年 12 月 28 日，病逝于北京。

新四军第三师的战斗历程和苏北抗日根据地的创建与发展

黄克诚

一

新四军第三师，是抗日战争时期，开辟坚持苏北淮海、盐阜地区抗日斗争的主力部队，是由八路军一部分南下部队为主加新四军一部分部队合编发展起来的。

中共中央于 1938 年 9 月至 11 月举行的扩大的六届六中全会上，确定了“巩固华北、发展华中”的战略方针。1939 年 5 月，中共中央在致八路军总部的电报中指出，今后八路军发展的主要方向是华中。1940 年春，中共中央做出八路军一部分主力南下，新四军一部分主力北上，控制陇海路以南、津浦路以东、长江以北、大海以西地区，开辟新的抗日根据地，进一步打开华中抗战局面的战略部署。

1940 年 1 月底，中央决定组建八路军第二纵队，任命我为纵队司令员兼政委。我向中央建议另选派司令员，我只担任政委。中央旋派左权同志任第二纵队司令员。后左权同志回到八路军总部工作，由杨得志同志代理司令员。第二纵队辖八路军一一五师之三四四旅，新编第一、第二、第三旅，共两万余人。我考虑两万余部队集中在冀鲁豫，回旋余地不大，不利于发展，遂根据中央的战略部署精神，向中央建议，将第二纵队分出一部分部队，越过陇海路，向华中发展。4月17日，中央电示："新二旅及三四四旅共1.2万人，由太行出发，在冀鲁豫边界设法消灭石友三部后，准备随时调往陇海路南，配合彭雪枫部行动。"5月5日中央又指示："华北敌占领区日益扩大，我之斗争日益艰苦，不入华中不能生存。在可能发生全国性的突变时，我军决不能限死黄河以北不入中原。故华中是我最重要的生命线。"

遵照中央指示，我于1940年3月将新一旅留下坚持太行山斗争，自率纵队直属队和三四四旅，越过平汉路，到冀鲁豫与新二、新三旅部队会合。第二纵队于5月中旬将向我根据地进犯的叛逆顽军石友三部大部歼灭之后，杨得志同志继续留在冀鲁豫，我率三四四旅（辖六八七、六八八、六八九团），新二旅（辖四、五、六团）过陇海路南下。三四四旅由旅长刘震、政委康志强率领，于5月下旬先头出发。我与纵队参谋长韩振纪率纵队部、教导营及新二旅（由政委吴信泉、副旅长常玉清率领）于6月初出发。行进途中，杨得志同志感到留在冀鲁豫的主力不足，我即令新二旅之四团中途返回冀鲁豫。

第二纵队南下之先头部队于6月20日到达豫皖苏边区新兴集，与彭雪枫同志率领的新四军第六支队会合，6月27日中央军委电示我部与彭部合编为八路军第四纵队，"活动于津浦路以西、陇海路以南，以对日寇作战，巩固豫皖根据地，扩大与整训部队为中心任务"。第四纵队由彭雪枫任司令员，我任政委，张震任参谋长，肖望东任政治部主任。6月29日，中原局（1941年5月改为华中局）书记刘少奇同志来电，要我做东进准备，"20天后派三个团过津浦路活动"。彭雪枫同志起草了一份回电略谓：与敌伪顽长期斗争，以向西发展为有利，平原作战须有山地作依托；黄部应留下，培养主力，建立巩固根据地；一旦形势有变，即可西入伏牛山，南进大别山，等等。于7月1日以彭黄联名电复中原局。7月15日和17日、18日，刘少奇同志连续三次催我速率所部过路东进皖东北，我感到刘少奇同志电报与中央军委前电不尽一致，为弄清指挥关系以确定部队行动，我打电报请示毛泽东同志。毛泽东同志回电指示我服从中原局胡服（即刘少奇）指挥。接毛泽东同志电报后，我立即将三四四旅及所属六八八、六八九两个主力团留给彭雪枫部（后编为新四军第四师第十旅），自率三四四旅之六八七团、新二旅之五团、六团和教导营进抵津浦路东之苏皖边区。

在我到达之前，1939年4月成立了苏皖区党委，金明同志任书记。当时苏皖边区已有好几支我党领导的抗日武装部队。张爱萍同志在这里组建了新四军第六支队的第四总队，张爱萍任总队长兼政委，并以八路军、新四军驻皖东北办事处主任名义，领导当地的抗日救亡活动。1938年7月，八路军一一五师第六八五团主力改编为苏鲁豫支队，1939年春，山东纵队挺进支队编为苏鲁豫支队四大队。1940年5月，苏鲁豫支队在彭明治、吴法宪（后为朱涤新）率领下，由苏鲁豫边南下，于1940年6月初到达苏皖边区，该支队之胡（炳云）、田（文扬）大队已先期挺进皖东北。还有一支部队是早先开辟邳、睢、铜游击根据地的山东八路军陇海南进支队（后改编为苏皖纵队陇海支队），负责人是钟辉、韦国清、孙象涵、李浩然等同志。苏皖纵队司令员兼政委江华同志也从山东带了一批干部和警卫部队到达皖东北，刘瑞龙同志也到达皖东北参加领导工作。此外，淮海区还有一部分与党失去联系的同志，联络知识青年和爱国人士，组织了一批武装，展开抗日救亡活动。刘少奇同志曾于1940年6月6日向中央报告：“我在皖东北之部队，系统指挥不统一，内部外部情况均复杂，请中央及朱、彭令黄克诚同志速来苏皖地区统一指挥，任军区司令。如能多带兵力来为更好，否则不能完成任务。”

黄克诚

我于1940年8月7日率部到达皖东北后，于8月10日到达盱眙县中原局驻地，与刘少奇同志会面。遵照中央指示，研究苏皖地区我军各部队的统一编制、统一指挥问题。确定将淮河以北、津浦路以东所有我党领导的武装部队，统一整编为八路军第五纵队，由我任司令员兼政委。第五纵队辖三个支队，每个支队辖三个大队（团），共两万余人。第一支队由苏鲁豫支队编成，支队司令员彭明治，政委朱涤新，政治部主任吴法宪。第二支队由新二旅之五团、六团和三四四旅之六八七团编成，支队司令员田守尧，政委吴信泉，副司令员常玉清，政治部主任李雪三。第三支队由八路军陇海南进支队和新四军第六支队之第四总队大部编成，支队司令员张爱萍，政委韦国清，副司令员孙象涵，参谋处长杨志雅，政治部主任张震球。

遵照中央关于“八路军到华中后，坚决争取控制全苏北”的指示，我很快地结束了部队的整编工作，即着手部署开辟苏北地区的工作。第五纵队一支队已先期进入淮海区，开辟淮海区的抗日局面。第二支队之六团留在皖东北，其余各部相继挺进淮海、盐阜地区。1941年1月皖南事变后，根据中共中央统一整编新四军的指示，八路军第五纵队奉命改编为新四军第三师，我任师长兼政委，彭雄任参谋长（1943年3月后为洪学智），吴法宪任政治部主任，原第五纵队之一、二、三支队，分别改为第三师之七、八、九旅（1941年9月，第三师之九旅与第四师之十旅对调建制）。1941年秋，张爱萍同志任副师长（1944年9月，张调任第四师师长），1945年9月，刘震同志任副师长，洪学智同志任副师长兼参谋长。1944年从全师抽调骨干连队组建了师特务团。1945年3月，为支援皖江地区的斗争，组建了一个独立旅，并新组建了两个特务团，同时在淮海区组建起新一、新二团。

二

新四军第三师起初兼苏皖军区，辖皖东北、淮海、盐阜 3 个地区。1941 年 9 月，新四军第四师由豫皖苏转至津浦路东，皖东北地区划归第四师活动地区。此后到抗战胜利，第三师兼苏北军区，辖盐阜、淮海两个军区（1942 年冬改为两个军分区），分别由第八、第十旅兼。

苏北地处陇海路以南、运河以东、大海以西。日军侵占苏北后，即抢占交通要道，逐步扩大伪化区。自徐州至扬州沿运河线各城镇、陇海路东段各城镇以及连云港等港口，均被日军占据。在尚未被日军占领的地区，则是国民党统治区，并建有县、区、乡、保各级政权，其为首者是江苏省政府主席兼鲁苏战区副总司令韩德勤。韩除拥有国民党主力部队第八十九军外，还有保安旅、常备旅以及国民党地方实力派李明扬、李长江、陈泰运等部，后来又从山东调来东北军霍守义部。韩德勤属于蒋介石嫡系顾祝同所部，是个出名的反共顽固派。韩早年曾率一个师参加“围剿”江西苏区，兵败被红军俘虏过。此番韩拥兵苏北，不思抗日，积极反共，千方百计要消灭新四军，被称为“摩擦专家”。

1940 年 7 月，陈毅、粟裕同志率部分新四军主力北渡长江后，与先期北上的新四军部队会合，进驻黄桥地区。韩德勤自恃兵多势众，妄图将陈、粟部一举歼灭。陈毅同志渡江后，针对顽韩军步步进逼、战事不可避免之态势，曾报告党中央：“我们已集中的兵力不过 7000 左右，战斗人员不及 5000，枪支 4000 余。而两李尚有 7000 余人，省韩有 40 个团约 5 万人，加上两李部队共约 6 万人左右。以我们现有力量对付两李已足够，但对付省韩则很不足……因此，请求四、五支队及八路军南进支队，速派增援部队。”当 10 月 2 日顽韩军向黄桥大举进攻时，陈毅急电我率部驰援。我回电告以即刻出发。10月4日中共中央就此发出指示："韩德勤又大举压迫我军……八路军不能坐视。""黄克诚部主力决心于本月4日开始行动，南下阜宁，并拟向盐城挺进，增援陈毅。""我们的方针是：韩不攻陈，黄不攻韩，韩若攻陈，黄必攻韩。"

遵照中央指示和陈毅同志电令，我于10月4日率八路军第五纵队主力兼程南下，突破顽军盐河、旧黄河等防线，连克佃湖、东沟、益林、阜宁、东坎、建阳、湖垛、苏家嘴等城镇，直下盐城。沿途歼灭顽军第十常备旅和独立第三旅等部，切断顽韩军之归路，动摇其侧背，威胁其大本营兴化，在战略上对进攻黄桥之顽韩军造成南北夹击之势。此时原拟打两个多星期的黄桥之战，至10月8日，仅6天时间，新四军即取得黄桥决战的胜利，韩德勤遭到惨败后，率残部退驻兴化、车桥、曹甸一带。

10月10日，八路军第五纵队南下之先头部队第一支队所部，与新四军北上之先头部队，在盐城、东台间的白驹镇地区胜利会师，完成了打通华北、华中联系的通道和打开苏北抗战局面的任务，粉碎了国民党妄图把我军限死在黄河以北的阴谋，为确立我党我军在华中敌后抗战的领导地位奠定了基础。

会师后，陈毅同志特地从海安司令部乘汽艇沿串场河北驶盐城，慰问南下的八路军指战员，我从东沟赶到盐城相迎。这是我与陈毅同志自井冈山分手之后的首次重逢。相见之下，分外亲热。我们在盐城相聚几天，阔叙别情，感慨交集。陈毅同志就众多老战友久别重逢，即兴赋诗云："十年征战几人回，又见同侪并马归。江淮河汉今谁属，红旗十月满天飞。"表达了广大指战员共同的喜悦心情。10月下旬，刘少奇同志率中原局机关由皖东半塔集到达阜宁，随即进驻盐城。11月中旬，陈毅同志亦率华中新四军、八路军总指挥部挺进盐城。皖南事变后，在此基础上建立了新的新四军军部。

三

1940年9月30日，中共中央军委毛泽东、朱德、王稼祥同志来电指示：“苏北运河以东地区，应由陈毅部、黄克诚部发展广泛的游击战争。由克诚部发展阜宁、淮安、盐城以北地区，陈部发展泰县、如皋及其以东地区。不仅扩大主力，并且应努力与地方党共同建立无数的小游击队，建立新政权，把这些地区抗日民主化。如此，方能击破韩德勤。”

长期以来苏北地区交通要道和重点城镇为日伪及国民党顽固派占据，广大农村则为国民党特务、反动地主武装所把持。当地一般地主均有武装，大者有500人枪。这一带土匪众多，封建会道门武装组织遍及各地。民间枪支不计其数。当地的人民群众不仅屡遭日伪汉奸的烧杀抢掠，还备受顽军和特务、土匪、反动地主武装的骚扰残害，生活在水深火热之中。由于国民党的反共欺骗宣传，人民群众对我党我军尚缺乏了解。

为了执行中央的指示，在苏北广大地区开展我党领导下的独立自主的敌后游击战争，我们到苏北后，在中原局（华中局）的领导下，放手发动群众，减租减息，加强抗日统一战线工作，扩大抗日武装，建立各级抗日民主政权，清剿土匪，消灭反动地主的武装叛乱，粉碎日寇的“扫荡”，打破顽军的摩擦进攻，加紧进行根据地的各项建设。

我们刚到苏北，就遇到海啸成灾，疮痍满目，难民遍野。在此之前，国民党政府曾迫于当地群众及士绅的一再呼吁，勉强拨了一点经费，修了海堤。但层层克扣，偷工减料，海啸到来，一冲即垮。我军到后，目睹人民群众离乡背井、苦不堪言的凄惨景状，决心重新修筑海堤。在中原局及华中指挥部的支持下，采取发行修堤公债、以工代赈的办法，动员了上万民工，终于在1941年7月底，将全长90华里的海堤修成。海堤竣工的第二天，即遭到海啸袭击，且比前次的水位高出6寸，但大堤屹然不动，保障了千百万人民的生命财产安全。与此同时，我们组织人民群众生产自救，初步解决了群众的吃饭问题。我们切实关心群众疾苦的实际行动，恰与国民党横征暴敛，鱼肉百姓的行径形成鲜明对照。人民群众开始认识到："共产党才是真正为老百姓办好事的！"连一些曾对我们抱怀疑或抵触情绪的士绅，也渐渐改变了看法，开始向我们靠拢。当地群众还以领导修堤的我方县长宋乃德之名给海堤命名为"宋公堤"。通过一系列的群众工作，我们逐渐赢得了群众的信任，扩大了我党我军的影响，为根据地建设创造了有利条件。

苏北在历史上是有名的土匪出没地。我军到后，国民党顽固派更利用土顽、匪特纷起作乱。他们互相勾结，打砸抗日政府，杀害我方干部，抢劫残害群众，为非作歹，无恶不作。为了保卫刚刚建立起来的抗日民主政权，巩固发展根据地，我们于1941年上半年开始，抽调主力及地方部队，大力清剿镇压土匪顽劣，迅速将横行苏北地区的股匪全部予以剿灭，使该地多年的匪患得以平息。同时，广泛发动群众，实行减租减息，合理负担，改善人民生活，更加密切了与各阶层群众的关系。我们开始在苏北站稳了脚跟。

按照中央指示，为了应付敌后斗争的各种严重情况，积蓄力量，发展壮大自己，自1942年11月起，我们实行了精兵简政、主力地方化和一元化领导，成立了苏北区党委，统一全苏北党政军的领导。我任区党委书记，金明任副书记（1945年金明南下后为李一氓）。精简了机关，充实了连队。鉴于当时地方部队成分比较复杂，纪律松弛，干部缺乏带兵和作战经验，我们决定实行主力地方化，先后以4个主力团分散编入地方部队。这样一来，迅速加强和巩固了地方部队，使地方部队主力化。地方部队升级为主力后，又组建起新的地方部队。主力地方化和地方主力化的结果，不仅巩固了地方政权，加速了地方建设，同时，也使主力和地方部队发展壮大起来。新四军第四师第十旅在豫皖苏失利后，于1941年9月与第三师第九旅对调，归入第三师建制。当时第十旅仅有两个团四个营，3600人。该旅进入苏北后，兼淮海军区。由于实行了主力地方化，在群众中生根立足，经过两年多的艰苦战斗，两个团发展成为两个旅六个团，1.5万人。在盐阜区，第七旅、第八旅各有一个团实行地方化，不仅使地方武装大发展，主力部队也都扩大了两三倍。

在与敌伪顽进行残酷的军事斗争的同时，我们在根据地内抓紧进行经济和文化建设，开展大生产运动，军政机关广泛开展增产节约运动，恢复和发展了中小学教育，并且办了冬学、公学，教育规模和质量都超过了国民党统治时期。知识分子、青年学生逐渐向我党靠拢。我们在根据地内统一了税收制度，实行进出口管理，依靠公粮、田赋和盐税、关税，加上厉行节约，使苏北能在残酷的斗争环境下做到经济逐渐好转，军民生活有较大改善。我们还发行了自己的货币，逐渐停止法币在根据地内的流通，与敌伪顽作金融斗争。由于我们发行的货币只作为流通工具，不作为财政开支的来源，又据有坚实的物质基础，因而币值稳定，信誉很高。

我们在1942年6月开始的整风运动中，正确贯彻执行“惩前毖后，治病救人”和“既要弄清思想，又要团结同志”的方针，采取和风细雨和自我批评的方法，帮助干部提高政治觉悟，没有搞“抢救运动”，因而没有伤害同志。通过整风，团结教育了广大干部，调动了大家的革命积极性，在根据地建设以及后来的自卫斗争中，发挥了积极的作用。

在华中局的直接领导下，根据地的统一战线工作取得了很大成绩。刘少奇、陈毅同志十分重视对各阶层有代表性人士的工作，亲自与国民党地方实力派和开明士绅以及广大知识分子接触，宣传我党团结抗战的政治主张。陈毅同志还倡议创建了“湖海艺文社”，与各界知名人士诗文交往，团结他们参加我党领导的抗日民主统一战线，发挥他们在抗战中的特殊作用，在当地颇具影响的人士，如李明扬、韩紫石、杨芷江、庞友兰、计雨亭等，在我党的感召下，为抗日做了许多有益的工作。当时许多著名文化界人士和革命知识分子，如邹韬奋、范长江、钱杏邨（阿英）、薛暮桥、贺绿汀等，纷纷来到苏北，不仅繁荣了根据地内的文艺宣传活动，而且还为我党培养了一大批革命文化战士。

四

根据地的建立和发展以及我军的不断壮大，引起了日军的极大惊恐和仇视。1941 年 7 月，日军 1.7 万余人，出动装甲汽艇百余艘，在飞机大炮掩护下，对以盐城为中心的苏北根据地发动了大规模“扫荡”，妄图消灭我华中局及军部首脑机关，摧毁我苏北根据地。开始，华中局及军部在“保卫盐城”的口号下，作了对敌实行迎击、阻击的军事部署。我基于华北反“扫荡”的经验教训，认为在敌我强弱悬殊的情况下，不宜对日军搞正面阻击，曾建议华中局和军部机关及早撤离盐城，转移到阜宁农村，跳出敌包围圈；部队实行分散游击，待机转入反击。同时又表示，如果已布置，当由军部决定，三师执行。军部决定“保卫盐城”，“击退敌人的进攻”，并直接指挥第三师第七旅、第八旅等部对日伪军作战。后来，军部机关、学校等撤出盐城。主力部队利用河网港汊复杂地形对敌阻击、伏击歼敌后，转入日伪军侧后打击敌人，先后攻占敌伪占据的部分市镇，牵制了敌之行动。在苏中第一师部队积极出击、支援下，敌兵力开始南移，对苏中进行“扫荡”。我随即转入全面反击，连续收复阜宁、东沟、建阳等城镇，使敌顾此失彼。至 8 月下旬，经我苏北、苏中军民协同作战，共歼日伪军 3800 余，击沉敌装甲汽艇 30 余艘，粉碎了日寇“扫荡”。

1942 年底至 1943 年冬，是苏北抗战斗争最艰苦的阶段，日寇集结重兵，先后对我淮海区和盐阜区发动了规模空前的大“扫荡”。

1942 年 11 月，日本华北派遣军调动了日军第十七师团一个旅团及伪军第三十六师等部，开始对我淮海区进行分进合击式的大“扫荡”。我淮海地区军民在地委书记金明和军分区司令员刘震的指挥下，以一部主力配合地方武装和民兵，在根据地内开展游击战，消耗、疲惫、迷惑敌人，机关和大部分主力则从敌合围间隙跳到边区，寻机歼敌。当敌人发现我主力在边区，随即折回企图寻我主力决战时，我主力又从敌伪军间隙回到根据地。经过反复周旋，使敌人处处扑空，被拖得精疲力竭。敌“扫荡”临近结束之际，日伪军在我根据地交通要道构筑碉堡、安设据点、抢修公路，扩大伪化区，企图分割蚕食我根据地。我第十旅兼淮海军分区部队，广泛开展游击战和交通破袭战，并采取袭击、围点打援等战术，先后攻克敌伪据点多处。到 1943 年，淮海区集中主力和地方武装，发动了春季和夏季攻势，先后拔除敌伪据点 35 处，使根据地基本恢复到“扫荡”前的态势，又一次粉碎了日军的大“扫荡”。

日军在“扫荡”我淮海区之后，紧接着对我盐阜区实行更大规模的“扫荡”。敌此次“扫荡”，由日本中国派遣军总司令部拟定战役计划，调集日军第十七师团、三十五师团、十五师团之独立十二混成旅团万余人及伪军徐继泰、李实甫、潘干臣、刘湘图、胡冠军、朱保元等部八九千人，以海、空军配合，于 1943 年 2 月中旬，对我盐阜区分进合击，自北至南构成一弧形大包围圈，并以舰艇封锁我沿海港口，在飞机掩护下，实行“梳篦式”的反复搜索。为适应斗争需要，华中局和军部于 1942 年底转移到淮南路东。我先率师部（区党委机关）跳出敌包围圈外，我军在第三师副师长兼第八旅旅长、盐阜地委书记、盐阜军分区司令员张爱萍统一指挥下，首先避敌锋芒，采取内线与外线、分散与集中相结合的战法，开展了反“扫荡”斗争。在敌向我合围时，我以一部主力沿途阻击、袭扰、消耗、疲惫敌人，大部主力则转至敌侧后，寻机反击。敌合击扑空后，实行分区“扫荡”。我各地区相对集中兵力，袭击敌据点，予敌以沉重打击。地方武装和民兵则积极展开袭扰战，陷敌于四处挨打的境地。同时，新四军第一、第二、第四师部队也积极向当面之敌发起攻势，予我以支援配合。至3月中旬，敌被迫开始撤退，我军即集中主力进行反击，取得黄营子、单家港等战斗的胜利，旋即转入全面反击，连克敌伪据点10余处。在陈集战斗中，我第八旅第二十三团和旅特务营等部，以白刃格斗发起攻坚作战，守敌日军。队长以下全部就歼，缴获其全部装备。我第八旅第二十四团强袭敌八滩据点，毙伤日军中队长以下80余，拔除敌据点。我军又乘胜收复滨海县大小尖子地区，攻克陈家港。

至5月中旬，历时3个月的盐阜区反“扫荡”胜利结束，共毙伤俘日伪军1800余，攻克敌伪据点30余处，并争取一批伪军携枪反正。反“扫荡”的胜利，改善了苏北地区的战略态势，鼓舞了根据地军民的斗争热情，坚定了抗战的胜利信心，由于统战工作扎实有力，在日伪“扫荡”时，地主、士绅均能以各种形式帮助和同情我军，为我们保护干部，保存资料，抵制“伪化”等。盐阜区士绅在慰军大会上，称颂我军“运用游击战术，不断打击敌人，时分时合，神出鬼没，或攻或守，将卒用命，民族精神发挥无余，民气鼓励，收效甚宏，于此足知中国之不会亡”。阜宁县国民党书记长亦称：“敌寇以泰山压顶之兵力，‘扫荡’新四军，新四军能保全主力，已属难能可贵。不料又大举反击，恢复阵地，足见抗战必胜之前途。”救国会领袖邹韬奋先生，目睹反“扫荡”的胜利，喜不自胜，感慨地说：“新四军与士绅朋友密切配合，能于生死之际互相信托，于敌伪高压之下毫无背离，此乃中共统一战线政策之伟大成功，绝非谎言；余不到敌后根据地，余亦不信能做到如此成功之地步。”

五

以韩德勤为首的国民党顽固派，始终把我抗日根据地视作眼中钉，不断寻衅制造摩擦。因此，对国民党顽固派进行有理、有利、有节的斗争，就成为坚持敌后抗战，巩固和建设根据地的一项重要任务。1940 年 10 月黄桥决战后，韩德勤纠集余部两万人退守曹甸、车桥、兴化一线，依托坚固据点继续与我为敌，并与向我皖东进犯的国民党反共军相策应，叫嚣要恢复黄桥战役前的状态。如何选择恰当时机，解决韩德勤顽军，消除苏北抗日斗争中的一大障碍，是苏北我军在同敌伪顽斗争中掌握主动权的重要一环。黄桥作战之后不久，中原局及华中总指挥部意图乘胜攻占曹甸，消灭顽韩军，然后再西援皖东。当时我曾提出暂时不宜攻打曹甸的建议。后来，中央同意了攻打曹甸的计划，并由华中总指挥部直接指挥作战。在此情况下，我坚决执行华中总指挥部作战命令，由八路军第五纵队战斗力最强的第一支队（即后来的第三师七旅）和第二支队（即后来的第三师八旅）之六八七团分别参加攻打曹甸和车桥的战斗，并向华中总指挥部建议增调主力以加强攻击部队。华中总指挥部调集新四军第一、第二纵队和八路军第五纵队主力，于 1940 年 11 月 29 日开始对曹甸发起攻击。我又建议采取筑垒掘沟推进的战法，以持久作战解决曹甸顽军，未被采纳。部队乃用猛扑的打法，经勇猛冲杀，于 12 月 15 日突破顽军前沿阵地，歼顽 8000 余，我军亦伤亡 2000 余。此役我军未达到战役目的而撤出战斗。

1941 年 8 月，当日军正对我苏北根据地进行“扫荡”之际，韩德勤指使其部属江苏常备第七旅王光夏等部，乘机向我进攻，并在淮海区构筑据点，企图分割我根据地，策应由豫皖地区东犯的反共顽军汤恩伯部。针对国民党顽固派的阴谋，新四军第三师第八旅第二十二团于 9 月对顽军固守的号称“模范工事”的郑潭口发起攻击，全歼守军600余，拔除了其插入我根据地内的钉子，取得了苏北攻坚战的首次胜利。是年10月，作为军部机动部队的第三师第七旅之一部与兄弟部队发起程道口战役，担任对敌中心据点主攻任务的第七旅第十九团，以勇猛顽强的攻势，突破敌深沟高垒，攻克程道口据点，王光夏仅率百余人乘乱化装逃跑，其余1500余顽军全部就歼。这一胜利，彻底粉碎了顽军对淮海区的进攻，使我淮北、淮海、盐阜抗日根据地连成一片。

1943年日军对我盐阜区实行“梳篦式”大“扫荡”之前，曾先“扫荡”韩德勤所部。为了贯彻抗日统一战线政策，应韩德勤所求，我们曾允准韩部和东北军霍守义部转移到我区暂避，并向其供应粮秣，接济经费，掩护其安全转移至淮海区。尤其对东北军霍守义部，自该部南下苏北以来，我始终对其采取团结、忍让态度，晓以团结抗战大义。即使在我军同顽韩军交战，霍部通过我防区增援韩部时，亦未消灭它。根据中央及华中局指示精神，我考虑的是，东北军发动西安事变，对促成全国抗战局面做出过历史性的贡献，我们不应该伤害它。及至1943年敌“扫荡”时，霍部在我们协助下，从苏北撤回山东。但韩德勤却背信弃义，当其从淮海区西渡运河进入皖东北后，即强占我淮北区金锁镇、山子头一带，公然宣称要在洪泽湖畔建立反共基地。韩部所到之处，残酷破坏我抗日民主政权，捕杀我抗日干部和群众，并暗中勾结津浦路西国民党反共军王仲廉部，企图夹击我淮北新四军第四师，以实现其卷土重来的野心。为了保卫我抗日根据地，军部调动第三师第七旅、第二师一部，配合第四师主力，于1943年3月18日，向顽韩军占据的山子头据点发起反击，一举全歼韩德勤所部第八十九军、保安第三纵队、独立第六旅，击毙王光夏，生俘韩德勤。为了表示我军团结抗战的诚意，旋将韩德勤释放，并发还部分人枪。至此，国民党顽固派留置于苏北的这一抗战障碍，始被彻底扫除。

六

1944年后，日军为加强太平洋战场和向正面战场进攻，从苏北抽走了部分兵力，战争的主动权逐渐转到我们手中，苏北我军开始了局部反攻，并进一步加强了根据地建设。是年4月，我军发动了高沟、杨口战役，拔除敌伪据点14处。5至10月，发动滨海地区攻势，重克苏北产盐重地陈家港及合顺昌、通洋港、青龙港等据点，解放了日军掠夺盐、棉的基地合德，并攻克运河线上敌新设立的重要据点林公渡。随即又乘胜发起一系列攻势，将淮海区之敌分割在几个孤立区域内，并将我边沿区推向陇海路，使陇海路百余里地段处于我军打击之下。12月至1945年3月，重创敌从冀鲁豫南调以增援沿海的伪军孙良诚部。1945年2月，我强攻叶圩子据点，全歼守敌。4月发起阜宁战役，我和师参谋长洪学智指挥第八旅、第十旅各一部，师特务团及部分地方武装，攻克阜宁县城及据点20余处，歼孙良诚部伪副师长以下4000余人。

经过几年来的艰苦斗争和一年多来的局部反攻，敌伪已被压缩在一些孤立的城镇据点内，解放区进一步扩大，我军壮大了三倍，战斗力有了明显提高，不仅能在平原和水网地带的一般情况下作战，而且能对坚固设防的较大城镇进行攻坚作战。

1945年8月，日寇宣布无条件投降，第三师奉命集结主力，准备担负机动作战任务，进入战略反攻。我地方武装及民兵先后解放了沭阳、宿迁、涟水等县城，迫使敌伪纷纷向主要点线收缩集中。敌占据淮阴、淮安和盐城三座县城，拒绝向我抗日军民缴械投降。我们计划集中第三师主力，首先攻取淮阴、淮安，然后打下盐城，逐个扫清根据地内残余敌伪，解放苏北全境，为尔后自卫作战准备战场。

正在这时，接到军部命令，要我率第三师主力向淮南津浦路西出动，会同第二师部队，阻击桂系顽军东犯。我们在淮南路西等候半个月，未见桂顽东犯动静。我便与共同指挥津浦线作战的第二师政委谭震林联名打电报，向军部及中央建议回师肃清根据地内负隅顽抗的残余敌伪。经中央同意后，我即率部回师苏北，发动了两淮战役。9月6日，由第十旅、师特务团及地方武装攻克淮阴县城，全歼守敌伪师长潘干臣以下9000余人。9月22日，由第七旅、第八旅及地方武装攻克淮安县城，全歼守敌伪旅长吴漱泉以下6000余人。9月18日，第十旅及地方部队又对响水口一带伪徐继泰部发起攻击，歼敌近千人，攻克响水口、陈家港、大伊山、新安镇等市镇，控制了灌河两岸，完全解放了苏北盐场。

我在淮南路西返回苏北途经华中局驻地时，得知苏联红军已出兵我国东北。我军也有少数部队进入东北。我即于9月14日打电报向中央及军委提出《对目前局势及军事方针的意见》，建议速调5万至10万大军到东北，创建全国总根据地。9月22日，两淮战役刚结束，我便接到中央命令，要我率新四军第三师主力开赴东北。9月28日，我们开始从淮阴出发北上。新四军第三师主力部队4个旅、3个特务团共3.5万余人，告别了并肩战斗五年的苏北人民，踏上了东北解放战争的征途。

新四军第三师自开辟苏北抗日根据地至抗战胜利5年中，共作战4700余次，歼敌伪顽6万余人，部队由2万余人发展到7万余人（包括主力和地方部队），本身伤亡1万余人。开辟了拥有2.4万多平方公里土地和520多万人口的解放区。第三师第七旅除在苏北作战外，还作为军部机动力量，由军部直接指挥，转战淮北、淮南等地，纵横驰骋，屡立战功。第八旅之二十三团和淮河大队调归山东军区建制。独立旅调往皖江地区归第七师建制（第三师北上时归建）。第三师中有一批历史很久，素以骁勇善战著称的部队，如编入第七旅的原八路军一一五师之六八五团，其前身是井冈山时期朱毛红军的老二十八团、三十一团和黄公略的红三军。编入第八旅的原八路军一一五师之六八七团和编入第十旅的六八八团、六八九团，其前身是鄂豫皖红二十五军和陕甘红军刘志丹的红二十六军（后合编为红十五军团）。这四个团在抗日战争初期，曾首战平型关告捷，威震敌寇。在开辟和坚持苏北抗战中，这批老部队又创造了新的战绩，打出了新的威风。华中局在1941年7月，向中央报告《新四军各师组织及工作概况》中曾指出："三师的战斗力较强，部队充实，除九旅外，每团平均有2000人以上，基本上保持了过去的优良作风和制度，尤以政治工作能深入与反映部队的问题，保证一切，每一号召能很快地动员起来，自上而下地去推动执行。""部队比各师要整齐，爱护武器较好，九旅在全军来讲，艰苦奋斗的精神可称模范。"

第三师指战员中，曾涌现出一大批可歌可泣的英雄事迹，其中有在淮阴刘老庄战斗中，遭日军千余人合击，毙敌170余后，全连82人全部壮烈殉国，被朱德总司令赞为"我军指战员的英雄主义的最高表现"的第七旅第十九团之四连；有在淮安茭陵大胡庄战斗中，与八倍之敌奋战一整天，予敌重大杀伤后，全连82人壮烈牺牲的第八旅第二十四团之二连；有在解放淮阴战斗中，以自己身体堵住敌人机枪射孔，为攻城部队开辟前进道路的战斗英雄徐佳标；有在连云港小沙东海上遭敌艇袭击，以木船、短枪、手榴弹与敌拼搏而壮烈牺牲的师参谋长彭雄、第八旅旅长田守尧等同志，等等。他们以自己的生命谱写了人民军队气壮山河的英雄篇章，他们的精神将永垂千古。

叶　飞

一师创建的业绩，彪炳千秋，为民族独立，为人民解放、社会幸福而献出生命的英雄烈士们，永远为人民所景仰缅怀。

● 1914年5月7日，出生于菲律宾奎松省一个华侨家庭，祖籍福建南安。

● 1932年3月，加入中国共产党。

● 1937年，任新四军第三支队第六团团长。

● 1939年5月，任江南抗日义勇军副指挥。同年年底，任新四军苏北指挥部第一纵队司令员兼政治委员。

● 1940年6月，指挥郭村保卫战，率部参加黄桥战役。

● 1941年，皖南事变后，任新四军第一师第一旅旅长兼政治委员、副师长。

● 1944年3月，指挥车桥战役。

● 1945年1月，任中共苏中区党委书记、新四军第一师师长、苏中军区司令员。4月，任苏浙军区副司令员。

● 1999年4月18日，因病在北京逝世。

攻其必救

叶　飞

1940年10月，新四军江北部队在苏中黄桥反顽自卫战中取得决定性胜利。向我大肆进攻的国民党反共顽固派鲁苏战区副司令、江苏省政府主席韩德勤的主力被我歼灭。阻我抗日、欲置我于死地的这块绊脚石被搬开。八路军南下部队和新四军北上部队会师于苏北东台白驹。1941年1月7日，皖南事变发生。新四军军部9000人于北移途中被围歼于皖南泾县茂林，国民党顽固派宣布新四军"叛变"，取消新四军番号。中央军委于1月20日发布命令，宣布重建新四军军部，任命陈毅为新四军代理军长，刘少奇为政治委员。1月25日，苏北盐城军民举行隆重集会，热烈庆祝新四军新军部成立。重建军部以后，在党中央、中央军委领导下，新四军所辖各战略区的抗日斗争，蓬勃发展。

1941年3月，刘少奇、陈毅同志在给苏中地区领导人的指示信中说：过去顽固派集中力量对我进攻，使我不能集中力量抗敌。现在由三角斗争主要形势变为对日直接斗争形势了。反对敌人和汉奸伪化苏北，保卫苏北抗日根据地，就成为你们和苏北人民目前唯一的直接任务。

在苏北地区，敌情是严重的，斗争是艰难的。日军在这地区驻有重兵，日、伪军的据点星罗棋布，对我军的"扫荡"频繁。新四军各部处在各个地区独立坚持、分散游击的艰苦环境之中。

1941年夏秋，苏北平原夏收完毕，秋收在望。根据地人民正在送粮、囤粮，以保证军民有充足的粮草得以坚持长期斗争。根据华中局坚持、巩固、发展苏北根据地的方针和军事斗争的需要，苏北地区分别成立盐阜区、淮海区和苏中区，下设若干军分区。群众发动起来了，各地区、各县的地方独立团和民兵自卫武装纷纷成立，配合主力部队，不断袭扰和打击敌伪。就在这个时候，日军对我苏北地区进行了一场大规模的“扫荡”。

在这以前，敌人对我局部性、分区性、短时间的“扫荡”甚为频繁。而此次“扫荡”筹划之周、规模之大、时间之长是空前的。这是1938年徐州沦陷以来，敌在华中地区对我军的一次前所未有的大“扫荡”。

敌人的这次大“扫荡”，在政治上、军事上都有其险恶的意图。此时，抗日战争已进入相持阶段。国民党顽固派早由被迫与共产党合作抗日转为消极抗战、积极反共。国民党顽固派在第一次反共高潮被粉碎以后，又发动了第二次反共高潮。日军早已停止了对国民党正面战场的战略进攻，转过头来对付日益发展的八路军、新四军。国民党投降派正在酝酿与日妥协，结束抗战，投降危机甚嚣尘上。苏北为我华中抗日根据地的重心，新四军已和八路军打成一片，日军不甘心新四军在苏北建立巩固的抗日根据地，遂对我驻盐城的新四军军部大举进攻。日军在南京毫不隐讳地狂妄宣称，要以“闪击战打击陈毅及其重建之军部”。

新四军军部对敌这次大“扫荡”的动向，早有觉察。在6月3日发出了《粉碎敌人“扫荡”的指示》。指示说：综合我军地区之日军动态，日军已开始向本军地区大举“扫荡”。敌此次“扫荡”，不限于某一局部地区，即不是局部地区之“扫荡”。对此认识不足，必然会上当。指示还指明了反“扫荡”的战术原则：敌之战术，系采取分进合击之惯技，我军事上以分散游击避免决战为主，但应争取有利时机，实施较大兵力之突击，粉碎日伪的疯狂“扫荡”。

敌为了发动这次攻势作战，调整了长江北岸沿江一带和运河沿线的兵力部署。7月上旬，日军以第十五师团、第十七师团和第十一旅团各一部，接替独立第十二混成旅团在长江北岸和运河沿线各据点的防务。然后，独立第十二混成旅团集中于东台、兴化、射阳一线。其总兵力为日军7000余人，伪军1万余人。日军独立第十二混成旅团无联队建制，直辖五个大队和一个特种兵大队。这支日军，是我新四军与之在苏南、苏中地区交战达四年之久的“老对头”，与我作战经验丰富，武器装备精良。旅团部驻于泰州城。旅团长南浦襄吉出任前线指挥官，倾巢出犯，兵分四路，东台一路，兴化一路，射阳一路，陈家洋一路，自7月18日开始向盐城猛扑，南北对进，分进合击。新四军军部下达的作战部署是：第三师坚持盐阜区，相机歼敌；第一师二旅在盐城以南阻击由东台北犯之敌；第一师其余主力在苏中地区利用适当时机，发动攻势，广泛开展游击战争，钳制敌军，策应盐阜区反“扫荡”。恶战于7月18日开始。敌之攻势，如疾风骤雨，来势凶猛，矛头直指我新四军军部。敌军利用夏季河港水涨汽艇易于行驶之便，以百余艘装甲汽艇往来冲击，并出动飞机助战。敌机低飞轰炸、扫射，使我军白昼难于调动兵力。我正面阻击部队以强有力的运动防御钳制敌军，迟滞敌军之进攻。我新四军军部于7月17日主动撤离盐城。20日敌占盐城，仅得空城。28日敌占阜宁，29日进袭东沟、益林。至此，敌之气焰达于最高峰。我新四军第三师主力，跳出包围，转移到敌之侧翼，相机歼敌。而令人痛心的是，正当我军与敌军在阜宁东沟激战之际，龟缩于苏北兴化一隅的、不事抗日专事“摩擦”的国民党顽固派韩德勤，则“助桀为虐”，竟出动部队，猛攻我益林阵地，陷我军于腹背受击之危境。我军两面应战，增加了反“扫荡”作战之困难。

对此次敌之“扫荡”，军部先就指出，具有全面性，非局限于某一地区，非分区“扫荡”可比。故在军事部署上要求各战略区发挥主动性，积极行动，以配合盐阜区反“扫荡”作战。

苏中军区虽与盐阜区在地理上南北毗连，但被敌人分隔封锁，是独立作战的一个战略区。苏中军区成立于1941年4月20日，由新四军第一师师长粟裕兼司令员。一师即活动于苏中军区所辖地区。其范围是：黄海以西，长江以北，运河以东，宝应、东台以南，面积2.3万平方公里。苏中军区第三军分区位于苏中军区西南部之泰州、泰兴地区，南濒长江，北接兴化，是我军大江南北的通道，其战略地位甚为重要。

正当日军南浦旅团倾巢大举向我盐阜区“扫荡”、直攻我新四军军部之际，南浦旅团后方泰州、泰兴兵力空虚。活动于苏中三分区的新四军第一师一旅为配合盐阜区我军反“扫荡”，集中兵力，主动在泰州、泰兴地区发起进攻，首先围攻分区腹地的古溪敌伪据点。古溪驻有伪第一集团军李长江部二十三师副师长陈才福率领的一个团。古溪战斗是在敌人深沟高垒、设防坚固的条件下实施强攻的。我军指战员们在“保卫新四军军部，粉碎敌人大‘扫荡’”的口号鼓动下，如猛虎下山，个个奋勇当先。经过彻夜激战，古溪之敌全部肃清，古溪遂克，歼敌两个营。只有据守在古溪近旁西寺庙之敌团部和直属队尚待解决。这是一座独立的、砖石结构的大庙，围着一条河，水深河宽。四周敌人碉堡里的轻重机枪，组成炽烈的火网，我军无重炮，只能用迫击炮平射，虽也摧毁一些碉堡，但无法涉水强攻。鏖战直至黎明。西寺庙之守敌经我一夜猛烈攻击，早已丧魂落魄，拂晓时，弃守西寺庙狼狈逃窜，沿途疲于奔命，溃不成军。此时正是夏收过后，配合我军作战、预伏于路旁粮垛中的民兵部队，一拥而出，协同我军追杀残敌。我军俘获甚多。敌副团长在逃命时落水毙命。古溪遂完全为我军占领。攻克古溪后，我军即乘胜扩大战果，进攻黄桥，日军闻讯逃回泰兴县城。我军收复黄桥重镇后，乘胜包围泰兴城，横扫三分区境内各敌伪据点。敌伪军闻风丧胆，我军乘胜收复季家市、加力、马塘、孤山、石庄等敌伪据点。处于长江之滨的伪军重要据点天生桥，亦为我泰兴独立团奔袭攻克，威逼长江敌交通线，至此，三分区内敌伪据点大部分被我占领。我一旅主力包围了泰兴城，占领其四关。泰兴城敌伪向南浦告急，但南浦旅团仍继续“扫荡”我盐阜地区，不为我在三分区发动之攻势所调动。我除仍继续包围泰兴城外，即向南浦旅团旅团部所在地泰州城进攻。至此，南浦旅团才由盐阜区南撤，回援泰州。

南浦旅团由盐阜区南撤回援泰州，进攻我南线三分区之部队。我军以调动敌人目的已达，即撤泰州、泰兴城之围，向三分区腹地古溪、营溪地区隐蔽集结，待机应敌。南浦旅团由泰州出发向东“扫荡”，企图寻我军主力决战。我军待南浦旅团东进至古溪、营溪附近，于夜间以急行军向西，转至敌背后，又将泰兴、黄桥之间敌据点姚家岱攻克，全歼守敌。南浦旅团闻讯，又急于从东向西追击我军。我军待敌迫近，又于夜间由姚家岱急行军向南，经靖江地区，东返我根据地腹地南部集结。南浦旅团两次扑空，疲于奔命，只得放弃追击我军，开回老巢泰州城。至此，南浦旅团由盐阜区南撤，转移兵力追歼我三分区主力之企图成为泡影。

此次敌对盐阜区之大“扫荡”，自7月18日起，至8月20日历时1个月零两天，始告结束。我军与强敌激战月余，以我之胜利、敌之失败而告终。

9月17日，新华通讯社发表新四军发言人《关于苏北反“扫荡”》的谈话。发言人说，此次苏北反“扫荡”，由于我军南线发动凌厉攻势，迫敌南调，我北线部队乘机大举反攻，收复阜宁，攻克东沟。8月7日，五路反攻盐城地区，收复湖垛、大中集、上冈诸镇，使敌得之于北而失之于南。转瞬间，得之于北者，亦不能全部保持。敌向我盐阜区“扫荡”之主动权完全丧失。

发言人公布了此次反“扫荡”（包括北线、南线）的我军战绩：我军与敌作战135次，毙伤俘敌伪军3873人（其中包括日军伤亡1100人，生俘日官兵15人、伪军官兵1074人）；击沉敌汽艇13艘；缴获平射炮两门，轻重机枪25挺，步枪3324支，子弹2万余发；敌我伤亡为4与1之比，缴获消耗为10与1之比。

发言人说，敌军“扫荡”之主要目的是歼我军部，而今“军部仍巍然屹立敌后，不可动摇”，“敌伪之伎俩窘矣！”

反“扫荡”胜利结束后，新四军军部表扬了南线发动攻势英勇作战并取得辉煌胜利的一师部队。陈毅、刘少奇同志驰电一旅全体指战员祝贺胜利。对一旅指战员英勇善战，在敌后积极主动进攻，牵制、调动敌人，配合盐阜区反“扫荡”，获取胜利，予以嘉奖。

车桥之战

叶 飞

一

1944年2月春节前后，敌后抗日根据地苏中地区在驻地东台县三仓沙召开中国共产党苏中区委扩大会议。到会的各分区、地委和各旅的负责人和苏中区委负责同志一起，一面就着木炭盆取暖，一面讨论形势和任务，安排新的一年的工作。

1943年是世界反法西斯战争取得决定性胜利的一年。这年盟军在意大利登陆，意大利宣布投降，苏联红军发动了强大的冬季攻势，德军已基本上被驱逐出苏联国境，德国败局已定。在亚洲，日军在太平洋战场连续失利，遭到中国敌后各战场军民沉重打击。华中敌后也发生了变化，苏中四分区的反"清乡"、三分区的反"清剿"已取得决定性的胜利，我军已逐步取得战争主动权。"今年消灭希特勒，明年打败小日本"的响亮口号传遍各地，但斗争仍是艰苦的，日军妄图依靠大陆，作最后挣扎。苏中抗日根据地当面日伪军事力量仍很强大，各个分区被分割的局面还没有改变，领导机关经常处于流动状态。由于没有一个相对稳定的地方，训练干部和训练部队、发展生产都很不利。为了解决这个问题，迎接大反攻的到来，参加党委扩大会的同志经过分析，认为有必要进行一次新的战役，以改变当前的局面。我们认为取得这次战役胜利的主观条件是具备的：反“清乡”、反“清剿”斗争的胜利，使军民斗志高昂，主力地方化以后，部队实力得到了加强，在斗争中又发展了一批次于主力团战斗力的县独立团；通过集中的冬季练兵，部队的战术、技术都有了新的提高。同时，政治工作也发挥了威力，部队开展了群众性的拥干爱兵运动，士气更加旺盛。新的战役选择在哪里呢？会议经过分析和比较，一致同意发起车桥战役，并决定我负责指挥这一战役。

二

车桥，是淮安城东南20公里的大镇，位于淮安城、泾河镇、泾口镇、曹甸镇之间，是日伪控制淮安东南宝应地区的重要据点之一。敌伪军在车桥和泾河、曹甸、泾口一线构筑了据点，分割了苏中一、二分区。但是敌伪据点的空隙较大。这里又是日军华中派遣军驻扬州第六十四师团与驻徐州第六十五师团的结合部。两部之间配合较差，便于我军插入其结合部，以打开苏中根据地的局面，控制苏淮边区的战略机动地区。

战役发起前，我将一团、七团、五十二团等集结于泾口、曹甸一线以东的蒋营地区。师指挥部位于收成镇。

经过反复权衡，我们决定先集中兵力打车桥。第一，因为车桥是该区敌军指挥中心，拿下车桥则泾口、曹甸孤立，便于我军尔后进攻，扩大战果；第二，车桥处于敌中心地区，又有日军驻守，敌人以为比较安全，估计不到我会绕过外围打车桥，便于我军采取掏心战术，突然进攻，出奇制胜；第三，车桥周围地形比泾口有利于攻击部队的接近；第四，车桥敌军虽然来援方向较多，但距敌两个师团驻地徐州和扬州都较远，一时得不到大部队增援。而且敌军主要增援的方向——距车桥6公里的芦家滩一线，有良好的设伏阵地，便于我军伏击来援之敌。

这是一场硬仗。敌伪军在车桥深沟高垒，设防十分严密。四周筑有大土围子，外壕里面还有许多土围子，沿大小土围仅碉堡就设有53座，还有许多暗堡封锁地面。里面驻有日军40余名，伪军600余名。很明显，敌人以深沟高垒对付我们，我军必须发扬高度的进攻精神，实行攻坚。我们还要准备打援。敌人控制点线，交通便利，增援容易，如果没有力量消灭援敌，也就无法拔去据点。只要援敌离开据点，就便于我在运动中歼灭他们。因此，我们把参战部队分为三个纵队，确定攻坚、打援同时并举而以打援为主，以一个纵队担任攻坚，两个纵队担任打援。

三

3月4日午夜，月明星稀，车桥高耸的围墙、林立的碉堡，清晰可见。午夜2时许，攻击车桥的七团传来捷报，一、二营分两路向土围实行袭击。突击队员泅过外壕，同时架起数十架云梯，登上围墙，随后战士们潮涌般地过了深壕，三道流星窜上夜空，北面的一、三连首先突破围墙。

占领碉堡的伪军负隅顽抗。被誉为“飞将军”的六连战士陈稻田，腰上别满手榴弹，背上梯子，冒着弹雨，飞身爬上碉堡顶盖，抡起十字镐挖个窟窿，将一连串的手榴弹塞进了碉堡，顽抗的敌人被消灭了。接着三连乘胜继续攻击伪别动大队，占领了涧河以北的街道房屋，监视小圩内的敌人。

一连向围墙上的两个碉堡发起进攻时，战士蔡心田发挥“百步穿杨”的神技，飞步窜近碉堡，一枚手榴弹凌空而起，准确地从敌枪眼里投进了碉堡，突击组冲了上去，全歼驻守伪军。接着，他们又向伪军补充大队部发起攻击。

告捷的流星此起彼伏地窜上夜空。不到1小时，1000余健儿次第攻入市镇，向街心发展。二连泅渡了两道两丈多宽的外壕，突破围墙，在伪军尚未来得及占领碉堡时就将其大部歼灭。四连由西南角突破围墙后，越过敌火力封锁，在墙上开洞，迅速打进警察局，伪军猝不及防，全部被俘。六连泅水渡壕时，被伪军哨兵发现，前卫班奋勇前进，活捉哨兵，先后占领两个碉堡，随即向纵深发展，跃过第二道围墙，攻击东南碉堡。

5 日上午 10 时，伪军补充大队驻守的两个碉堡，被我七团攻占，我军冲进屋内进行白刃战，全歼守敌，俘获伪大队副以下 80 余人。11 时，伪军一个中队全部投降。

车桥镇上硝烟正浓，新四军三师参谋长洪学智同志率一个骑兵排，来到我的指挥部，带来了七旅部队攻克朱圩子的捷报。三师部队的策应，保障了我师作战部队北面侧后的安全。指挥攻坚战的三旅旅长陶勇同志陪同洪学智同志进入车桥镇里，他仔细地观察了敌人防御体系，称赞攻坚部队的勇猛、灵活。

下午 2 时许，车桥内的碉堡陆续被我占领，只剩下日军和伪军一大队部的两个小围子尚未攻克。不久，我攻击部队又以山炮、迫击炮向敌据圩子发起轰击，将敌一些大碉堡及暗堡打塌。

四

正当攻坚纵队围歼凭坚固守的日军之际，车桥西北的打援战斗也在打响，成为师指挥所注视的焦点。

车桥西北的打援地点选择在芦家滩一带，南有涧河，宽 20 余米，流水湍急，河岸险陡，不易徒涉；北面是一片草荡，宽约 1 里，长约 2 里，芦苇密布，淤泥陷人；中间形成狭窄口袋形地域，淮安到车桥的公路就由这里穿越。来援之敌进入这个地域后施展不开，有利于我军在这里歼敌。就在这里，一团三营构筑了阻击阵地，在阵地前沿敷设了地雷，突击部队主力一营、二营和特务营隐蔽于芦家滩以北和西北一线，待机出击。

5日下午4时，师指挥所接到一团报告：淮安来援日军乘坐七辆卡车，于3时15分进至周庄附近，根据车辆和装载量判断，我们估计日军约为240余名左右。

这天东北风大起，当地黄尘遮日，飞沙扑面。一团三营战斗警戒分队在周庄与敌接触后撤回，敌继续进至韩庄附近，进到我阻击阵地约500米，三营轻重机枪猛烈开火，敌军慌乱中，投入我在公路以北预设的地雷阵。触发雷、引发雷，一阵接着一阵爆炸，炸得敌人血肉横飞，伤亡60余人，锐气大挫。敌后续部队不敢沿公路前进，便向我三营阵地迂回，企图绕过草荡，我二营发现后，立即予以狙击，迫使日军缩回韩庄固守。

根据情报，师指挥所查明：在我军攻打车桥后，驻淮阴、淮安、泗阳、涟水等地日军第六十五师团第七十二旅团的六十大队，先后在淮安集结，由山泽大佐统率，将分批驰援车桥之敌。

果然，不久敌第二批增援部队约200人又到；午后5时30分，第三批援敌100余人赶到。紧接着，第四批跟着到来……但由于遭我侧击，这些增援日军都猬集于韩庄。

黄昏，风沙依旧，暮色昏暗。韩庄之敌多次偷袭我三营阵地，7时许，敌又集结主力猛攻，企图突破我正面阵地，均被我军击退。我军愈战愈勇。由一团二营和特务营组成的突击部队犹如猛虎下山，分成四个箭头扑向日军，六连首先攻入，进占韩庄西头。闽东红军老战士三排长陈永兴，在手榴弹爆炸声中，率先冲入敌群。六班长许继胜端枪紧跟，率领战士与鬼子拼开了刺刀。日军横尸60余具。四连和特务营一连分别由北、西两个方向攻入韩庄，随后五连也自东面突破，把日军截成四段，和敌人展开白刃战。10时许，三营俘虏的日军军官中，有一名身负重伤而又狂呼乱叫的军官，身挂银鞘指挥刀，战士们把他抬到包扎所时，已经死了。

经俘虏辨认：正是山泽大佐！

正当在韩庄展开白刃战之际，草荡东侧发现一簇簇火光。原来一部分日军由伪军淮安保安团30余人带路，趁暗夜从我军狙击阵地右翼徒步偷越芦苇荡，进至草荡东北，遭到一团七连和泰州独立团一、二连的堵击。敌一部逃向三面环绕险阻河道的小马庄。晚10时许，一团一营攻击马庄之敌。三连三班长刘作勇带领全班首先飞速越过庄北小桥，抢占房屋。经过逐屋争夺，反复冲杀，我军迫使敌人退据数间小土屋。

6日2时许，经我打击，敌援兵溃乱，四散逃窜。有的跳进芦苇淤泥里，有的窜到我打援纵队指挥所附近，被警卫员、通信员捉住。天色大明后，战士们仍在到处搜捕溃敌。“活捉鬼子呀！”“缴大炮啊！”的呼喊声，此起彼伏……

正在此时，西面又响起了一阵马达声，汽车载着120余名日军，企图进至小王庄、韩庄一线，遭我特务营、二营拦路阻击，转身逃回周庄据点。就在汽车马达轰鸣声中，一群头发焦枯，脸目烧肿，浑身污秽的鬼子，没命地向公路奔走，被我一连跟踪追上，统统捉了回来。

与此同时，偷渡芦苇荡的30余名伪军，绕道到师指挥部附近后，也被山炮连战士一个不剩的“照单全收”了。担任曹甸、塔儿头方向的打援左纵队，也在大施河击退了来援日军。至此，宝应城以南的日本侵略军全部龟缩在据点里了。

车桥战役以歼灭日军465人（内俘中尉山本一三以下24人）、伪军483人、缴获九二式平射炮两门及其他军用品无数的辉煌胜利向全国人民告捷。第十八集团军总政治部宣传部在《抗战八年来八路军新四军》一书中曾经指出：“在抗战史上，这是1944年以前，在一次战役中生俘日军最多的一次。”

五

车桥战役后，我军乘胜扩大战果。不久，曹甸、泾口、泾河、周庄、塔儿头、望直港、张家桥、扬恋桥、蚂蚁甸、蛤拖沟、鲁家庄等12乡镇日伪据点全部解放，百万人民重睹天日！人民莫不欢腾万状。

芦家滩打援部队将俘获的日军官兵陆续押送到师指挥所。师政治部敌军工作部成了最热闹的地方，远道而来的居民和战士们围看战俘，欢快地议论着。敌军工作部部长陈超寰同志告诉我，战俘们惊魂初定，感慨万千。日军炮兵中尉山本一三说："这次战斗失败，我们犯了轻视新四军的错误。"一等兵水野正一伸着大拇指说："我佩服新四军作战巧妙，惊叹新四军士兵攻击精神旺盛。"伍长石田光大感慨地说："我现在清楚知道了，日本兵战斗意志，完完全全比新四军低下。"他们凄然喟叹："皇军日暮途穷了！"

第二天，新闻台收到了延安新华社的广播"苏北新四军大捷，收复车桥"的消息，赞扬我新四军一师"以雄厚兵力"打了一个"大歼灭战"。第三天又详细报道了车桥战役的经过。

这是来自延安党中央、毛主席的声音，鼓舞了所有参战部队和全军区的军民。车桥之战是华中敌后战场转入反攻的标志。抗战的最后胜利已经在望了。

洪学智

皋宁战役的胜利，像春雷震撼着苏北大地，产生着连锁反应。它击中了苏北日伪的要害，切断了通榆线和运河线敌人的联系，威慑两淮和盐城守敌，迫其为惊弓之鸟，瓮中之鳖。

- 1913年2月2日生，安徽金寨人。
- 1929年5月，加入中国共产党。
- 1939年7月，率第三大队学员随抗大总校开赴太行山抗日前线，参加了百团大战和粉碎日伪军大规模“扫荡”的战斗。
- 1940年11月，率抗大总校华中派遣大队奔赴苏北抗日前线。随后任抗大第五分校副校长。
- 1942年12月，调任新四军第三师参谋长。
- 1945年8月，参与指挥了解放皋宁、车桥、淮阴、淮安的战斗，为夺取抗日战争的最后胜利做出了贡献。
- 2006年11月20日，在北京逝世。

苏北反“扫荡”

洪学智

到盘湾子地区活动没几天，接到军部命令，让我带五六个人立即回军部接受新的任务。

听说我要离开五分校，学校的冯定、薛暮桥等领导知道后都不同意。说你洪学智不能走，你走了，谁来指挥学校同敌人周旋？不行，不行，你要走，我们大家都走。我说这是军部的命令呀！他们又给军部发电报，说洪学智不能离开学校，不然遇到敌人没人指挥。副校长冯定、训练部长薛暮桥，都是有名的知识分子，冯定研究哲学有成就，薛暮桥专攻经济学。我来五分校时间不长，但两人都跟我相处得很好，特别是在这次几十天反“扫荡”中，更结下了深厚的革命情谊。薛暮桥平时讲课之余还著书立说，写文章投稿，发表后拿了稿费总是买老母鸡炖了让我们改善伙食，听说我要走，他就找我谈心。他说，洪副校长，学校不能没有你呀，敌人还没有彻底赶走，你留下来，我心里才踏实，我们不能分开，要住在一起，我睡在地上都可以。一番话说得我心里热乎乎的。我解释了几句，说军部的命令要执行，学校指挥的问题，也是会有办法的。

很快军部就给学校回了电报，说敌人“扫荡”已基本结束，以后不会有大的行动，让洪学智还是到军部。

当时，阜宁是敌人南北所管辖的一条分界线，盐城属于南京管辖，阜宁以北由徐州指挥。这条分界线，造成敌人指挥上的不统一。南面占了盐城，徐州方面的敌人并没有配合行动。

我还没定，又接到军部电报，让我把学校的人员全部带回军部。这个消息让冯定、薛暮桥高兴了一阵。

9月，五分校除了前往苏中的两个干部队未归建制外，全部回到靠近军部的阜宁王桥口。刘少奇、陈毅两位领导来五分校表扬慰勉了大家。学员在陈集进行休整，恢复上课。

回到军部以后，我立即找到陈军长和刘政委。他们给我讲，从现在开始，你不搞学校了，出来搞地方武装建设。这次敌人“扫荡”，地方武装垮了不少，需要迅速恢复和建立，这是当前新四军一项很重要的工作。学校的工作派韩振纪接替你，他是兵工部长，在三师当过参谋长，是个老同志，你把工作跟他交接一下。

这样，我就在1941年10月离开了抗大五分校。

盐阜区有个区党委，洛甫的内弟刘斌当区委书记，曹荻秋是行署主任，喻平当组织部部长。华中局刘少奇同志把我找去，介绍给他们，说洪学智是五分校副校长、盐城卫戍区司令，现在调他当盐阜军区司令，以后盐阜军区需要的干部由黄克诚的三师负责。

我与区党委领导见了面，然后见到了黄克诚同志，就算接受了新的工作任务。这时，新四军军部就在盐阜区，华中局领导也在这里。盐阜军区下辖盐城、盐东、建阳、阜宁、阜东、射阳、淮安、涟水、滨海九个区县。我感到我这个盐阜军区司令的担子可不轻呀！

在新的工作岗位开展工作，没有干部不行。我提出向五分校要几个干部，学校开始不愿意给，后来通过做工作，给了十几个干部。这十几个人中，只有一个是我从延安带到五分校的，叫祁鸣，是秘书。从学校的四支队学员中给了几个，有个大队长，是苏中来的，挺不错。以后三师又派来几个干部，有供给部长、参谋处长，以及政治部主任杨光池。

当时地方武装基础好的是涟水和建阳，其余各区、县大队都要新组建。为建设和加强地方武装力量，我们采取了很多办法，首先是训练基层干部。我们办了一个教导队，主要讲毛主席的人民战争思想和抗日战争三个阶段，坚定抗日必胜的信心。同时，还进行了游击战术训练。训练出来的人作为骨干，撒到下面去，县、区、乡层层办训练班。规定区、乡自卫队员由各级党委负责挑选考核，保证政治可靠。对那些过去曾在顽军、伪军中当过兵的还乡人员，把其中表现好的，经过教育，派回到顽、伪军中工作，鼓励他们拖枪回来，规定一条枪奖励多少钱，并立即兑现。这个政策对安定地方，发挥各种人员的积极性，很有好处。我们又请三师派干部到各县独立团帮助训练。通过一年艰苦的工作，盐阜区各县、区、乡都建立了武装，大的乡一个连，小的乡一个排，县成立独立团，地方武装发展到八个团一个营，共有5000多人。

1941年冬天，敌人又开始大“扫荡”，军部要离开盐阜，到黄花塘二师所在地区去。华中局开了个扩大会议，对盐阜区地方武装作了一个决议，决议充分肯定一年来盐阜区地方武装的建设和发展，认为地方武装力量发展很快，在对敌斗争中发挥了很大作用。

敌人在盐阜区拼命地搞伪化、“清剿”，我们地方武装就同敌人针锋相对进行了英勇的斗争。这年春节，我们搞了一次很大的行动，狠狠地打击了敌人。

春节前，我们研究，准备利用敌人过春节时机，集中打击那些民愤极大的汉奸、伪军头目。首先组织全区地方武装进行调查，摸清那些最坏的、民愤大的目标，准确地掌握这些人的情况。然后部队提前过年，对敌人采取行动。

除夕夜，盐阜军区的地方武装一起行动，四处抓汉奸，并袭击伪军和保安团，大获全胜，共抓获汉奸、伪军1400多人。其中淮安伪保安团团长杨文锦这个家伙最坏，无恶不作，他的团部离县城四五里路。我淮安独立团高团长，事先制订了严密的行动方案，大年三十晚上突然袭击了保安团团部。汉奸杨文锦正让女人陪着打麻将，寻欢作乐。门口放哨的眼睛老往屋里瞅。我军战士趁那个哨兵扭头看里面嬉笑作乐时，悄悄地靠近把他干掉，冲进屋里，一下子就把杨文锦抓住，把团部打掉。回来后，召开公审大会，处决了杨文锦，为民除了一大害，老百姓高兴极了。

我们把抓到的人进行分类。最坏的、罪大恶极有人命的四个人，立即处决；其他一般的教训他两三天，让他们写出保证书，保证以后不再替日军干事，不再欺压老百姓。如果再当汉奸，就把他们写的保证书公开。写好保证书后，还要找保人保出。

事实证明，这样做效果很不错。以后日伪再搞伪化，就受到很大的制约。我们在敌人据点周围活动，也安全得多。没人再敢给日军通风报信，表现好的还给我们送信，局面一下子好转了。

盐阜区的地方武装迅速壮大，震慑了敌人，有力地支援了新四军主力部队，真正成了主力部队的后备军。军区成立一周年时，陈毅军长还亲自检阅了这支武装。检阅时，我们从每个团抽出一个连集中到于庄，加上教导大队四个连，共有 12 个连队让陈军长检阅。陈军长检阅后很满意，发表了热情洋溢的讲话，说我们这支地方武装力量训练有素，有战斗力，壮大了我们的力量，很好。三师张爱萍副师长等也到场参加了检阅，还照了相。

检阅后我留下陈军长等首长吃饭，煮了点小螃蟹。陈军长很高兴，吃完了还要，我们说没有了。陈军长说，怎么不多弄一点。我说就搞到这么一点儿，下次陈军长来一定多弄一些。

1942 年 12 月，根据中央指示，新四军实行精兵简政，准备应付敌人在苏北即将开始的又一轮大“扫荡”。为了适应这个情况，新四军决定撤销盐阜军区，改成盐阜军分区，交给新四军三师八旅。同时，盐阜区党委也撤销，改成盐阜地委。

春节刚过，也就是1943年2月间，我就带着司令部的一部分人到了三师。

我到了三师以后，师长兼政委黄克诚同我谈了话。因彭雄参谋长准备去延安学习，但还没离开，让我先代理三师参谋长。原盐阜军区一部分人派到盐阜区的县独立团去，还有一部分人派到八旅去，只有少数人分配到了三师师部工作。

这时，敌人对苏北开始进行大“扫荡”，动用了很大兵力，从南京方面调来十五、十七两个师团，从开封调来第三十五师团和独立混成旅。我们把它称为“华南派遣军”和“华北派遣军”。华北派遣军由北而南，华南派遣军由南而北，南北分进合击，实行梳篦式“扫荡”。新四军军部及时转移到二师所在地的黄花塘地区，三师奉命积极准备，粉碎敌人大“扫荡”。

按照敌人的管辖分工，阜宁、盐城地区归华南派遣军，淮阴、淮安地区归华北派遣军，两个派遣军之间有一个接合部。盐城地区都是水网地，阜宁有三分之一是水网地，水网地便于敌人的汽划子活动。为了阻止敌人的汽划子进犯，我们在河道上筑起了拦河大坝，把河道堵住。大坝有露出水面的明坝，还有不露出水面的暗坝。河道不通，敌人汽划子活动就受到限制。另外，在靠近大坝的地区实行坚壁清野，把群众动员走，让群众都把粮食藏起来，不让敌人得到一粒一粟。这样，敌人来了，找群众挖大坝找不到，他们自己动手更困难。我们筑的坝面积很宽、很结实。这是在水网地区采取的措施。

对付日军旱地“扫荡”，我们也有办法。敌人在旱地进行“扫荡”，一般都乘汽车，我们在敌人要经过的交通要道上挖好一道道地沟，人称抗日沟，阻滞汽车行驶。组织县独立团和民兵，分散成许多游击小组，三五人一组，以灵活机动的战术，打游击战，削弱、消耗敌人。

三师师部为了适应敌人大“扫荡”的形势，要求领导机关第一要精干，第二要适时转移。可是，到哪里去，向什么地方转移呢？黄克诚师长兼政委考虑，在敌人“扫荡”以前要先跳出敌人的包围圈，向山东靠。黄师长这样考虑，也是有原因的。原八路军三四四旅的六八七团改编为新四军八旅二十三团由山东南下苏北后，山东军区感到力量小，要求三师调一个团去，三师就把二十三团调到了赣榆一带，支援山东斗争。我们通过淮海区后，如果敌人“扫荡”，我们就向山东方向靠，有二十三团接应，就安全多了。

我们按这个计划走到了盐河。

我与黄师长一边走，一边考虑：根据我在盐阜区对付敌人第一次“扫荡”的经验，师部可以转移到沿海的滩涂去。那里苇草无边无际，滩涂上沟沟壑壑，交通不便，有利于我军隐蔽，周旋余地也很大。而且，抗大五分校在盘湾子与敌人周旋，还比较成功，那一带的地形，我比较熟悉。

我把考虑的意思向黄克诚提出来，我说敌人“扫荡”，我们师部转移到山东，经费、粮食等问题不好解决，对这里群众的抗敌情绪影响也不好呀。

他问：“你说怎么办好呢？”

我说：“敌人上次‘扫荡’的时候，我在盐东。盐东地区芦苇茂密，地形也很复杂。我们利用那一带的复杂地形，与敌人周旋，虽然五分校战斗力弱，敌人也没把我们怎么样。”

黄师长听我这么一讲，觉得有道理，让我详细讲了一下在滩涂同敌人斗争的过程。然后，他问我：“你有把握？”

我说：“要说十分有把握，我也不敢讲，反正向盐东海边去，周旋余地大，师部不会受大的损失。”黄师长边听边思考。

我又继续讲：“到盐东地区后我们可以向南跳，也可以向北跳。在南边那里有一条洋河，河上有一个大坝，我们可以靠到大坝那里去，派出人去侦察。如果敌人从南边过来，我们就从北边过去；如果敌人从北边过来，我们就从南边过去，可以很好地利用那里的条件，与敌人进行周旋。如果到山东去，我考虑连吃饭等许多问题都有困难。再说，‘扫荡’来临，师部往山东去，对盐阜群众的抗敌情绪也有影响。”

这时，师部停在盐河边休息。黄师长经过再三斟酌，最后接受了我的意见。我们师部又返回来，走东坎，到南岸河闸那里，向海边转移。师部最后报请军部批准决定这次反“扫荡”的部署是：师长黄克诚率师直属队及地方党政领导机关跳出敌人包围圈，转移至盐东，在外线作战；副师长张爱萍率第八旅、盐阜独立团在地方武装配合下，坚持盐阜区内线作战；另外建议由军部统一指挥，第一师、第二师、第四师同时在外线与苏北邻近的地区发动攻势，牵制敌人。

这样决定后，我们就分散到射阳河边。师部分成两部，吴法宪带政治部和一个连去，一部电台；黄师长和我带了两个连，一个侦察队，两部电台。

一天夜间，趁着月光，我们从海堤上向南走，海堤两侧都是蒿子，突然遇到一位群众。

他过来问：“洪司令，你怎么到这里来了？”

我吃了一惊：“你怎么认识我？”

他说：“你给我们讲过课，我怎么会不认识你呢？”

我说：“你们可不能说在这里见到洪司令了。”

他说：“不会，不会。”

我又问他们在这里干什么，他们说正在这里捉汉奸呢。

原来，这人是原盐阜区教导队训练出来的干部，现在已成为对敌斗争的骨干了。

最后我们师部转移到了盐东的盘湾子。

敌人的大“扫荡”开始了，队伍是平行推进的。在北边有两个师团，在南边只有一个师团。每个师团各有 1 万多人。这样，南边敌人的力量就小一点，北边的大一点，但总的看，敌人还是兵力有限，捉襟见肘。

就在这时，彭雄他们要出发到延安学习。本来要他们从陆地上走，但他们改变了主意，要从海上走。在海上遭到敌人汽艇袭击，结果彭雄、田守尧遇难，张池明等同志脱险。这是一次很大的损失。

敌人的“扫荡”来势猛，规模大，被称为“梳篦式扫荡”。但敌人只能在白天行动。到了夜晚，我们因为熟悉地形，就利用敌人部队之间的空隙，向敌后方穿插、转移。我们的情报工作很好，群众与新四军同呼吸，共命运，心连着心，主动向我们送情报，敌人到了什么地方，我们都能及时掌握。敌人往前“扫荡”，我们向敌后转移。使敌人到处扑空，疲于奔命，顾此失彼。我地方武装和民兵更是夜夜袭扰，使日伪军日夜不得安宁，疲惫不堪，被迫收缩兵力，逐步撤退。

与敌人周旋了 40 多天后，我们三师部队决定开始进行反击，消灭敌人的分散据点。

在我军进行反击的过程中，狡猾的敌人还不断进行反扑，虽然我们都打胜了，但打得很激烈。其中有名的刘老庄战斗，就是日军从盐阜撤退到苏北淮海后，发生的一场极其悲壮激烈的战斗。

3 月中旬，日军十七师团在盐阜的“扫荡”被粉碎以后，即向淮海地区撤退，与盘踞在苏北的日军一起，集中 3000 多步骑兵，向我淮海根据地中心地带展开大规模的“扫荡”，企图合围我淮海区党政领导机关。这时我三师七旅十九团四连与其遭遇，1000 多日军包围了四连。四连激战终日，给敌人以很大杀伤，终因寡不敌众，到 18 日清晨，82 名指战员壮烈牺牲，以巨大的代价拖住了敌人，保卫了淮海区党政领导机关，粉碎了敌人的阴谋毒计。

战后，三师党委研究决定命名四连为“刘老庄连”，并决定 3 月 18 日为刘老庄八十二烈士殉国纪念日。四连的壮举，成为我新四军三师历史上光辉的一页。

3月25日，八旅二十二团攻克敌人的陈集中心据点，全歼守敌一个中队。这时，盐阜地区的日伪军都向北撤退，但在阜宁东北滨海地区的日军犹作困兽斗，于29日派出一个中队和200多伪军，由中队长山本指挥，先占东坎又占了八滩，安上了据点。东坎和八滩都盛产鱼虾，又是海盐集散地，经济发达，人们以“金东坎、银八滩”来形容这个地方的富庶。这时，黄克诚师长即命令八旅二十四团准备歼灭八滩之敌，并派我率领师特务营两个连前去八滩参战。

我赶到二十四团时，团长谢振华、参谋长尹捷峰等已拟制好作战方案。在团长统一指挥下，部队在苍茫夜色中沿着田间小道，从各个集结地奔向八滩，9点钟悄悄地完成了对敌人的包围。9点30分发起战斗，二营担任主攻，我率师特务营助攻。当逼近日军中队部核心据点时，日军凭着高墙大院坚守顽抗，我们打了近三个小时，还没有攻下。团参谋长尹捷锋赶来研究，决定用战斗方案的最后一着——火攻！一声令下，战士们把事先准备好的棉花用煤油浸泡了绑在麻尾手榴弹上投进大院里，有的把煤油泡过的棉花绑在长竹竿上抛上房顶。这样，据点院子里大火顿起，我们在外面用机枪打，80多名日军大部被歼。拂晓，敌人大量援军赶来，我们随即撤离。

敌人援兵到后，把被打死的日本兵每人割了一只耳朵，我们觉得奇怪。原来，敌人那边死了多少人，要上交多少个耳朵，回去备案。敌人匆匆割过耳朵后，尸体也没有烧，丢下几十具尸体走了。

陈集和八滩这两个地方被我们一打，敌人害怕了，从东坎缩回了阜宁城。我们的根据地大部分又恢复了。

4月14日，参加“扫荡”的最后一批日伪军撤出阜宁，历时50余天的大“扫荡”终被粉碎。

我是在反“扫荡”中被任命为三师参谋长的，上任以来，一直处在紧张的战斗中，对家庭根本顾不上。张文一个人带着孩子东躲西藏，吃了很多苦。

此后，我三师与兄弟部队配合，开展了夏季攻势作战，主动出击敌人，凡敌人守备薄弱，或对新四军活动威胁、妨碍较大的据点，都坚决拔掉，扭转了苏北的不利态势。还配合军事斗争，开展根据地民主政权建设，巩固了苏北抗日根据地。

进入1944年后，形势发生了变化，日本要占领南洋，兵力不够，把十五师团调往南洋。日军走后，苏北敌人实力空虚，我们就利用这个机会，恢复我们原来所有的地区，消除敌人的据点，建立地方政权，争取人民群众，发展地方武装。

这时，国民党顽固派韩德勤的部队，乘机兴风作浪。他们摇身一变，变成了伪军，拼命扩大伪化区。我们就针锋相对开展反伪化斗争，打击伪顽。

10月，八旅攻克合德镇，歼灭伪四师全部。合德镇是敌棉花公司所在地，我军缴获了大批棉花。在这一战斗中，二十二团陈发宏团长不幸牺牲。黄克诚师长当时不在场，以后知道了非常惋惜，为此还批评了我，说我是“铁匠”，总想打仗，结果一个团长被打死了。

我就给他讲：部队的战斗力是打出来的。你是老虎，谁都害怕你，你是绵羊，谁都想吃你。敌人搞伪化，你不打，将来我们就没地盘。要打仗就会有牺牲，这也是难免的。

不久，我八旅又攻克响水口，消灭伪军一个团。响水口是个产盐基地，解放了响水口后，我们就发动群众运盐，谁运归谁所有。盐多得很，男女老幼都参加搬运。过了三四天，连云港的敌人开着汽划子来攻，我军即撤走了。

敌人重新占领响水口后，把伪军和地方上的反动势力组织起来。伪军头子叫许继泰，他以前是国民党的专员，后来投靠伪军，自称师长，号称有两个团，其实不足1000人，向赣榆县的陈庄区发动进攻。

陈庄区是很老的一个区，我方只有一个区队，有200多人。敌人进攻的时候，区队跳出来，转移到盐阜地区。敌人在陈庄安了两个据点。

我们派人侦察情况，弄清敌情后，决定由我指挥十旅钟伟的二十八团和特务团去消灭占领陈庄的敌人，八旅负责监视阻击响水口的敌人。黄昏，我们利用涨潮时渡过潮河，摸了上去。特务团接近敌据点时，敌人毫无察觉。我们发动突然袭击，突破敌人据点围墙，经过两个多小时激战，毙伤敌30多人，俘敌280多人，于拂晓前解决战斗。二十八团接近敌人时，敌已有了准备，在拂晓前未能突破敌防御工事，后来用迫击炮平射摧毁了敌人的炮楼，全团乘机突入敌人防线，经过五六个小时激战，毙敌100多人，伤敌300多人，于次日上午11时结束战斗。我们于当晚渡过潮河返回盐阜区。陈庄区队则回到老区，恢复了正常工作。

三师连续攻克日伪据点，敌人紧张了，怕在苏北坚持不住，急忙把孙良诚伪第二方面军从华北派到苏北。

孙良诚部原是西北军的旧部，投降日伪后驻冀鲁豫地区，战斗力较强。1944年12月上旬，由河南开封调入盐阜地区。日军迫于太平洋战场的败局，不得不从中国战场抽调兵力，加强太平洋地区和日本本土。在中国大陆只得收缩战线，集中兵力固守主要交通要道和大城市，中小城市由伪军防守，在此情况下，占驻盐阜地区的日军，除盐城、陈家港据点尚有300余人外，其余的均先后撤到长江一线。原有据点全部由孙部接防。

孙良诚住在扬州，他一共有4个军。第五军驻阜宁，第四军驻盐城、扬州东台一带还有两个军。孙良诚刚来的时候是很凶的，到处扩张、抢劫、修工事。他的部队冀鲁豫籍的人多，我们部队冀鲁豫的也不少。我们就利用这个情况，对孙良诚部队首先展开政治攻势。对他们喊话讲，我们都是老乡，日本鬼子快完了，要把你们调到太平洋去打仗，给鬼子当炮灰去，你们去了生命不保，赶快掉转枪口，不要给鬼子卖命了。通过频繁的喊话，动摇敌军军心。

敌人粮食不够，就出来抢粮食，被我们捉住一些人。我军对他们采取优待政策，然后就要他们给伪军喊话，进行宣传。敌人对部队采取了不少控制措施。晚上睡觉，当官的把士兵的裤子都收起来，防止夜间逃跑。但还是控制不住，逃跑的人不少。

孙建言的伪三十三师，为配合伪五军，从盐城往阜宁调。这个情报被我们的人搞到，我们派了特务团，在路上打了他一个伏击，敌人一个团被打得只剩下 200 多人。

陶 铸

我们要打主动仗，不能打被动仗，老是挨打不行。我们要打出去，既有分散，又有集中，活动范围扩大一些，打了就走，神出鬼没，让敌人无法摸到我们的底。

- 1908年1月16日生，又名陶际华，号剑寒，湖南祁阳人。
- 1937年，被派往湖北担任省委常委兼宣传部部长。
- 1938年冬，赴鄂中地区，组织抗日武装，参与开辟鄂中游击区。
- 1940年，到达延安，先后任中央军委秘书长、总政治部秘书长兼宣传部部长。
- 1945年，随八路军南下支队南进，途中奉命转赴东北地区。
- 1969年11月30日，在安徽合肥逝世。

陶铸同志率军攻克云梦城

孙耀华

一

1937 年，国共再次合作，经周恩来同志、董必武同志和叶剑英同志向国民党交涉营救陶铸同志出狱。陶铸同志出狱后，即被党派到中共湖北省工作委员会担任常委兼宣传部部长。9 月间，董必武同志受党中央的委托，代表中国共产党主持武汉地区抗日群众工作及抗日民族统一战线活动。在一天晚上，石瑛（湖北省建设厅厅长兼省合作委员会主任）秘密来到董老的住处，在一支蜡烛灯光下，董老和他恳切谈了党中央《抗日救国十大纲领》以及今后国共合作抗日等重大问题，要他考虑如何运用建设厅及合作委员会等机构做一些有益于抗日战争的工作。石瑛颇为感动，认为找到了光明，获得了办法。石瑛当即答应运用省合作委员会这一机构训练几批合作指导员深入农村，宣传动员和组织民众抗战，并请董老大力支持。董老同他进一步磋商后，决定用省合作委员会的名义，李范一出面，由共产党派人负责全面领导，在短期内训练几批合作指导员深入农村工作。训练地点设在湖北省应城县汤池，故称汤池合作人员训练班（以下简称训练班）。董老考虑办训练班的目的，是要通过国民党政府的机构，用合法的名义，训练有独立工作能力的干部，为恢复建立各县区党的组织，宣传、动员、组织和武装群众，为建立抗日游击根据地做好准备。

董老同周恩来同志研究决定派陶铸同志以共产党员公开身份负责领导训练班的工作。那时，陶铸同志化名陶剑寒，又名任陶，年仅 29 岁，却蓄有短胡须。大家尊称他“陶先生”或喊他为“陶胡子”。他目光炯炯有神，浓眉间的凛然正气，令人肃然起敬。他身材不高，但尚结实精悍，神采奕奕，一望可知是一位有丰富斗争经验、铁骨铮铮的共产主义战士。

12 月 20 日，训练班第一期开学了。这个训练班是按照延安抗大、陕北公学的榜样办理的，教师和学生六七十人，都过着艰苦朴素、团结、紧张、活泼的战斗生活。从 1937 年至 1938 年 5 月，训练班共办了四期（第一、二、三期办在汤池，第四期办在武昌），先后培训了 300 多名受过高等教育的知识青年干部，均以合作指导员的名义分配在应城、京山、钟祥、天门、汉川、云梦、安陆、荆门等县，以及鄂西、鄂北、鄂南、鄂东地区。这几批革命火种撒到湖北省各地，在党的领导下与抗日民族先锋队、假期回乡知识青年及各县知识青年、各地进步人士广泛开展抗日宣传工作，有力地推动了抗日救亡的工作，发展了抗日大好形势。

徐州失守后，党中央 1938 年 5 月 22 日更明确具体指示长江局的中心任务是：“武装民众，准备发动游击战争，有计划地建立几个游击队和游击区。”周恩来同志和董老将中央这一指示传达后，董老又指示：“汤池训练班还须办下去。”陶铸同志坚决拥护和执行了党中央这一指示。在陶铸同志的组织和领导下，排除和抵制了来自国民党顽固派和王明右倾机会主义路线的干扰和破坏，又办了两期汤池临时学校，招收鄂中地区知识青年，为本地区开展抗日战争工作培养地方干部。这样，又为鄂中地区培养了一批革命火种，把抗日的烽火越烧越旺。

二

国民党顽固派视陶铸同志为眼中钉、肉中刺，必欲将陶铸同志去之而后快，而王明也要将陶铸同志驱逐越远越好。当时，周恩来同志和董老考虑到：陶铸同志是黄埔军校学生，参加过南昌和广州起义，独自在福建东南搞过武装斗争，像这样有斗争实践经验的领导同志，对今后发动敌后游击战争能起重要领导和组织作用。因此，他们指示陶铸同志不能走远，暂在沙市待命，以便随时回到鄂中地区继续担任领导工作。

1938 年 10 月，武汉和鄂中相继沦陷，日寇铁蹄深入，国民党军队溃不成军，四处逃散，人心极为惶恐，不可终日。这时，陶铸同志很快从沙市转道宜昌，回到鄂中京山县丁家冲与鄂中特委书记杨学诚同志会合。陶铸同志到丁家冲时，仅有蔡松云（斯烈）带了八条枪和十多个人，人少力单。陶铸同志立即着手组织和扩大抗日武装力量的工作：他委派蔡松云为队长、陈秀山为政治指导员；指示鲁尔英把武汉沦陷前通过董老托人在香港买回的两打驳壳枪及一些长枪从湖区立即带上山来；集中了黄定陆的京山独立队；另外还将经过我们党派汪心一改造的郭仁太的队伍，以及经沈少华（德纯）、徐休祥（觉非）进行统战工作而稳定下来的国民党应城县政府保安大队李又唐的队伍，都先后集中在丁家冲、李家冲、猴子凹一带。陶铸同志又发动干部和群众收集国民党逃兵所遗弃的枪支弹药，来武装我们的队伍。因此，队伍不断发展壮大，人和枪多起来，至 1938 年 11 月间，各路队伍集中达 500 余人，声势很大。在党的领导和陶铸同志直接指挥下，鄂中抗日战争形势发展很快，大大鼓舞了人心。

1938 年 11 月间，张执一、钱俊瑞同志在襄阳地区进行国民党军政人员的工作，通过钱俊瑞同志在李宗仁那里活动，决定设立“第五战区豫鄂边区抗敌工作委员会”。12月初在随县均川镇贺氏祠成立第五战区豫鄂边区抗敌工作委员会，聘请陶铸同志为顾问，委任我为应城县县长兼游击司令，那时，我才是一个30岁的青年，既没有做过行政工作，更没有带兵打过仗，心中忐忑不安，怕不能胜此重任。当时，陶铸同志也在均川，他介绍了应城县及鄂中一带抗日游击战争的形势及我游击武装力量的建立和发展，要我在党的领导下，团结一致，同心协力，大胆去干。在欢送会后翌日清晨，我即背着背包，翻山越岭走了100多华里到达国民党应城县政府所在地——李家冲。在党的领导和陶铸同志亲自指挥下，在党的核心武装力量大力支持下，我顺利地接受和改组了国民党应城县政府，建立了抗日民主县政府和游击司令部，任沈少华为秘书长，张文津为参谋长，李又唐为第一大队长（原保安大队长），郭仁太为第二大队长（经过我党教育改造过来的汉流队伍），蔡松云为挺进大队长（党的核心武装），鲁尔英为特务大队长（党的核心武装），黄定陆为独立中队长（党的核心武装），并将应城县游击司令部迁移到京山县向家冲张先浩的家里。陶铸同志从随县均川镇回来，立即召开会议布置工作，将队伍分别集中在向家冲及赵新河一带进行整训，加强政治思想工作，积极进行军事训练，宣传动员和组织武装农民群众，建立党的组织，发挥战斗堡垒作用。

1939年春节前，日寇连续对丁家冲、熊家滩一带进行“扫荡”，在与日寇“扫荡”战斗中，我特务大队损失很大，大队长鲁尔英英勇牺牲，蔡松云的挺进大队受到部分损失，面对着这样的挫折和严峻的考验，有的同志灰心丧气，而陶铸同志则意志更加坚定。在天寒地冻的深夜里，陶铸同志还不肯休息，艰苦的战争环境与工作紧张劳累，他的肺病发作，咯血，发高烧，仍坚持与干部、战士亲切交谈，做工作，考虑重大问题，关心群众生活。为了抗日战争的胜利，为了中华民族解放事业，陶铸同志置自己的生命安危于度外，继续忘我地工作，真是感人肺腑。他1939年在大洪山打游击时所写的那首气壮山河的《七绝》诗篇，真实地记录了当时艰苦斗争的情景，抒发了他为党为人民的革命事业奋斗不息的伟大胸怀。

寇深日亟已无家，策马洪山蹈日斜。
风自寒人人自瘦，拼将赤血灌春花。

陶铸同志身负重任，在艰苦恶劣的环境中，仍始终抱着革命乐观主义精神、科学的态度，把整个抗战形势和鄂中敌、我、友的情况分析得很透彻，并运用毛主席的游击战争战略战术思想来指挥战斗。他指出："我们要打主动仗，不能打被动仗，老是挨打不行。我们要打出去，既有分散，又有集中，活动范围扩大一些，打了就走，神出鬼没，让敌人无法摸到我们的底。这样，我们就主动了，就活动了……"

1939年3月9日，陶铸同志按照所订的计划，就地组织了公安寨伏击战斗。这一伏击战，毙伤敌军20余人，缴获三八式步枪两支和一部分劳军物资。在击毙的敌人中，有日本皇族亲王一人，是劳军团的团长。宋河至应城一带敌人，还为他戴孝三天，并用飞机将其尸体运回东京。像这样主动进攻敌人的战斗，当时在湖北省内日寇的占领区，还是第一次。经过这一战斗，部队受到了很大的实战锻炼，更激发了指战员的战斗意志。

三

1939年4月间，我武装队伍集中在杨家河进行第三次整编，原第一支队郭仁太投敌后，重建第一支队，由徐休祥任支队长，李又唐为第二支队长，蔡松云为第三支队长，张文津为第四支队长。部队整编完毕后，一个夜袭云梦城的战斗方案已在陶铸同志的筹划中。他事先指示徐休祥找云梦县城内可靠的关系详细侦察敌情，得知城内有一个日寇宣抚班和伪军，分驻在城内几个据点。南门城墙曾被敌机炸塌一部分，这是一个很好的突破点。接着陶铸同志约我、徐休祥、蔡松云三人谈话。他说："现在，我们要打云梦城，这是一次攻坚战，是一次政治宣传战。到现在，我省还没有攻打县城的，我们要打，我们要敢打！这又是一次实战演习。关于城内敌情已由徐休祥同志负责弄清楚了，我们决定打。你们四位指挥员和我都参加这次战斗，锻炼锻炼。看大家意见如何！"我们一致认为这次攻打云梦城确是一次难得的机会，要坚决打好这一攻坚战。

陶铸同志在征求我们的意见之后，攻打云梦城的战斗计划就定下来了。第二天，趁着夜幕降临的时候，陶铸同志命令部队出发。途中，他对夜袭云梦城作了全面部署，距离云梦县城不远时，陶铸同志作了具体的战斗部署。命令："第三支队在城东放一个中队，向孝感伍洛寺警戒（敌人据点，距云梦县城 15 华里）；城南放一个中队，向隔蒲潭、长江埠方向警戒（敌人据点，距云梦城 20 余华里）；孙耀华、徐休祥、蔡松云带一个中队和全部手枪队从南门攻打城内敌人，你们三人要身先士卒，从南门城墙缺口处登上城楼，打开城门，率领战士攻打敌人的几个据点，消灭敌人。战斗完毕，立即撤退出城，到指定地点大山头集合。"陶铸同志率领第三支队第二大队在清明河作预备队。

我们按照陶铸同志的部署和命令，将警戒部队部署完毕后，即率领第三支队的一个中队及全部手枪队到达县城的南门外等候打开城门。我们三人立即登上城墙，经过城楼下来，打开南门，战士们个个生龙活虎，骁勇善战，有似神兵从天而降，枪声四起，手榴弹爆炸，敌人慌乱一团，不知所措，有的弃械逃命，有的被我打死打伤，有的缴械投降，有的爬上屋顶继续顽抗，经我指战员坚决打击，当即击毙敌人 20 余人，生俘

30余人，缴获枪支20余支，大刀十余把，手榴弹和子弹十多箱，消灭了敌人的几个据点。

天刚亮，战斗结束，我们即按原计划撤出云梦城。早晨，一些赶集的农民群众都拍手称快喊："打得好！打得好！"又说："应城游击队敢打云梦城，真了不起！"有的说："陶先生（指陶铸）亲自指挥，真勇敢呀！"当我们胜利归来时，全体指战员高唱：

> 我们在大洪山上！我们在大洪山上！
> 山高林又密，兵强马又壮！
> 敌人从哪里进攻，我们就要它在哪里灭亡……灭亡！

歌声嘹亮，气势雄壮，更加鼓舞了士气和广大群众抗日的情绪。方圆几百里一下子就传开了，种种传说，像神话一般，震动了武汉和鄂中的日寇，大灭了敌人的威风，大长了人民群众抗日的士气。抗日战争初期，攻打县城这在我们湖北省还是第一次，是一次政治宣传，政治影响很大，鄂中人民传颂着："中国共产党领导下的抗日游击队是真正抗日的，秋毫不犯，爱护人民利益，是人民自己的游击队。"

谭震林

对来自上头的批评，你要敢揽起来。对来自下级的批评，你要能听下去，要当下级干部的出气筒。

- 1902年4月24日生，湖南攸县人。
- 1926年，加入中国共产党。同年在茶陵县从事工人运动。
- 1937年，全面抗日战争爆发后，任新四军第三支队副司令员，坚决贯彻中共中央提出的放手发动群众、独立自主地开展游击战争的方针，是皖南抗日根据地的创建人之一。
- 1940年春，任江南人民抗日救国军东路指挥部司令员兼政治委员。
- 1941年，任新四军第六师师长兼政治委员，并兼中共苏南区党委书记。
- 1983年9月30日，在北京逝世。

谭震林同志在繁昌抗日前线

徐友志

一

1938年下半年，日军占领了繁昌城北的梅山、库山后，国民党繁昌县政府逃亡到八分村。这年中秋后，川军撤离。重阳后的一天早晨，新四军第三支队先头部队来到中分村，但不多久又调回南陵。直到1939年春节前，新四军三支队第五团，下辖第一、第二两个营，才正式分驻中分村、梅冲、铁门闩和马冲各处。同时，军部战地服务团有50多位同志，在团长范坚白的率领下，也从南陵沙滩角调到中分村，以后改为民运工作队，属三支队民运科领导（科长姓金，名字忘记了）。民运工作队主要是进行抗日宣传，组织农抗会、妇抗会、青抗会、猎户队、儿童团和递步哨等，支持新四军坚持抗日。

当中分村各抗敌协会组成并开展工作时，谭震林副司令员率三支队司令部及所属各单位（除医院外），全部由南陵县沙滩角进驻中分村。中分村位于繁昌县小南乡，周围群山环绕，地形险要。司令部设在村南徐崇淦家，谭震林同志住在司令部对门徐崇道家。新四军三支队的主要首长有：政治部主任胡荣、参谋长赵凌波（皖南事变中叛变投敌）及五团团长孙仲德（后为徐金树）、参谋长梁金华、副团长由一营营长林开凤升任、政治部主任何志远、二营营长陈仁洪、副营长马长炎。在五团搞文教工作的赖少其同志，亦住在中分村。

一支队一团团长傅秋涛、副团长兼政治部主任江渭清也住在村东边。

三支队五团二营驻金村，一支队一团各营驻水口山、茶叶地、枫香墩至华家涝一线（属三支队指挥）。

此外，中分村还驻过新兵营、电话员训练班、铜南繁三县青年救亡训练班、教导队、三县猎户总队训练班、三县妇女救亡训练班等单位。

新四军三支队自 1938 年底进驻中分村起，到 1940 年冬离开，在此期间，中分村军民抗日热情，如同一锅开水，真正达到沸点。

二

谭震林司令员，身体敦实，气度威严，沉毅果断，不苟言笑。平时穿一身普通灰军服，有时也打裹腿。穿一双黑布面皮底鞋。出征时，改穿长筒黑皮靴。冬天穿棉军服时，外加一件黑色皮夹克。右侧的腰皮带上插着一个小小的褐色皮套，内装“白郎宁”手枪。

他休息的时候最喜欢吹奏口琴。人们一听到口琴声，就知道谭司令员来了。他吹奏的歌曲常常是《插秧歌》《流亡三部曲》《渔光曲》等。他每次从司令部出来，总是一面走，一面吹。往往后面跟了一大群儿童团员。有时开群众大会，他先是在台上指挥队列，等把队列站好后，大家一鼓掌，他就表演口琴独奏，在繁昌五次大捷后，他更兴会盎然地一遍又一遍地吹奏着《繁昌之战》歌曲，寄予他胜利的喜悦。妇女救亡训练班开学后，谭司令员戎马倥偬，一时无暇来此。有一次刚从前线归来，跳下马背，就带着他的小警卫员小胖子——张登成，来到妇训班看望大家。谭司令站在大门口天井边，向妇训班的同志问好后，便动员小胖子跳个舞给大家看。小胖子起初还忸怩着，见谭司令已把口琴掏出来了，这才高兴地跳起《采茶扑蝶舞》来，谭司令的口琴也就跟随伴奏着，直到舞毕，在一片掌声和欢笑声中，小胖子向学员们行了举手礼后，才跟着谭司令离去。在中分村，没有人不知道谭司令员爱吹口琴。青抗会为此编了几句顺口溜，道是："谭司令的口琴，吹得敌人胆寒，吹得战士气壮，吹得老百姓乐开颜！"

三

谭震林同志率领的三支队驻中分村，军民相处非常融洽，亲如家人。住在群众家的机关、单位及部队战士，只要一有闲空，总是帮着群众扫地、抹桌、挑水及从事各种劳动。农忙季节，尽管部队干部战士都很忙，也要抽出时间来替农民插秧、犁田、收割。每当调动时，必将单铺拆掉，门板、条凳归还，屋子打扫得干干净净。

群众除了平时帮助部队洗衣、洗被以外，逢年过节都请住在家里的战士一道过节，但欢庆佳节可以，若要吃饭他们都婉言谢绝，说是不能违犯军队的纪律，群众只好不再强求。可部队请群众吃饭，却让你推辞不得。

1939 年和 1940 年的两次春节，更是军民团结的高潮。住在各家的机关和部队，分别办了酒席，都是鱼肉荤菜，请房东全家老小去过年。左邻右舍没有驻部队的人家，也都请去聚餐，亲密之情，胜过家人。

四

谭震林同志住中分村前后，指挥过多次战斗，仅 1939 年一年，即指挥了五次繁昌保卫战，共歼敌近千名。特别是在峨山头搏斗、塘口坝血战中，谭震林同志亲临前线激励部队。由于人民群众的支援，全体指战员英勇顽强，用锐利的刺刀，暴烈的手榴弹，火力猛烈的机关枪，前仆后继的冲锋，把敌人打下山冈，胜利地保卫了繁昌。后来，为了纪念这次难忘的战斗，人们还编了一首《繁昌之战》的歌子，在江南、江北到处传唱。五次繁昌保卫战的胜利，确保了皖南门户，彻底打破了日本侵略者入侵皖南，打通皖赣线的战略阴谋。

1940 年 4 月底，日军又进行了一次大规模的进犯。谭司令员指挥三支队主力部队，在马家冲、铁门闩、范冲、赤沙滩、牧家亭和沙滩角一带展开阻击战。驻中分村的机关单位保护全村群众分别转移到普化堂、仙化堂、横岭、板石岭、老虎山等深山老林中去，留个空村子让敌人来钻。

敌人进入中分村后，新四军组织反击，五团二营的战士们，机智勇敢，沉着杀敌，以少胜多，掩护人民，自己毫无伤亡，杀退了凶恶的敌人，收复了中分村，保护了全村的老百姓。中分村群众至今一谈起这件事，仍是满怀感激地说："谭司令和三支队的战士们，对我们真是情深义重，血肉相连，不怕牺牲，勇敢战斗，保护群众，我们永远不会忘记他们！"

季　方

生我者父母，骨肉难忘；养我者群众，一个人不能忘恩负义。

- 1890 年生，字正成，江苏海门人。
- 1938 年，参加华东武装抗日自卫委员会的活动，联络和组织江苏地方武装抗日。
- 1939 年，任国民党战地党政委员会少将指导员，组织和推动长江以北各派军队联合抗日。
- 1940 年，进入苏中抗日根据地，任新四军苏中第四军分区司令员，率部坚持敌后抗日游击战争。
- 1942 年 3 月，兼任苏中第四专员公署专员。
- 1944 年，任苏中行政公署副主任。
- 1945 年 8 月，任苏中行政公署主任。
- 1987 年 12 月 17 日，因病逝于北京。

忆苏四区抗日根据地的开辟

季　方

1937年12月，日军占领南京，国民党数十万大军不战而溃，整个华东顿成敌后。社会沉渣泛起，汉奸猖狂活动，到处组织“维持会”，为虎作伥。国民党的溃败官兵四处流窜抢劫，土豪劣绅、帮会首领、土匪头目，纷纷收集国民党溃兵丢下的武器，组织武装，自立名目，自封司令，各霸一地，借抗日之名进行敲诈勒索。广大人民陷入国破家亡的痛苦深渊。

重逢王绍鏊，在陈少云领导下工作

我自1927年南京、武汉相继“清党”反共，而邓演达被害又使组织新党的要求未能达到目的之后，一直徘徊歧路，曾想找一个强有力的革命组织为领导而不易得到。1938年春夏之交，我由大连回到上海，知道不少抗日爱国的朋友尚留沪，我也尽可能地拜访了他们。其中有一位辛亥革命的前辈王绍鏊，我与他多次交换了对时局的意见。一致认为：第二次国共合作的局面已经形成，抗战亦已势在必行，但抗战的胜利，依靠国民党的领导是不可能的，必须以共产党为领导。作为个人，即使回到国民党的政府工作，也是起不了什么作用的，必须参加到一个强有力的组织里去，有领导地进行活动，才有意义。他很高兴，说他可以介绍我参加共产党。我真是喜出望外！其时大约是1938年5月间，在王绍鏊家中。

王绍鏊介绍我入党之后，首先介绍陈少云同志跟我见面，说以后由陈与我单线联系。我即在陈少云的领导下，参加华东人民武装抗日自卫委员会（由宋庆龄领衔的党的一个外围组织，简称“武抗”）的工作，我的妻子钱讷仁（瑞芳），在静安寺开了个私人诊所作掩护。陈少云每周来一次。陈少云同志50多岁，身材较高大，平日着便衣长衫，有点像个老先生，待人态度很诚恳。他来了解我有哪些社会关系，同哪些人接触往来，对他们或通过他们做了什么工作，并给我一些指示。“文革”后我才知道他是陈士榘的叔叔，是一个李白（电影《永不消逝的电波》中主人公）式的人物。

记得一次有一个熟人费公侠，将去做国民党的上海县长，叫我去做他的秘书。我向陈少云同志请示，他说：“喔，这不行！你不能随便出去做事，至少要有一个总指挥的头衔才可以去，要有一定的、适当的地位，不然以后工作反而不好开展。”

1938年3月17日，日军从南通姚港等处登陆，侵入江北。但日军兵力毕竟有限，除扬州、泰兴、南通、如皋、徐州、东海等县城外，还有20多个县没有敌伪据点。国民党韩德勤、李守维等在兴化等地收集溃兵游勇残部，重组军队，成立江苏省政府及鲁苏战区总部，但财政不能统筹统支，武装不能统一指挥，行政也不能统一领导。于是便出现了形形色色戴着抗日帽子的部队，甚至国民党的所谓正规军所进驻的地方，本来没有土匪的，到夜间也有土匪了。民间有“大地主上海跑（尚有租界可以苟安），小业主三上吊（言无力逃跑，又无力应付，只好被土匪吊打或自缢），游‘劫’队数钞票”之谣，真是成了人间地狱。广大群众迫切要求抗日自卫，我于是便运用社会关系，回到海门、启东、南通等地方做杂色部队的工作。

整顿陆洲舫的部队

陆洲舫（兆林）的部队3000多人，有相当数量的枪支武器，自称“护航游击队”，向过往商船收取“保护费”，军纪很坏。陆洲舫分别给施述之和我发了专函，聘请我们去帮助他整顿部队。施述之是国民党老党员，北伐后曾任南通县长，思想是反共的，但疾视土豪劣绅。对陆洲舫的聘请，他认为，“这种土匪，同他们搞不出名堂来”；而我想，“武抗”就是要做杂色部队的工作。这支部队军纪差，陆洲舫难以收拾，助他整顿，不仅可以引向抗日，即对地方、对百姓也有好处。我征得陈少云同志的同意，就去了。在欢迎我的宴会上，陆洲舫表示，他和他的帮会弟兄要“金盆洗手”、洗心革面，不再为非作歹了，要整顿好部队，致力于抗日工作。

正要“整军经武”之际，顾南洲在国民党南通保安司令彭龙骧的支持下，与陆洲舫的部队发生摩擦。我想去说服他们，大家合作抗战。不料韩德勤派孙信符的保五旅开来启东，首先就吃掉顾南洲的部队，真是“螳螂捕蝉，黄雀在后”。陆洲舫也恐慌起来，向我求计。我说：“你是想做官，还是想做事？”他问：“这怎么讲？”“你要做官嘛，把部队交出去，总部参议之类，总有你的位置，但你自己别想再掌握部队了；你要想做事，就必须保持你的实力！你在江湖上不是很有些办法么？回到你的海上去，徐图发展。”在长江下游，黄海、东海之间，许多港湾都有陆洲舫的帮会兄弟，他立即将部队分散下海，并希望我和他同去。我也答应了。我们一起浮海到了崇明岛南面的一个小岛——横沙，那里是他的“老巢”。他“兔子不吃窝边草”，与当地群众的关系处得很好。他的太太也姓季，我们就也算个本家吧，陆洲舫就更信任我了。

新四军东进以后，梅嘉生、陶勇与陆洲舫接上头，跟他拜了把子，把他的部队编入海防团，陶勇任团长，陆洲舫任副团长，这是后话。

瞿犊、王进被害

当时（南）通、崇（明）、海（门）、启（东）地方秩序非常混乱，土匪帮会一时风起云涌，纷纷成立游“劫”队，扰得一般农民也不能在家安睡，经常跑到田间过夜。在这国破家亡、惶乱纷扰之中，由知识青年瞿犊、王进领导的抗日武装脱颖而出，以英勇善战、军纪严明深受人民的拥护。

瞿犊，是崇明士绅瞿宾九的长子，大学毕业生，本来在上海做中学校长，上海沦陷后，即来启东抗日。瞿犊的抗日部队，开始只有六条枪，武器、经费严重不足，得其姑母变卖家产土地支持。王进是山西人，在上海读书与瞿犊相识。他俩把农民、知识青年组织起来，成立了崇明抗日自卫队。由于崇明岛孤立于长江口，他们经常通过水道向敌军鞭长莫及的启东流动。

当时，国民党海门县张能忍的“抗日自卫大队”，也常到启东活动。由于是邻县“抗日战友”，平常亦有往来。但 1939 年 1 月 11 日，瞿犊、王进经过张能忍的驻地，张竟突然袭击，将他俩秘密杀害，首级扔进芦苇丛中。

本是抗日友军，大敌当前，奈何突然翻脸成仇，竟对一支小小的民众抗日武装不能见容？岂非咄咄怪事！噩耗传出，地方各界莫不切齿痛恨！我即向国民党第五旅旅长孙信符、第三纵队司令张翼（当时在启海的高级指挥）提出抗议和质问。孙信符因在黄埔军校时与我有点师生关系，不能不买些账，将凶手张能忍撤职扣押，但在解赴兴化的途中即予自由，到了国民党江苏省政府主席韩德勤的总部还提升他为团长！而张翼竟责备我："像你这样的人，为什么不到我们总部去帮帮忙？"我说："蒋委员长不是说，地无分南北，人无分老幼，都有抗战的责任吗？我只希望做一点团结抗战的工作，不一定都要在政府里才能抗战！"同这些人有什么道理可讲？真是怪事叠加，叫人气不能咽，恨何能平！

我回到上海，把瞿犊、王进被害及整顿陆洲舫部的情况向组织汇报，并将瞿犊、王进被害的事件向江苏各界旅沪人士作了反映，群情激愤！时路人皆知，国民党鲁苏战区的副总司令兼江苏省政府主席韩德勤与八十九军军长李守维等，对杂色部队，当其无力控制时，则一切放任，听其自流；其力所能及时，即不分青红皂白，一概吞并消灭，而瞿犊、王进纯洁的民众抗日武装竟首当其冲！至于沦陷区人民正在水深火热中挣扎，则非其所问！我们家乡的民谣云："天上有个扫帚星，地上有个韩德勤，手下带了几万兵，专门欺负老百姓！"国民党的县长、专员，也大都住在上海租界上"遥领"，派科长、秘书下去收税收捐搜刮，只知伸手要钱，不管黎民百姓死活。各县一些有正义感的旅沪人士，曾联名电告国民党第三战区司令长官顾祝同，控诉并质问他："政府还要不要敌后的人民？"而顾竟置之不理！旅沪各界人士希望我到重庆中央反映敌后人民水深火热的情况，陈少云同意了。毁家纾难、同在"武抗"工作的刘树梅先生给我凑了点旅费，于是我先乘邮船到香港，由港平生第一次乘飞机，于 1939 年某个春日到了重庆。

陪都怪事

不料一下飞机就撞见了鬼——遭到严格检查，把我所带敌后情况的材料统统拿走，并问我来干什么。我去重庆的任务，是向国民党中央反映敌后人民水深火热的情况，"老三党"和黄埔军校一些关心我的朋友劝我说，连国共都合作了，到"抗战领袖"蒋介石那里去挂个号吧，否则可能成为“黑人”，公开活动不方便。我硬着头皮去“挂号”，蒋的侍从武官长贺耀祖（贵严）代为接见，贺按蒋惯例送了一张500元支票的“见面礼”，并劝我收下。虽然再多也买不了我的灵魂，但律以“不饮盗泉”主义，总觉别扭。蒋介石不问敌后情况，却令陈诚安排我在总政治部。陈诚就送了一张“设计委员会委员”的聘书给我，月支夫马费300元。我无“计”可“设”，幸而国民党战地党政委员会副主任李济深、秘书长邵力子以及钱俊瑞、黄逸峰等对敌后情况甚为关心。邵力子想按我的资历安排一个战地党政委员会中将委员，但须通过主任委员蒋介石；如果安排做少将指导员，则副主任委员李济深就可当家。我已“挂过号”了，宁可“辞尊居卑”也不愿再见蒋介石，就以战地党政委员会指导员的名义离开了乌烟瘴气的陪都，回苏北敌后去继续抗日。总算在我个人行动上，从此得了许多方便，在“国军”统治范围内有了“通行证”，可以公开活动了。

黄桥决战前为团结抗日奔走

回来经香港乘法国邮船抵沪，岂料在法租界码头被搜出战地党政委员会对敌后工作规划的文件——大约法租界认为抗日的人都是与共产党有关系的，竟关了我差不多两个月，才把我“驱逐出境”——押上去香港的船。在王艮仲的帮助下，我重回上海，但由于被捕，我与陈少云同志的联系中断。

我便迅即回到苏北，也分到苏北工作的战地党政委员会委员黄逸峰（江苏东台人）已后发而先至，就一起到兴化韩德勤的总部去“报到”，时已1939年秋。战地党政委员会有一套计划：在敌后一个省统一不起来，应划分为若干相对独立的游击区，每个区实行党政军一元化领导，希望我拿到敌后实验。我于是与黄合谋，想成立一个战地党政委员会分会的办公机构。但韩德勤不买账，以为自己既是鲁苏战区副总司令，又是江苏省主席，仍想控制全省，分成几个游击区他不干，只想拉拢我同黄逸峰在军事、政治上帮他的忙。当时曾成立一个整军委员会，韩德勤要我当主任委员。还成立了一个省政设计委员会，韩请80多岁的韩国钧（号紫石，是有正义感的老绅士，曾在北洋军阀时代任过江苏省省长）任主任，要我当副主任协助紫老。看起来韩对我比对黄还信任一些，但这都是虚名，他这个烂摊子实在是无法收拾！整军委员会开会，尽管韩德勤以副总司令名义召集，而有些高级将领竟拒不出席会议，非其嫡系部队怕被“吃掉”也都不敢来，这个“军”如何“整”法？党、政也同样，如我的三弟强成本来在重庆总政治部，是韩亲自拉回来要他当南通区专员的，而原任专员竟可拒而不让，甚至调动一个县长，也可抗不交代。党政军都不相统一，紊如乱麻！在兴化一筹莫展，我与黄就商得韩的同意，到泰州国民党鲁苏战区游击总指挥李明扬那里去看看。韩虽不快，但也没有理由反对。

我与李明扬是陆军小学同学，癸丑反袁又同在李烈钧部，黄逸峰想利用我的关系深入李明扬的部队，就怂恿李明扬，要我担任他的参谋长（原先只有参谋处长，是CC分子许少顿），李很同意。因为我同李的关系，别人无法反对，但我也只能尸位素餐。李明扬不是蒋、韩嫡系，比较接近桂系，有合法的“牌头”而自己又缺少基本队伍，所以“包罗万象”以增大自身势力。在我去重庆前，还有两个在海门地区活动而和我有过联系的杂色部队，一个叫陈阿四（才福），另一个叫丁聚堂，都各有近千条枪，也都受到韩德勤部队的威胁，我也无法使他们得到合法的生存地位，只好劝他们投靠李明扬。不料陈阿四、丁聚堂的部队虽扩编，当了纵队司令，却成了“针插不进，水泼不进”的局面——李明扬的副总指挥李长江极其反动，对投靠去的部队控制极严，人员和枪支，只要一被他掌握，任何人都休想插手，把这些个纵队司令，就像他的小老婆一样，抓得很紧，处处提防，不容接近，唯恐别人拉他的部队，就连我也不便去过问了。

韩德勤一贯要李明扬把新四军从泗、马、大桥、郭村一带“赶走”，但李明扬亲口对我说：“新四军给我们把守了大门（新四军在泰州西阻挡了扬州来犯之敌），为什么要撵人家走呢？”表示要保持中立。纵队司令颜秀五是愿意和新四军做朋友的，但副总指挥李长江跟纵队司令陈才福等却坚决要与新四军摩擦。我作为参谋长，不但不能开展什么工作，甚至对他们扣押新四军谈判代表陈同生、突然进攻驻郭村新四军，事前竟都一无所闻，实在太窝囊了！而郭村一战，他们不堪一击，连在泰州的总部也动摇了，准备迁移。这时李明扬假装事前不知道的样子，说陈阿四等胡闹，但我实在不想再混下去，就托病辞归。

那时我的三弟季强成已任韩德勤的海门县长。韩知我回海门后，就急电要我到他的总部去，说前方军情紧急，要我急去相助，要我当他的总参议。我说：“我能办什么公呢？我的职务已很多了，什么事情也做不了。”但也无奈，只能姑且住下。知新四军已顺利地越过泰州，进驻姜堰；而韩德勤、李守维等奉蒋介石密令，阻击新四军东进，拆屋拉夫，大修碉堡，自泰兴、靖江、如皋、南通至海门、启东，长达数百里，项背相望，且正在胡家集聚集优势兵力，剑拔弩张，形势一触即发。当时各界代表都集中在李明扬部，要求合作抗战，却又不敢向韩德勤进言。韩紫石老先生乃要我出面向双方沟通。我就问韩德勤如何行止，他说同新四军合作一定要“吃亏上当”的。

我说：“地方各界都要求团结抗战，你若不同意，就无以对地方父老，舆论也不好交代。”

韩踌躇了一下，说：“新四军如有诚意，须退出姜堰，才可商谈。”

姜堰是苏北重镇之一，郭村战斗后，新四军已打走韩德勤的嫡系张少华保九旅而进驻，韩乃出此刁难。我就将韩德勤的意见带到海安，与韩紫石相商。

韩紫石沉吟半晌，乃说："你可否到泰州去走一下，那里有地方各界许多代表，都在等待消息。韩德勤毕竟是一省主席，就给他一点面子，再向新四军请愿一下，把姜堰让出来，就可打破僵局和谈，共谋对敌了。反正新四军也不在乎一城一镇的得失。"

于是我去泰州，经过胡家集，看到集结了好多部队，以国民党八十九军军长李守维为首的许多高级将领正在开会讨论与新四军的"和""战"问题，孙信符等一些旅师长对打并无把握，因多是黄埔学生出身（包括李守维），便问我："季老师，你的意见怎样？"

我说："我没有意见，根据韩主席的意见，如果新四军退出了姜堰，可以同他们谈判。"

李守维却说不行："韩主席主要管行政工作，军事上我要负责，决不能同新四军合作，我要同他们拼一拼！"

我同他讲："新四军到底有多少力量我也不清楚，但知道他们打仗是有一套的，你有多大把握和他们拼？"

李守维是蒋介石的嫡系，对日伪作战也未见其勇敢，这时却说："我不管，成败在此一举，不成功，便成仁！"

我也不好再说什么，过姜堰就先"毛遂自荐"去见陈毅同志，告以胡家集的情况，并把组织关系作了自我介绍。

我到泰州后，转达了韩紫石的意见，地方各界代表很为难，说：第一次，新四军进驻姜堰后，我们吁请双方停止军事行动，商谈合作抗战，新四军是首先接受了的，而韩德勤并无下文；现在不但没有合作的下文，反而要新四军退出姜堰，如何启齿！乃由李明扬电询韩德勤："正成兄衔韩紫老意旨来泰，要地方各界代表去向新四军请愿，如新四军同意退出姜堰，钧座将作何表示？请电复。"当晚未见回电。第二天我回海安复命，晚上韩紫老接到韩德勤电报："新四军如果退出姜堰，愿在台端召集之下，双方会谈，合作抗战。”我们当即将电报内容告知李明扬及地方各界代表。

当时陈泰运（黄埔军校第一期学生）带着一个属于宋子文的税警总团驻在曲塘，他曾表示“人不犯我，我不犯人”。曲塘离姜堰很近，我就赶往陈部探听消息，观察动静。过了几天，得悉新四军已接受了地方各界代表的要求，决定撤出姜堰，并要李明扬、陈泰运两部去接防。而我东归再次途经胡家集时，却已不见一兵一卒，老百姓说都已向南开走了——李守维等部队，知新四军已退出姜堰后，不顾信用趁机“追击”去了。我于是归告紫老，紫老长叹：“你也不必再到韩总部去了，就与我一道作壁上观吧！”这时已是1940年9月底10月初了。李守维的一意孤行，终于导致了黄桥决战——新四军由姜堰退到黄桥一带后部署反击，第八十九军及独六旅全军覆没，军长李守维本人也投河灭顶于八尺沟，歼顽第三十三师师长孙启人、旅长张能忍（杀害瞿犊、王进的凶手）、苗端体等以下1.1万多人，单旅长被新四军俘虏的就有六七人之多。

海安在顽军控制时家家关门闭户，至此一变为张灯结彩，热烈欢迎新四军。陈毅、粟裕两将军也随军到了海安。我与韩紫石一起见到了陈、粟两将军，韩紫石又要求双方停止军事行动。

陈毅将军表示：“我军总是尊重群众意见的，但这一次也很危险，逼得我军后临大江，左右都有敌寇威胁。不得不全力反攻，侥幸得胜。并非好战，为自卫计，我们必须将部队推进至东台，以资巩固。”

这时韩德勤已率残部千余人退踞兴化，韩紫石又让我打电话劝他停止军事行动，韩德勤表示：“现在主动权已不在我手，只要新四军停止军事行动，我当然可以照办。”并说他已了解到紫老的一番苦心好意，要我转致谢忱。

新四军东进，和平开辟苏四区

我与韩德勤电话联系时，韩还说，第四分区南通专员吴春科要撤回去了，希望我回南通接替吴的专员职务，以维持地方秩序。我又气又好笑地说：“看来通海地区的情况，吴春科都没有办法维持了，凭我一个赤手空拳的人回去，还能维持什么呢？”

他说：“你们地方关系多，好办一些。”我没接受。他就转而找我的三弟、原已担任海门县长的季强成（季刚）去接替，强成接受了。

我将此情况向陈、粟两将军汇报，陈毅同志批评我：“你为什么不把它接受下来？有困难，我们可以支持你！你不仅要做上层的统战工作，还可做于我们开辟第四区更有利的实际工作。”

我说，我回去做一点民主协商、合作抗战的工作还是可以的，我三弟的思想与我也还一致的。

陈毅同志就说：“那好，你要不要带点部队去呀？”

“带了新四军的部队去倒不好做工作了，顶好给我一个得力的做政治工作的同志，协助我去，好商量商量。”

他就介绍陈同生以新四军记者的身份，同我一起去掘港。

我笑说：“陈同生同志同我去，比带一个团好！”在泰州时我与同生并未见过面，此时一见如故。他也参加过广州暴动，恍惚中直如我早年牺牲了的幼弟归来了！

1940 年 11 月初，我们到了掘港（后设治为如皋县），我就用国民党战地党政委员会指导员的名义，召集第四分区国民党党政军联席会议，征求他们的意见：“对新四军怎么办？”大家都表示愿同新四军合作，同时希望自己成立一个共同的指挥机构。我就提出：“我们同新四军合作抗战，要表里如一，精诚团结，不能暗地里捣鬼；我们内部军事上要统一指挥，政治上要统一领导，财政上要统筹统支，不能各自为政。”会上一致同意。

于是决定成立苏四区（因当时南通为江苏省第四区）游击指挥部，推举我担任指挥，如皋县长兼保安一旅旅长薛承宗、第六纵队司令徐承德任副指挥，陈同生任政治部主任。行政方面仍由季强成任专员，因表示愿与新四军合作抗战，原有专员以下县长、军政人员都未撤换变动。另外还成立了一个财政经济委员会，以便统筹统支，由地方士绅王已劲任主任。这样总算和平解决了第四区的问题。我们并办了抗日教导团，培养干部。我还叫讷仁来指挥部做医务工作，妻女即来掘港。

但是，游击指挥部既不受国民党的委派，表面又不属新四军领导，似乎是中立的，这样一种局面是不可能长期维持的。隔了不久，韩德勤就来挖墙脚。而这些人虽然表示愿与新四军合作，其中大多数人仍然暗中与韩德勤勾结。特别是驻在石港的任副指挥的徐承德，原先不听韩顽西调阻击我军东进的命令的，至此便与韩顽勾结，一方面向我指挥部要粮饷，另一方面却割据一隅，设卡征税，不服调遣。我们还发现各县的军政电台同韩德勤暗相勾结的事情，加以日军飞机时来轰炸掘港，此时我部仅有茅珵、韩念龙率领的崇明自卫队（相当于一个团，前身即瞿犊、王进的部队，原由上海地下党领导，已由崇明北移到本区）扩编的崇启海警备旅，连指挥部的警卫都是董伯强的通海实业警卫团担任的。一天下午我突然发现卫兵没有了，原来董伯强悄悄地带部队离开了，总算还没有连我一起绑走。为了稳定局势，我用群众团体的名义，电请新四军苏北指挥部接管第四分区，统一指挥，统一领导。陈毅同志就派三纵的陶勇率部队进驻掘港，协助党政建设，推行抗战法令，进行民主改革，大力开展统战工作。

徐承德恐慌起来了，在石港掘壕据守，连指挥部开会也不参加了。

陶勇同志打电话亲自同他联系，他也不来。我和陈同生同志曾经单车匹马到石港去说服，也未得结果，不过也没有扣留我们。但不久（12月下旬），徐承德就乘三纵西调海安军部警备、我与陶勇同志也到海安开会之际，袭击、围攻掘港指挥部。那时由茅珵、韩念龙率领的崇启海警备旅的一个营，维持地方秩序。就靠这个营和三纵留守的两个连，抵抗徐承德的进攻，坚持苦战三日。我与陶勇同志也急赶回掘港，三纵主力回援，一个反攻，徐承德部望风溃败。徐率残部投降日军，在日军支持下，又奔到海门悦来镇构筑了据点。不久，我们的三旅八团（王澄的部队）摧毁了他的碉堡，徐承德被当场击毙。

掘港保卫战以后，苏四区与其他兄弟区（一、二、三区）同样确立了抗日民主根据地的基础。1941年，以粟裕同志为首的苏中军区成立后，我们就把指挥部正式改组为苏中军区第四分区，我任司令员（陶勇是主力部队的司令员，兼分区副司令员），以向明同志为政委（后为吉洛，即姬鹏飞），陈同生同志为政治部主任，梅嘉生同志为参谋长，刘先胜同志为副司令员。保安一旅的薛承宗、保安五旅的孙信符先后离开部队，他们的部队就由我们统一改编为新四军的主力部队。有些国民党的县党部，如启东县党部，原来照挂招牌，照做孙中山总理纪念周的，但国民党中央对沦陷区的国民党倒可承认，对共产党领导下的根据地的国民党，倒不承认了！这些同志，如周厚谦、张树民等，大都参加了新四军的工作，姚志仁、卞宝菊还参加了共产党。原搞党的地下工作的周一峰、李俊民、钟民、洪泽、叶胥朝、梁灵光、顾民元、陈伟达、周明等同志都公开出面，在苏中区党委、苏中行政公署领导下，分别担任了地、县各级党政机关的领导工作。工、农、青、妇及少年儿童亦都有了抗日组织，社会秩序已与顽杂盘踞时期大不相同。

新四军抗日根据地的建立，使日军整个后方受到了很大的威胁，在华中前线不得不停止西进，抽其兵力，在后方增加据点。我区各乡镇的敌伪据点，每隔十里八里就有一个，多得像梅花桩一样林立。我们的游击活动受限制，于是在东南设海启行署，陈同生同志兼行署主任，海门县长沈维岳、启东县长钱柏生为副主任，梁灵光任南通县长兼警卫团长，叶胥朝任如皋县长兼警卫团长，并在通海设行署，以任天石为主任（后由茅理负责）。以后人事上虽有许多变动，但在粟裕同志一师主力的领导与支援下，军民团结，苏四区始终坚持了反扫荡与反清乡斗争。

反“扫荡”与反“清乡”

日伪的小部队原不敢轻易下乡，广大的农村我们都可以自由活动。及至 1941 年日伪就经常出动大量部队，进行频繁的扫荡，并以空中轰炸相配合。痛心的是我的胞弟季强成，在二次扫荡后中道动摇，竟不告不谋，跑到已经沦陷的上海去；向明同志派强成的儿子季立去追、劝，也没有回来。我自惭德薄能鲜，友于未格，何以为国？而党和人民却对我信任有加，命我兼任苏四区专员。我即发表《告通、如、海、启、崇同胞书》，与父老兄弟诸姑姊妹们约法五事：（一）扩大自卫武装，粉碎敌伪扫荡，准备战略反攻，争取最后胜利；（二）推行民主政治，健全乡保机构；（三）整理公粮及财政，肃清贪污浪费，建设地方经济，改善人民生活；（四）保障人权，尊重法纪；（五）取缔烟毒，根绝社会祸害。

我们分成小股作战，日军扫荡掘港，已经到了西街，我们还在东街，末了决定放弃，我和刘先胜最后撤出来。1942 年掘港沦陷，我家宅的十多间瓦房也就是在这一年全被敌伪拆毁修据点。我们化整为零，与我一起行动的不过一连人，战士们叫我大队长，似乎比叫司令更亲切。讷仁和孩子跟我们一起打游击。流动性更大了，我们很少在一个地方连续住两夜。但遵照毛主席“敌进我退，敌驻我扰，敌疲我打，敌退我追”的十六字方针，在广大人民的支持下，我们抗战必胜的信心却更大了。就在这样的环境中，我们还能经常把敌伪深沟高垒的据点拔掉。

到了1943年，南通区的敌伪更进一步以如皋的丁堰镇为起点，东至海滨，南迄江边，企图构筑封锁篱笆300余里，沿封锁线每里一个碉堡，把我通、如、海、启方圆400来华里、人口约200万的四分区隔断，使我大部队不好行动，把我们封锁在东临大海、南滨长江的角落里，用“梳篦式清乡”消灭我们，我主力部队就跳到外线（竹篱笆以外）作战，并厉行精兵简政，疏散了一部分干部去“打埋伏”——向明同志因身体不好，也曾一度与我的妻女一起，在启东“打埋伏”，主要由我内侄女钱雪君照顾他；而民兵和便衣武装则始终坚持在“清乡”区内，与敌伪进行顽强的斗争。白天敌伪筑篱笆，夜晚我们就组织群众拆篱笆。在主力部队掩护下，我们还组织民兵、群众几十路联合行动，锯电杆、破公路、火烧竹篱笆，火光烛天，宛如火龙，使日伪惨淡经营几个月的竹篱毁于一夕。日伪虽企图修补重建，当地的毛竹砍光了，还从江南运竹子来“打”篱笆，但继续遭我破击数次后，再也搞不起来了。

敌人对我们残酷屠杀，有的同志一家数口都被活埋。仅据不完全统计，1943年，我苏四区党政军民牺牲1400余人，被拉丁1500余人，被强奸1800余人，无辜被捕被害6万余人，民房被烧光拆毁5000余间。在严峻的斗争中，我们颁布《苏中第四行政专员公署反“清乡”期内紧急治罪条例》，凡犯有为敌伪特务机关派出至我根据地侦察我军情或组织情报机关，阴谋组织暴动以破坏我根据地治安，参加敌人“清乡”组织阴谋危害祖国及人民，乘敌伪“清剿”“清乡”时散布谣言淆乱人心、内奸阴谋蜕变罪行之一者，均以汉奸论罪处以极刑。在情况绝对严重时，区级以上政府及民众团体，均有执行权。但强调须查有确实证据，随时将处理经过报告上级，任何时候不得违反政府保障人权之基本精神，且只适用于反“清剿”“清乡”期内。

1944年底，在聚星镇的一次战斗中，我们有名的主力老八团团长王澄同志和政委鲍志椿同志同时牺牲了，现在启东县王鲍乡，就是这两位烈士永垂不朽的纪念。

我们的斗争虽付出了惨痛的代价，但苏中第四军分区这一抗日根据地，在苏中区党委和新四军一师的领导与支持下，一直坚持到抗战胜利。

滕海清

芦家庙战斗，震撼了敌人，使其进占亳县的企图落了空。

● 1909年3月生，安徽金寨人。

● 1931年1月，加入中国共产党。

● 1938年3月，入延安抗日军政大学第四期学习。同年8月结业后任新四军游击支队第二大队队长兼政治委员。

● 1939年1月，任新四军游击支队二团团长兼政治委员。

● 1941年皖南事变后，奉命率部转战皖东北，参加了淮北地区33天反“扫荡”战役和山子头自卫反击战等战役，为发展和巩固淮北抗日根据地做出了积极贡献。

● 1997年10月26日，在北京逝世。

夜战芦家庙

滕海清

一

1938年夏，日军大举进攻，国民党军队节节败退，徐州、开封相继沦陷。开封失守后，国民党政府在花园口炸开黄河大堤。洪水一泻千里，沿途泛滥，数百万人民生灵涂炭，财产荡然无存。皖东、皖北一片混乱。日军肆行烧杀抢掠；豪绅地主组织的维持会、良民区等纷纷出现；土匪、流氓及国民党失意军人乘机组织武装，封官设卡，横征暴敛，广大人民陷入水深火热之中。就在此时，党中央命令彭雪枫同志率领新四军游击支队300多人，于9月30日自河南确山县的竹沟镇出发，挺进到西华县的杜岗，与吴芝圃、肖望东同志领导的两支抗日武装合编成三个大队。部队未来得及整训，就在10月24日从西华县东渡新黄河进入敌后，打击日军，开辟抗日根据地。

27日，部队行进到淮阳县以东的窦楼遭日军骑兵袭击，我各部队迎战，击毙敌10余人，余敌狼狈逃窜，我首战告捷。部队抗战情绪大振，豫东人民也受到鼓舞。11月中旬，我游击支队深入到睢县、杞县、太康，先后在西陵寺、陈寨、宋庄的战斗中取得胜利，震撼了敌人。11月下旬，开封、商丘守敌日伪军2000余人，对我进行报复“扫荡”。我军机动转移，经太康、柘城转到淮阳又打了几仗。12月下旬，部队转到鹿邑县的白马驿。快过元旦了，彭司令员特别指示：这是我们进到敌后的第一个元旦，一定要让战士们吃顿饺子，休息几天，洗洗衣服。元旦这天，部队都吃到了饺子。夜晚，侦察员回来报告：商丘500多日军和2000多伪军，乘100多辆汽车，今天下午进占鹿邑县城。国民党委任的鹿邑县县长魏凤楼带着他的部队4000多人，今天晚上到了白马驿。2号下午，侦察员又报告说，昨天进占鹿邑城的敌人，今天没有行动。我正寻思如何对付敌人，支队通信员来了，他说彭司令请大队首长去。我立即赶到支队司令部，彭司令员很亲热地说：“海清同志新年好！”我简单地报告了部队的情况，他就问：“你们部队吃到饺子没有？”我说：“你老早就讲，过年要让战士们吃顿饺子，那还能不执行吗？”彭司令员笑了。他接着说：“我叫你来研究一下，想给你们二大队一个特别任务。”他把一份五万分之一地图放在桌子上，用手指给我看，然后说：“昨天下午，商丘敌人占领了鹿邑县城，我想要你们插到商（丘）（鹿）邑公路两侧，威胁鹿邑敌人后方，积极主动地打击敌人，明天出发，怎么样？”我向他保证：“明天按时出发。”走时，彭司令员拉着我的手说，祝你们胜利，听你们的好消息！

我回到大队马上召集连以上干部开会，传达彭司令员指示，研究行动计划。战士们听说要打仗，战斗情绪特别高涨。

二

1939年元月3号，我游击支队二大队共计310多人，从白马驿出发，经亳县十八里铺，进到亳北魏岗宿营。部队出发前，先派人与国民党亳县政府联系，说明我部要进入亳北地区。亳县县长熊公烈，是个顽固的家伙，他对我们不理睬。在经十八里铺时，亳县地方部队不让我们通过。我为了避免发生误会，就绕道而行。那时亳县地方部队有数千人，他们打着抗日招牌，向老百姓要粮、要钱，但却从来没有打过日军。当地群众听说我们是共产党领导的新四军，是路过此地到北边去打鬼子的，很高兴，自动给我们送粮送草。指战员们见到人民欢迎支援我们，劲头就更大了。第二天，我们继续北进，到了安徽与河南交界的苗楼地区又遇着亳县地方部队的苗司令。我们先头部队与他接洽，他也不准我部通过。这时我考虑，不要我们通过，我也不再绕道，干脆就不走了。便在苗楼南边村庄住下，我带了两名通信员前去找苗司令。顿时，苗司令部戒备森严，如临大敌，三步一岗，五步一哨，门口还架了机枪。我带的两名通信员也被挡在了门外。

苗司令身着狐皮大衣，挺胸凸肚，鼻子里不时地哼哼几声，装腔作势。我蔑视地看了他一眼，便说："苗司令是不是抗战的？""是的，鄙人的队伍是坚决抗战的。""既然是抗战的，为何不借道于我呢？再说，就我一个人，又何必这么紧张呢？这样又如何打鬼子呢？"苗司令顿时张口结舌，理屈词穷，便转向部下吼道："滚蛋，谁让你们来的？"他的部下一个个收起枪灰溜溜地走了。我心里不由得好笑。我进而向苗司令宣传抗日救国的主张，说明我部只在此驻扎两天，望苗司令全力合作，并注意商丘守敌的动静，帮助我部解决给养等问题，苗司令答应一一照办。返回驻地后，我马上派侦察员查明鹿邑方面敌情。晚上，侦察员回来报告，进占鹿邑的敌人今天全部撤回商丘去了。根据这个情况，我们就研究敌人的企图，为什么我们 3 号出发，鹿邑敌人 4 号就撤退了。显然敌人已发觉我们新四军部队在商丘方向的行动了。敌主力进到鹿邑，商丘空虚，害怕我们搞他的老窝。6 号晚，得知商丘敌伪 2000 余人，沿商邑公路南犯，先头部队 300 余人已经到亳北的芦家庙。我们的战士高兴地说，我们有打仗的机会了。当天夜晚，我部转移到亳县东北王牌坊宿营。7号下午，据侦察报告，敌进到芦家庙就不继续前进了，正在做工事。据此，我们决定要抢时间，先下手，坚决打击进占芦家庙的敌人，当晚即派六连连长去芦家庙侦察。8号下午，六连连长回来说，芦家庙敌情没有变化，地形有利于我行动，四面都可以进去，芦家庙东西村庄都没有住敌人。于是我决定当天晚上就打，即令各连队进行深入动员，介绍芦家庙的情况，并研究打巷战的战术。又与亳县附近国民党的两个地方部队取得联系，尽可能地争取他们的配合。住王牌坊的亳县特务大队和住张集的张甫清部队，都同意配合夜晚的行动，攻击时间定在当晚11时。部队出发前，我又找各连干部讲，今天夜晚，要准备单独作战，不能有依赖思想，配合我们打仗的两个单位，我对他们不放心，他们对我们的态度一直不好。我们在他们地区打仗，他们不好说不配合。各连的干部一致同意，不依靠他们，我们干我们的。

三

8号夜晚，明月当空，万籁俱寂，薄薄的一层冬雪覆盖着大地。部队从王牌坊出发，我随四连尖兵排走。为了保密，没有走村庄，静悄悄地走野地，直插芦家庙。11时，部队接近了芦家庙。我带尖兵排和四、五连从芦家庙正北、六连从芦家庙东两路杀进芦家庙集内。我攻势迅猛，敌措手不及，没费多大力气抓了一批俘虏。集镇内没有大房子，敌人都散住到老百姓家里，搞了他一部，其他的惊动了，全街枪声响成一片。我令各连分班、排、小分队大胆、勇敢地向里面猛插，采取分割包围战术。不到半个小时，敌人被分片包围了。这时，枪声、手榴弹声响成一片。敌人守着各房屋的门和窗户拼命反抗，我们从地面不好接近，就让各连组织战斗小组，爬到敌人住的房顶上，把房子扒开个洞，向里丢手榴弹，炸得敌人嗷嗷叫，不是炸死就是炸伤。经3个多小时的激战全歼敌人。

这时，已是凌晨3点多钟了。我命令部队清扫战场，尽快撤离此地，不然天亮后芦家庙北的日伪军会扑上来的。再说，原配合我们行动的友军，直到现在没有动静，我们也应提高警惕。当时决定六连押送俘虏，搬运枪支，并带上伤亡的几个战士先走，半小时后部队迅速撤退。早7点，我们就回到出发地王牌坊了。同我们住在一起的特务大队刚起床，他们看到我们抓的俘虏，缴获的机关枪、步枪等胜利品，很惊讶，表示钦佩。特务大队长很难为情地对我说，昨天夜晚，部队走错了路，没有找到芦家庙，表示抱歉。我说没有关系，我们的胜利，也是你们的胜利。住张集的张甫清也写信祝贺，也说他们的部队昨夜走错了路，没有赶上芦家庙战斗。我同战士们讲，这些家伙都是说鬼话的，他们都是本地人，怎么会都走错路呢？分明是欺骗我们。因为他们都同敌伪有关系，怕得罪了日伪军，这是给自己留条后路。

四

芦家庙战斗，震撼了敌人，使其进占亳县的企图落了空。9号，敌人便全部撤回商丘去了。我们将芦家庙战斗的战利品、商丘敌人进占亳县的作战命令、作战计划以及抓的俘虏、伪军的军旗等，由大队副官带部队送交亳县国民党县长熊公烈。前几天，也是这位副官拿着彭司令的公函去拜望这位县太爷，告诉他新四军的先头部队要进入亳县境内，他傲慢得很，摆出一副了不起的架势，根本不理睬我们。这次不同了，事实教育了这个顽固的家伙，他非常热情，客气地问我们部队有什么困难没有。

芦家庙战斗是我新四军挺进敌后初期的一次战斗，自徐州、开封沦陷后，在亳北地区没有哪个军队敢于打日军，就连伪军也没有敢惹的，只有新四军是真正抗日的军队。芦家庙一战，对日军是一个沉重打击，使他们知道共产党领导的新四军是不好对付的。以前他们横行无阻，要到哪里就到哪里，没有人敢于抵抗，唯有这次进占亳县碰了钉子。芦家庙战斗并不是什么大战斗，但是当时在亳北这个地区来说，又是唯一的战斗，其政治影响大于军事收获。这一战斗胜利，使那些打着抗日招牌的“司令官”们威风扫地，他们的牛皮再也吹不起来了，也使广大群众看透了他们只会剥削人民，假抗日的本质。芦家庙战斗的胜利极大地鼓舞了广大人民抗战的信心，拥护共产党，拥护新四军，欢迎彭司令的口号，随着战斗胜利的消息，一直传遍皖北大地。

周志坚

在武汉周围建立起牢固的敌后抗日根据地，以便更有效地配合正面战场，坚持持久战，争取最后胜利。

- 1917年1月12日生，湖北大悟人。
- 1933年，加入中国共产党。
- 1938年8月，任中共豫东工委军事部长，年底调任新四军第四支队第八团驻河南确山竹沟留守处代理参谋长。
- 1939年1月，率部进入豫鄂边地区，先后任新四军挺进团政治委员、豫鄂挺进纵队第二团队团长等职，参加了开辟豫鄂边抗日根据地的斗争，并参与指挥了余家店、新街、平坝保卫战等战斗。
- 1941年皖南事变后，任新四军第五师第十三旅旅长，后任鄂东临时指挥部司令员，率部参加了侏儒山战役、大悟山反“扫荡”和挺进豫南作战。
- 2005年6月9日，在武汉逝世。

向武汉外围挺进

周志坚

……

挺进！挺进挺进！

让我们高唱着抗战之歌，

沿着汉江两岸，豫鄂之边，

驱逐日寇出中国境！

每当我哼起这支《豫鄂边区挺进进行曲》，就回想起我们当年跟随李先念司令员向武汉外围敌后挺进的情景。

勇闯龙门关

1938年10月，华中重镇——武汉沦陷于日军铁蹄之下，抗日战争转入相持阶段。日本侵略者为了长期占领武汉这个战略要地，并控制其外围，除了在武汉和各主要城镇驻以重兵外，还组织伪军和伪政权，沿着交通要道设立据点，“扫荡”敌后抗日武装。而参加武汉会战的40万国民党正规军，以及10余支地方“游击队”，则溃散在武汉外围的群山深处；地主反共游杂武装蜂起，“司令”多如牛毛。他们盘踞着农村，危害乡里，鱼肉人民。

在那民族灾难深重的时刻，武汉外围的党组织和共产党员，纷纷起来组织抗日人民武装，开展敌后游击战争，点燃起抗日的星火。根据形势的发展和党的六届六中全会的精神，急需把这些力量汇集起来，组成一支强大的抗日武装力量，在武汉周围建立起牢固的敌后抗日根据地，以便更有效地配合正面战场，坚持持久战，争取最后胜利。

先念同志就是在这种情况下，肩负着民族解放的重任，带着党中央、中原局的指示，来到豫南竹沟的。

1939 年 1 月 17 日，一场大雪刚刚停息。漫野银白，寒风凛冽。先念率领着我们新四军独立游击大队，从竹沟出发南下，冒着严寒，踏着冰雪，向武汉外围敌后挺进。

我们这支队伍，是由竹沟新四军第四队八团队留守处的两个连队 70 余人和 60 余名干部组成的，武器只有一挺轻机枪，90 多条步枪和几十颗手榴弹。先念同志原为红四方面军的有名将领，因为部队太小，怕一时声张，有碍行动，故化名李威。组织上决定我担任参谋长，作为先念同志的助手。

进军的第三天下午，北风呼啸，太阳隐没在灰蒙蒙的云层里。我们到达了四望山麓的龙门新店。进到龙门新店，只见群峰耸立。一条必经隘道蜿蜒，两旁悬崖峭壁夹峙。隘道入口处，有一道镌刻着“龙门”两个大字的石门，地势十分险峻。同志们跨进石门，走不多远，进入了一个有 20 户人家的小村。刚进村，忽然发现两个持枪的哨兵站在一座地主庄园高大的门楼前面，紧接着走出来一个戴着少校军衔的国民党军官，他左手叉腰，右手高举，恶声恶气地高叫：“站住，哪一部分的？”

“新四军。”我们边回答边继续前进。

“哪里去？”

“到敌后打日本鬼子！”我们理直气壮地答道。

“站住，不然就开枪了！”

一听这话，我火“腾”的一下窜到脑门顶上，随即从腰间拔出手枪，“你敢！为了抗日，中国的地方我们都可以去。谁也拦不了！”

我们的战士摩拳擦掌，子弹上膛。

“队伍停下！”李司令员冷静地命令道。“我们是新四军，打算通过贵军防地去打鬼子，请给予协助。”

“你们稍候片刻，我去通报一声。”说罢，那个少校转身进屋。

在当时那种混乱的时候，国民党散兵游勇遍地都是，三五十人或百把人就拉起一支队伍，占山为王，落草为寇，不打日军，专干残害百姓的勾当。“司令”“队长”真是多如牛毛。原来我们遇到的是国民党的一支杂牌“游击队”，司令名叫吴少华，手下有好几百名士兵，在我们到来之前，就事先拉到山上，剑拔弩张，摆开了阵势。也许他们以为我们也是一支散兵游勇，想来个大鱼吃小鱼，把我们吞并掉。

不一会儿，那家伙出来说：“你们谁是司令啊？”

“我们没有司令。”我怕暴露李司令员，脱口答道。

先念同志从容不迫地走出队伍：“我就是司令，有何贵干？”

那少校一见，声气小了许多。他满脸堆笑，双手往里一让，毕恭毕敬地说：“我们吴司令有请。”

简直就像变戏法，这家伙刚才那副凶神恶煞的模样，一下就变得如此恭顺谦卑。

同志们都担心先念同志的安全。我说：“司令员，这虎穴还是不闯好。”

李司令员镇静地紧了紧皮带，又摸了摸风纪扣，说：“不要紧，我去一趟，你在外面好好掌握部队，相机行动！”说完，带着警卫员大步跨进院门去了。

随着那朱色的大门“咣当”一声关上，我们的心猛地收紧了。同志们屏住呼吸，盯着那紧闭的大门，脸上流露出焦虑的神色。

不一会儿，大门口突然摆上6道岗哨，12个哨兵亮出寒光逼人的刺刀。正在这时，那个少校又出来了，他神气十足地喊道：“参谋长到！”

一个身穿黄呢军服的烟鬼子出来了，他傲慢地环视了我们一下，口出狂言：“你们是非法，不许通过！”

“什么？”刚刚压下去的火又升了起来，我嚷道：“什么叫非法？我们是堂堂正正的国民革命军新编第四军，是抗日的队伍，哪一点非法？你不许我们过去打鬼子，你就是破坏抗日！”说着，我甩掉身上穿着的棉衣，拔出手枪，挥手命令部队：“马上展开，一排把机枪对准大门，二排占领左边高地，三排占领右边山包，给他点颜色看看。”

战士们闪电般地把吴少华的司令部包围起来。

大烟鬼一看势头不对，那副傲慢相顷刻全无，脸色煞白，慌忙掉转屁股，钻进屋去汇报。我们的战士怒吼起来：“赶快把我们的司令送出来！不然就砸你们一个稀巴烂！”

先念同志带着警卫员走进吴少华的司令部后究竟发生了什么情况呢？后来据警卫员告诉我说，当先念同志不慌不忙地走进去时，那位吴司令正大腿架在二腿上佯装没看见，坐在那里摆臭架子。先念同志沉着而威严地将棉衣一敞，露出胸前“国民革命军新编第四军”黄杠三朵花的上校符号。吴司令见状，这才站起来让座，又命令勤务兵倒茶，还装模作样地说：“不知阁下光临，有失远迎，望李司令多加原谅。”这家伙的态度之所以改变，也许是因为他胸前佩戴的是黄杠两朵花的中校军衔，先念同志正好压住了他。国民党军队里就是这样，官大一级压死人。

“武汉沦陷，敌后空虚。我军挺进敌后，是为了发动群众，开展游击战争，打击日伪汉奸，配合正面战场的作战。”先念同志笑了笑，首先开口：“不知这里是贵军防地，未曾先取得联系，还要吴司令谅解哪。”

彼此又寒暄了一番之后，先念同志严肃地说：“我看贵军在我前方道路两侧的山上摆满了士兵，莫非是……”

“不！不！那，那是我们的军事演习，不必多虑。”吴司令狡诈地辩白说。

先念同志站起来：“那好，请吴司令派人送我们出警戒线吧！”

“当然可以，不过……”吴司令眨了眨那双流露出狡黠目光的小眼睛，又道：“李司令初来乍到，鄙人备了些薄酒素菜，为我们初次见面干上一杯，如何？”

话音未落，他们的参谋长慌慌忙忙进来咬着他的耳朵嘀咕了好一阵。我们战士的怒吼声也清晰地传进了他们的司令部。吴司令脸色都变了，忙站起来说：“李司令，这、这是干什么？”

“不！”先念同志斩钉截铁地说：“我们公务在身，要赶往敌后抗日，时间紧迫，不便久留，吴司令的盛情我们领了。”

吴司令见状，只得悻悻地命令他的王副官主任护送我们。

肥头大耳的王副官主任陪着李先念走出大门。他赔着笑脸向我们喊道：“新四军弟兄们，别误会，请集合队伍走吧。鄙人奉命护送贵军出防地。”

我把部队集合起来，并派了两个战士盯着王副官主任，让他走在我们队伍的中间。他一边走一边不断向两侧山头上喊：“别误会，这是新四军，到敌后抗战打日本，吴司令派我送他们出境，不许开枪。”

山上的士兵趴在掩体里，眼巴巴地看着我们通过，仿佛是给我们行注目礼送行。

就这样，我们顺利地通过了绵延数里的山间小路，把他们的警戒线抛在身后。

“谢谢你！”先念同志站在山垭口的一块磐石上，对完成护送任务的王副官主任说：“回去告诉你们的吴司令：希望今后互相联系，以大局为重，团结抗战，把民族敌人赶出国土！”

王副官主任向李司令员恭恭敬敬地敬了个军礼，点头哈腰地退转去了。

三战三捷

离开了龙门新店，我们进入了绵延在豫鄂边的四望山。

几天后的一个下午，我们在白雪皑皑的四望山，和豫南特委及其领导的信阳挺进队会合了。这些坚持敌后斗争的同志们，因为远离上级领导机关，正急切地期待着上级党的指示。先念同志的到来，使他们喜出望外。

在四望山北麓的信阳黄龙寺，先念同志向他们传达了党的六届六中全会决议和中共中原局少奇同志的指示，明确指出：豫南的党组织应该把组织和扩大抗日武装，保证党对部队的绝对领导，作为自己的首要任务。他还同特委的同志一道，对豫南敌后抗日游击战争，作了具体研究和部署，进一步推动豫南敌后游击战争迅猛发展。

信阳挺进队和我们会合后，又将竹沟警卫大队一中队编入我们大队。这样，我们便扩大成为一支拥有 200 人枪的队伍了。

我们在这里住了几天，大家只知道鄂东、鄂中有我们党所领导的抗日游击武装，但不知在什么地方活动，都很焦急。元月下旬的一天，李司令员把我找去交代任务说："志坚，组织上决定派你带领部队，跨过平汉铁道，插进大别山，到信（阳）、罗（山）边进行一次侦察性游击活动，联系那里的党组织和党领导的武装。蔡韬安是地方党的负责人，找到他就行。"

在一个连星星也看不到一颗的寒夜，我带着部队，悄悄地跨过了平汉铁路，插进了大别山。我的脚一踏上大别山的土地，就像孩子又回到了母亲的怀中，心里感到无限温暖。我透过朦胧的夜色，用眼睛搜寻着我记忆中的大别山的青松、绿竹，搜寻着那住着红军妈妈的低矮农舍……然而，我所见到的却是些秃岭荒山，断壁残垣。国民党的摧残，日寇铁蹄的践踏，使大别山完全改变了模样。

深夜，我们在离铁路15华里的新街宿营。经群众帮助，很快找到了蔡韬安同志。不久，又联系上“二七”平汉铁路破坏总队这支由铁路工人为主组成的抗日武装。

破坏总队的附近有一支伪军——甘润民大队，共有170多人，经常为虎作伥，残害人民。破坏总队的负责人要求我们把那股伪军消灭掉。经过一番调查和作战准备，很快就把那伙民族败类消灭了。这次战斗，缴获了3挺轻机枪，120多支步枪，3支手枪，为大别山人民除了一害。

完成了任务，我们决定返回四望山向先念同志汇报。

下午4时多，天空布满乌云。我们从杜家畈出发，沿着原路向四望山进发。尖兵排正过着铁路，突然从南边隐约传来一阵隆隆声。只见远处一辆鬼子巡道车从柳林车站开来。我命令大家在铁路两边埋伏下来。

敌人的巡道车像一头蠢猪闯来了。车上满载着戴钢盔的日本兵。眼看着车子钻进了我们的火力网。我一声喊：“打！”战士们手中的机枪、步枪一齐咆哮起来。一颗颗手榴弹朝着车上飞去。车上刚才还在谈笑的鬼子，顷刻就抱头嚎叫起来。有的负伤倒在车上。巡道车拖着败兵，狼狈地向北逃去。

当时，在这一带沦陷区敢打鬼子，确是一件大事。我们来到这里以前，人们都说日本兵厉害，有人还把他们形容得像“神兵”一样，国民党军队见了就跑。然而，我们新四军的游击队居然揍了他，群众心里很高兴。打了这一仗，我们部队的士气更加旺盛了。战士们说：“原来日本兵是些假老虎。”“就是真老虎我们也敢打！”

跨过铁路，堆满乌云的天空，淅淅沥沥地下起雨来，寒风夹着冷雨，扑打着指战员们冻得青紫的脸。但大家心里像裹着一团火。入夜，部队在青石桥的一座古庙里住下来。

第二天黎明，挨了揍的敌人果然追上来了。一颗从东边山上发射的炮弹，落在我们宿营的庙后爆炸了，机枪也在同一方向打响了。

我们立即转移。敌人还在原地盲目地射击。

已经是中午了，我们到达了信（阳）应（山）公路边。沿着公路竖立的一根根电线杆，依着地势的起伏，高高低低地排成一行。劲疾的北风，把电线刮得嗡嗡鸣叫。我想："割断电线，把敌人调来，打他一个伏击多好啊。"于是部队选好地形，埋伏起来。几个战士在一片开阔地段，把电线卡断了。

这法子真灵。不到 1 小时，10 多个日本骑兵，带着器材、工具赶来了。当他们跳下马，正动手修复电线时，我们狠狠揍开了，把他们打得人仰马翻。当场打死敌人 3 名，击毙 4 匹战马。其余敌人狼狈逃回信阳县城去了。

回到四望山中的浆溪店，我们向李司令员汇报了这次执行任务的情况。他高兴地说："好哇！你们这次双倍地完成了任务！"同志们听了首长的表扬，感到特别兴奋。

春节前夕，我又奉命带领部队，沿铁路西侧南下，到应山地区去联系那里的党组织和党领导的抗日武装。

当我们到达应山县城西北的余家店时，又同日军干上了。

那天上午 10 时许，天空又是乌云翻滚。我们正驻扎在余家店南面山头上的罗家庙，等候派出去的人与地方党联系的消息。忽然几十发炮弹向余家店飞去，轰击那里的国民党广西军和游击武装。

"鬼子兵'扫荡'了，准备战斗！"

我一面命令，一面带着司号员，跑到庙前一棵松树下，用望远镜一看，只见百多个鬼子，配合着几十名伪军，正向西"扫荡"。驻在余家店附近的国民党桂系军一个营，像一群胆小的兔子，亡命奔逃着。我一面观察一面想：用枪声联系地方党的同志。这倒是个好机会，也可做出个榜样，给这些只知道逃跑的家伙看看。就在这时，嘘的一声，一颗炮弹落在土地庙后爆炸了。我伸手抱住司号员，两个人一翻身，滚到一个土坎下。几乎同一瞬间，又一发炮弹打来，将我们刚才隐蔽的松树拦腰炸断。司号员和我的身上，都盖上了一层土。

“狗娘养的，太猖狂了！”我愤怒地骂了一声。司号员说：“打吧，参谋长！”

我返回驻地，布置战斗。

冲锋号响了，我们的部队迅速冲向敌人。敌人受到突然的攻击，慌忙缩回余家店镇里，负隅顽抗。一中队长、老红军张日新同志，带着他的中队从右翼迂回到余家店东，转入街北，向敌人发起猛攻。二中队由中路向街南口进攻。敌人撤到镇外，钻进东边一片高地上的丛林中死守待援。战斗整整打了一个下午，黄昏时，敌人 20 多具死尸摆在阵地上。

战斗结束后，中共应山县委的领导同志果然循着枪声来了。从他口中得知，应山地方党经过艰苦努力，已经建立了一支游击队，他们随时准备与主力会合。

余家店战斗，是我们新四军独立游击大队踏上鄂中敌后战场以来，第一次打着新四军的旗帜，摆开阵势打击日军。战后，方圆百里的群众，都纷纷传颂：“共产党领导的新四军，是真正抗日的队伍！”许多群众赶来慰问，许多爱国青年跑来要求参军，不少国民党游击武装也主动找我们联系。

曙光照耀大别山

春节刚过，先念同志亲自率领我们挺进大别山。

大别山，是先念同志战斗过的革命战场。他这次回到大别山，碰见群众，就拉着问长问短：问红军长征后老苏区遭受的苦难；问日本侵略者给老苏区带来的灾难。灵山寺狮子口的一个老赤卫队员，拉着先念同志的手说："早就盼望着你们回来呀！回到大别山，重新摆战场。"李司令员说："是的！我们一定不辜负大别山人民的希望。"

在铁路东侧的新店，先念同志会见了我们已经联系过的信（阳）罗（山）边地方党和破坏总队的负责同志。他又详细地向他们传达了党的六届六中全会精神。在他的指示下，信罗边成立了党的中心区委，主要任务是进行群众工作，独立自主地发展抗日武装。

不久，我们在九里关附近，和新四军游击第六大队会合了。这支队伍的骨干全是坚持大别山游击战争的红军战士。会合那天，我们看见他们还是穿着黑色的红军服，背着红军常戴的斗笠帽。听说他们还把缀着红星的红军帽，珍藏在自己的背包里。

在狮子口，先念同志又向罗（山）、礼（山）、经（扶）、光（山）中心县委书记贺建华和新四军游击第六大队的负责人罗厚福、熊作芳等同志传达了六中全会精神。

贺建华和罗厚福、熊作芳等同志一道，在鄂豫皖区党委领导下，依靠红军留下的火种和坚持斗争的革命群众，战胜了重重困难，组织了六大队这支武装。贺建华同志向先念同志汇报了以张体学为大队长的独立游击第五大队的情况。那支武装是从无到有建立起来的，拥有数百人枪，活动于黄冈、麻城一带。先念同志听了十分高兴。眼看着敌后许多的革命星火，马上就要同我们会合，多么让人兴奋啊！

我们两支部队就要分开行动了。先念同志拉着贺建华等同志的手，亲切而严肃地说："党中央和毛泽东同志号召我们深入敌后，开展游击战争，建立抗日根据地。实践证明：深入敌后，只要取得人民群众的支持，就可以立于不败之地。告诉张体学、程坦他们，一定要见缝插针，遍栽杨柳。千万不要缩手缩脚，把自己陷在一个小窝窝里，特别是不能陷在顽军的窝窝里。那样，不仅不能发展，反而会被吃掉！这意见一定要向鄂东特委的程坦及其他同志传达到，向独立游击五大队的同志传达到！”

贺建华同志动身离去时，先念同志又把他叫转来，再一次严肃地叮嘱：“我的意见一定要传达到呵！”

联曹打胡

1939年4月，我们继续向南挺进。

在孝感中和乡，我们和许金彪领导的湖北省抗日游击大队会合。许金彪是从延安南下的红军伤员，回到家乡后，一直没和党组织接上关系。日军的铁蹄践踏他的家乡后，他组织了抗日自卫队，用国民党军队溃逃时丢掉的武器武装自己，并建立了一块抗日根据地。

不久，部队转移到铁路西侧的厉家店。为了发展路西根据地，先念同志决定：组织一次“联曹打胡”的战斗。

曹，就是曹省三的地方游击队，这支部队曾与许金彪同志的部队有过统战关系，他们拥有300多人枪。

胡，就是住在花园西面白沙河的胡翼武部，这是一股地主游杂武装，早同日本侵略军勾结，无恶不作，人民群众非常痛恨，是这一带地方开展敌后游击战争的绊脚石和捣蛋鬼。

战斗打响的时候，曹省三从路东出发，跨过平汉线，直捣驻在白沙河的胡翼武司令部。先念同志带我们进抵马家店南的栗林店时，即分兵两路：一路向南配合曹省三部，直攻白沙河，一路从栗林店出发，经枣林店、西湾房、庙湾房向沙子岗进攻。

我带二大队及二中队向沙子岗前进。在西湾房战斗打响后，敌人慌忙逃跑。我们追击到王龙庙北的周家湾，活捉了100多敌人，缴获轻机枪2挺，步枪100多支。

上午10时左右，云梦的伪军贺成慈部赶来增援，向我沙子岗、潘家松林阵地进攻。二中队坚守了两个多小时，终于把进攻的敌人打垮，又缴获机枪1挺、步枪数十支。

这次战斗的胜利使中和乡抗日根据地得到了进一步巩固和发展，并且还为开辟安（陆）、应（山）、孝（感）新根据地创造了条件。

歼灭胡翼武部战斗结束后，湖北省抗日游击大队除留后方机关和部分人员坚持中和乡的抗日斗争外，主力随先念同志一起，进驻安陆的赵家棚。这里是安（陆）、应（山）、孝（感）三县边界地区的中心集镇。这个地区，东靠大别山，西接大洪山脉，南临武汉近郊，北依桐柏山脉。境内丘陵起伏，物产丰富，人口众多，能进能守，自古称为鄂北咽喉，中原门户，确是开展武汉外围敌后游击战争的又一块好战场。

为了统一指挥，提高战斗力，创造新的抗日游击战争的根据地，我们进驻赵家棚后，把两支部队整编为新四军挺进团队，许金彪任团长，我当政委。

这时，李先念的名字，正式公开了。在赵家棚，他以新四军游击支队司令员的名义，召集附近的国民党地方游击队司令、各区区长、开明绅士和安陆、应山等县国民党县党部负责人开会，阐明我党团结抗战的政治主张，商讨合作抗战事宜。从此，我党在鄂中地区，独立自主地树起了领导敌后抗战的旗帜。

武汉外围赤旗漫卷

武汉沦陷后的第一个夏天，在炮火纷飞中来到了。

我们从竹沟南下后，随着冬去春来，穿过了豫南、鄂东的敌人后方，现又战斗在鄂中敌后战场。在这次征途中，我们深切感受到，在武汉外围的辽阔地区，到处燃烧着我们党点燃的抗日烽火：豫南有信阳挺进队；

鄂东有新四军游击第六大队和独立游击第五大队；鄂中有陶铸和鄂中特委组织起来的“应抗”等游击武装；孝感铁路边有许金彪部。此外，在襄河西，在鄂南，在汉川，在随（县）枣（阳）地区和应山，都有我党领导的小型抗日武装。就在这个季度里，我们与这些遍布于武汉外围敌后的抗日武装一个一个都联系上了。

6月6日，陈少敏同志带着信阳挺进团两个中队南下赵家棚。下旬，鄂中区党委在京山养马畈召开了一次重要会议。陈少敏和李先念两同志主持了这次具有重大意义的会议。会议期间，刘少奇同志发来电报指示：目前鄂中党的中心任务，是在最近期内，创立一支5000人以上的党直接领导的新四军，只有完成这一中心任务，才有可能应付各种事变，确立我党在鄂中之地位。……目前新四军刚到鄂中，应积极活动，打击汉奸伪军及零星日寇，以便扩大影响，巩固统一战线。会议按照这一指示，首先统一了豫南和鄂中党的武装，建立了新四军豫鄂独立游击支队，下属四个团及应抗总队，李先念任司令员，陈少敏兼任政委。

这支由中国共产党领导的游击兵团的诞生，立即使武汉外围敌后的抗日游击战争跨入了一个新的发展阶段。它所属的四个团队，分别深入鄂中、豫南、汉水和淮河两岸的敌人后方，广泛而猛烈地开展机动灵活的游击战。

1939年8月，王海山和钟伟同志带领二团队，在大别山北麓的河南罗山朱堂店首战告捷，一举歼灭日本侵略者80余名。1939年10月13日，张文津和我带领的一团队，在二团队二大队的配合下，在鄂中京山的新街镇，严惩来犯的日军，打得敌人弃尸数十具，仓皇逃窜。我们在追击中，缴获轻、重机枪各一挺，步枪几十支，战马六匹，军用物资一批。这一仗，使鄂中敌伪为之震惊，使那些在抗日阵营中动摇的中间势力向我靠拢，接受我们的领导。鄂中沦陷区的人民群众更是欢欣鼓舞，就连大洪山内的国民党报纸，也用特号大字标题报道了这一战建军威的胜利消息。

周志坚

在此战前，蔡松荣和杨唤民同志率领三团队，在湖北应城魏家河痛打了伪军马筱甫部；李人林和罗通同志带领的四团队飞跨汉水，在武汉附近汉阳蔡甸镇严惩了伪和平救国军第九十二师熊光部；活跃在豫南的信南三团队，消灭了一股流窜在信阳柳河的土匪，为建立豫南敌后抗日根据地扫除了障碍；奋战在鄂东敌后的新四军游击第六大队在独立游击第五大队一个中队的配合下，在抗日两周年纪念日——1939 年 7 月 7 日，歼灭了伪二十五师赵光荣部，活捉伪旅长以下官兵 200 余人……

从此，在统一战略部署和统一指挥下，新四军在华中敌后抗日战场上的重要战略阵地——武汉外围敌后抗击日伪的战斗序幕，就这样威武雄壮地揭开了。

刘　飞

准叫敌人有来路，没有去路，吃掉马团，争取立功；打个漂亮仗，迎接大反攻！

- 1906 年生，原名刘松清，湖北黄安（今红安）人。
- 1930 年 3 月，加入中国共产党。
- 1938 年春，奉调到新四军工作，曾先后任新四军第三支队政治部组织科科长、第六团政治处主任等职。
- 1939 年 9 月，因在江阴顾山战斗中负重伤，被送往阳澄湖地区，在极其险恶的环境中，积极组建和扩大革命武装，坚持敌后斗争。
- 1940 年 2 月，伤愈归队，任江南抗日救国军政治部主任、救国军第五支队司令员。
- 1941 年皖南事变后，任新四军第六师第十八旅第五十三团团长兼政治委员等职。
- 1945 年春，指挥三垛河伏击战，歼日伪军 1800 余人，获新四军军部通令嘉奖。
- 1984 年 10 月 24 日，因病在南京逝世。

三垛河伏击

刘　飞

1945 年 4 月，日军命令原盘踞在宝应城的伪苏北绥靖公署特务第二团马佑铭部，驻防兴化南面的周庄，以封锁、分割和蚕食我们的抗日根据地。

当时，由于日伪在苏北进行大的部署调整，东沿盐城、海安公路，西濒运河的各条交通线上车船簇拥，旗摇马嘶，日伪军大肆烧杀抢劫……眼看夏收在即，风声日紧，一时人心惶惶。为了保卫和巩固我们苏中与一分区根据地，我们决心给予南犯之敌以迎头痛击。

一

我们原打算在宝应附近的运河线上打他一仗，后来因为情况变化没有打成。这次马佑铭部伪军要调防，正是我们大显身手的好机会。我们就要从这个少将团长的头上开刀，决心在三垛河边的公路上打一个漂亮的伏击战。我们把这个决心报告了苏中军区首长，并要求将已上升为苏中主力兵团之一的我十八旅五十二团调回参战。我们的这个决心正符合军区领导的意图，因此军区司令员管文蔚同志和政委陈丕显同志很高兴地立即批准了我们的作战计划，命令五十二团、江都独立团，再调来三分区特五团一起参加战斗。由我（当时任十八旅旅长兼一分区副司令）负责统一指挥，并配给我们一部电台，规定每两小时通报一次情况。此外，军区首长又给我们作了许多指示，着重说明敌人气焰嚣张，要我们坚决地打，不要轻敌，务求全歼。

我们本着这些精神进行了准备。第一件事就是选择地形——给马团寻找墓地。从宝应到兴化一定要走高邮，再经过三垛河公路，由西向东，这是没有疑问的。但是在这条公路上选择哪段打对我有利呢？可以有两个地段。一段是三垛镇以西到二沟，共15里。这里公路两边的大村庄很少，不容易隐蔽部队，可掩护出击的河沟也不多，而且离高邮县城只20多里，便敌增援，封锁消息比较困难。一段是三垛镇以东到河口，共30里。这里沿河村庄较多，可以作为伏击战场的地段有7里多长，路中间只有河北紧靠公路的一个新庄，房屋已被日军烧成断墙残垣，能够被敌利用，但掩护我出击的河沟却有10条左右。这里离高邮和兴化两县城各有40多里。所以我们就选定了后一地段，在从新庄到野徐庄的7华里狭长地带上布置了一个伏击聚歼马团的“口袋阵”。

接着我给各参战部队下达了作战任务：江都团由团长林辉才同志率领，埋伏在三垛河以南，河口镇以西，协同五十二团消灭河道与公路上的敌人，同时准备阻击可能从兴化和河口西援的敌人，牢牢守住“袋底”，决不让马团东逃。我旅特务营由营长成建军同志率领，在河北三垛以东，准备阻击可能从高邮东援的敌人，把守好“袋口”，不让马团西逃。五十二团由团长张宜友同志指挥，在公路北边的袁舍到野徐庄一线隐蔽下来，一旦打响，就在友邻部队配合下全线杀出，把敌人消灭在公路上。特务团守卫在河南，严防敌人南窜，并以火力支援北岸，相机过河歼敌。全军的阵势是严密的。

各部队接受任务后，进行了充分的政治动员，五十二团还颁发了战斗英雄条例，号召大家杀敌立功。指战员们斗志昂扬，怀着对敌伪的刻骨仇恨，个个摩拳擦掌，表决心，争取担负最艰巨的任务，一致表示：准叫敌人有来路，没有去路，吃掉马团，争取立功；打个漂亮仗，迎接大反攻！各团召集连以上指挥员研究具体打法，并带领部队进行了战斗演习。

4月27日拂晓，参战部队秘密开进阵地。三垛河一带是我军经常出没的地方，地形熟，群众条件也好。我们一到，驻地群众听说新四军要打敌伪军，无不拍手称好。家家户户腾房让铺，给部队隐蔽休息。许多群众帮我们准备船只和战斗用具，绑担架，烧水做饭，忙得不可开交，并且向我们保证，决不走漏半点消息。民兵们还放了秘密警戒，防止坏蛋活动，帮助封锁消息。为了迷惑敌人，沿河商店照常营业，河上船只通行无阻，公路上行人不加盘查，表面看来似乎“风平浪静”。人民群众的深情，给我们增添了无穷的力量。真是天时、地利、人和都在我们这一边了。

我的旅指挥所设在河南边俞迁庄北端的民房里。参谋人员进屋后，在土墙上扒开几个瞭望射击孔。伏击部队也各在土墙上取下几块土坯布置火力。从指挥所向北面望去，眼下弯弯的三垛河，由于这几天正是雨后初晴，河水满满的。离河的北岸有60米，赤裸裸地躺着一条与河身平行的公路，没有一棵树遮挡，东西七八里一望无余，尽收眼底。公路北边，则是星散的村落和一片闪亮的水田，农民已开始把嫩绿的秧苗插在田里，有的地里种着麦子、蚕豆，也已长得很高，成了我军隐蔽的“青纱帐”。这是多么美好的河山，多么有利的伏击地形啊！

二

一切准备工作就绪，就只等敌人来钻“袋”了。可是敌人就是迟迟不来。是敌情不准吗？不，我们的情报侦察工作是十分周密可靠的。早在马团离开宝应前几天，宝应地下党即向我们送出情报：伪马佑铭团即将调防，连日来，宝应城的官僚、地主正在轮流设宴为他饯行，马佑铭得意忘形，日夜打牌醉酒，他的部队则急于整顿行装，大街小巷，马乱兵荒，预料二三天内就将开发。25日下午，马团离宝应开始南下。为了及时掌握敌人的行动情况、兵力和武器装备，我军和地方干部在马团调防必经的路线上，布下了侦察人员。有的通过高、宝两城的内线关系，及时将情报传到部队；有的化装进入沿途城镇，观察敌人动向；有的埋伏在运河堤边，侦察敌情。我们还专门派了高邮独立团团长张波亲率一个连，带着电台，秘密活动到高邮城区附近，随时向指挥部报告。指挥部除了在三垛镇附近派出侦察组外，还指示参战部队派出干部，化装成农民到田间劳动，进行观察。

生龙活虎似的战士们，昼夜隐蔽在老百姓家里，不能外出一步，时间长了闷得发慌，好像手脚发痒。他们咬着牙说：这又是一笔账，要跟马佑铭总算！班排长看到大家难熬的表情，不得不临时编造一些没头没尾的故事来同大家消磨时间。但是故事往往被一系列的问题打断："排长，你说敌人什么时候来？会不会走另一条路呢？""等了一天了，总不会白等吧？"他们这种心情是可以理解的。因为大家都懂得这一仗是多么重要。仇恨激怒着他们，胜利吸引着他们，革命的责任感鞭策着他们。对于这些问题，各级指挥员差不多都是这样回答："准备着吧！敌人一定会来的！"但是连他们自己也有些发急，瞭望孔里时时射出搜寻仇敌的眼光。27日等了一整天，不见敌人踪影。

28日，太阳当顶，两个侦察员急急忙忙跑来报告：由宝应南来的敌人，在高邮停了一天，今天早上离开高邮东窜，现距三垛镇只有四五里路了！我的心揪得紧紧的，立即通知各团，注意隐蔽，加强对敌监视。不久，各团报告了他们准备的情况，通话刚结束，又得侦察员报告："河面上发现敌人三艘汽艇，拖着20多条民船！"我站起身来瞭望，并立即摇动电话机，向各部队通报敌情。估计到部队的焦急情绪，我特别加了一句，未得命令，不准开枪！

果然，河上“卜卜、卜卜”的马达声由远而近，由于南岸水深，汽艇掉过向，直冲我们而来，越来越近，最近时距我们只有10多米远，连敌人说话的声音都听得很清楚。船上载着50多名日军和200多名伪军，第一艘汽艇刚过去，接着第二艘跟了过来，艇上有几个日本军官和伪军军官在谈笑。忽然有个家伙指着我们这里诧异地问道：“这些墙上怎么开了那么多洞洞？”我吃了一惊，但接着就有一个家伙轻蔑地说：“天热了嘛，开些窗洞好通风啊！”说完，这艘汽艇也滑了过去。我松了一口气，暗暗地骂道：“你们说得好，等一会儿还要在你们脑袋上开几个洞洞！”

三艘汽艇拖着20多船辎重犁着水花刚刚过去，公路西头已经扬起尘烟，公路上的敌人来了。原来，伪军师长刘湘图一向把马佑铭视为爱儿宠子，马团是他们的一张“王牌”。这次调防生怕半路上有什么好歹，临时请求日军保镖。日军也向来器重马贼，但又觉得他总是中国人，虽有几分信任，也不得不防他三分。这次行动，正想作些监督，苦无借口，恰巧刘湘图请上门来，心中暗喜，立即派遣刚从高邮湖西“扫荡”归来的山本旅团合川大队的两个中队和一个小队护送。

马佑铭对敌寇老子和上司的器重十分得意。他自以为部队装备好，几次和新四军交手，都逃脱了覆灭的命运，又有日军做靠山，除了指挥自己的三个营外，还指挥驻河口的一个伪军营，这次调防还有日军护送。所以他十分骄横，根本没有把苏中军民的力量放在眼里，竟以四路纵队的密集队形行进，看来毫无战斗准备。每个伪军营后面跟着日军一个中队，全队前面只有一个伪军班和一个日军小队担任搜索任务。全部约2000人大摇大摆地蜂拥而来，走到新庄西头附近，因公路有缺口，部队停止前进20多分钟，临时搭桥，后续部队不断赶了上来。这对我收紧“口袋”更为有利。

下午3点多钟，全部敌人乖乖地钻进了“口袋”。“出击的时候到了！”我一声命令，两颗红色信号弹腾空而起，紧接着轻、重机枪，手榴弹和我们兵工厂制造的小炮一齐怒吼，埋伏在南北两岸的指战员，把仇恨的子弹、手榴弹、炮弹，像狂风骤雨一样地射向敌群。化装在田野里劳动的干部也都占据了有利地形向敌人射击。沿河上下一片爆炸声。

敌人的三艘汽艇首先遇到了阻击。但敌人借着船板掩护，一面顽抗，一面割断牵引民船的绳索，开足马力，企图突破重围。我江都独立团的英雄们哪肯放过它，便集中火力射击。五十二团三营的勇士们也展开侧击，弹雨冲刷过去，除了先头的一艘汽艇因钢板较厚没能摧毁逃脱外，其余都瘫痪在河里不能动弹了。艇上的敌人纷纷钻出舱口，撕掉衣服，有的光着屁股跳到水里，企图泅水逃跑。在水网地区发展起来的江都团战士们，个个熟悉水性，在冲杀声中，一齐投出手榴弹，端着刺刀冲下水去，在飞溅的水花中和敌人追逐肉搏。凶狂的日军仍垂死挣扎，挥动着明晃晃的刺刀，“哇哇”地向我战士乱扑，满河刀光闪闪，鲜血染红了河水，许多日军成了浮尸。北岸的日军纷纷从公路旁跳下河，两脚陷入淤泥，愈拔陷得愈深，成了我南岸射击的活靶子。我们的战士，犹如水上蛟龙，一会儿在水上，一会儿在水中，既英勇，又灵活。看到这种情景，我心里说不出的高兴，不禁抓起电话筒，大声喊道：“打得好！打得好！敌人不投降就坚决消灭他！”

在公路上的敌人，遇到我们突然猛烈的袭击，队伍大乱，大都趴在公路上滚来滚去。但是公路北边是泥泞的水田，南面是宽阔的三垛河，隔岸还有特五团射出的密集火网，敌人前进不能，后退不得。公路上既无地形可利用，兵力、火器又无法施展，伪军与日军在我军火力网下互相冲撞。他们正在喊爹叫娘的时候，我伏击部队已经插上来，一下子把公路上的敌人截为数段。两个日军中队和全部伪军建制大乱，前后不能相顾。于是我方展开了政治攻势："新四军优待俘虏，缴枪不杀！"马佑铭的伪军，大都已顾不得日军的疯狂辱骂，纷纷缴械投降，只有少数死心塌地为主子卖命的奴才和日军，还在顽抗。但最后也大部被打死或打伤，有的跳河，有的拐着脚逃向新庄。前后只一个半小时，公路东段的歼击战就已基本结束。

走在最后压阵的一个日军中队和200多名伪军，被我特务营一压，立即丢下几具尸体夺路抢占了新庄，和前面逃来的日伪军会合，凭着一人高的断墙，用机枪、步枪构成交叉火力网，以掷弹筒弥补死角，集中向我射击，妄想固守待援。我五十二团一营由北面跑步抢占新庄，被小河阻挡，一时未能通过，却被先占新庄的日军以火力阻在开阔地上。日军用火力将我军借以隐蔽的麦子、蚕豆全部扫断，企图给我一营以致命杀伤。我一营教导员汤江声同志、一连指导员和一些战士血洒沙场，光荣献身。三连指导员也身负重伤。在此紧急情况下，二连连长立即组织突击小组，拖着用绑带结成的绳索，在火力掩护下强渡小河，接着全连一齐扑上对岸。

二连过河后，冲上庄头，投出一排手榴弹，抢占了两间破屋。日军一看二连来势勇猛，妄想趁其立足未稳进行反扑。一群日军拿出所谓"武士道"精神，脱掉上衣，敞开长满黑毛的胸膛，端着刺刀"哇哇"地狂叫着，向我二连阵地猛扑过来。二连的勇士们面对日军的凶残，毫无惧色，不但没有后退半步，而且也挥动刺刀向敌寇冲杀过去。双方肉搏拼刺，杀得难解难分，血流遍地。我二连的英雄战士海有鱼同志，肚子里插着鬼子的刺刀，而他的刺刀却把鬼子死死地钉在墙上。他英勇牺牲了，但两眼还圆睁睁地怒视着那个敌人。

日军见反扑不成，又以最后的兵力投入搏斗。二连的处境更加艰难。这时正好以阳澄湖畔36个伤病员发展起来的一连及时赶到，立即投入战斗，顶住了敌人，站稳了脚跟。但狡猾的日军却又组织火力封锁我一、二连后路，断我增援，又展开了连续的一次比一次凶猛的反扑。一、二连的100多把刺刀在英雄战士们的手里勇猛挥舞，把把刺刀上沾满了日军的污血。刺刀弯了，掉转枪托来砸，枪托坏了，用手榴弹敲。有的冲过去和敌人扭在一起，在手榴弹的爆炸声中同归于尽。有的战士牺牲了，干部接过他的枪向敌人冲去。干部牺牲了，战士主动代替他们指挥。指战员冲入敌人阵地，夺下敌人打得发红的机枪，缴来敌人烧得烫手的掷弹筒，迫使困守新庄北部的敌人丢下几十具尸体向南退守。

最后围歼新庄残敌的总攻开始了，五十二团三连和特务营赶到了，江都团的一个连也赶来了。他们从四面八方把固守新庄南部的敌人紧紧包围，响起了密集的枪声和一片冲杀声。这时天色已近黄昏，盘踞高邮的日军已分两路来援，隐隐传来了小钢炮的轰击声。五十二团参谋长胡乾秀同志组织好炮火，三长声军号一吹，集中地向庄上轰击，顿时火光冲天，大地也抖动起来。剩下的30多个日军，眼看着自己命运危在瞬间，不得不扯掉太阳旗，跳出断墙，赤裸着上身向西面突围逃窜。充满仇恨的战士们，瞪着发红的眼睛，狠命地追逐射击。二连的一个战士从逃跑的日军中抓住了一个身材高大的毛胡子回来，这家伙不肯投降，最后倒毙在河边上，满嘴啃着泥沙。

三

经过三个多小时的战斗，一场激烈而又漂亮的伏击战胜利结束了。战场上到处横着日军和伪军的尸体，还有很多轻、重武器。在公路旁，猬集着近千名伪军俘虏，他们个个垂头丧气，狼狈不堪，无神的眼光呆呆地望着薄暮笼罩的三垛河。河里停着两艘汽艇和20多条木船，满满地载着从人民手里掠夺来的财物和辎重装备，还有几百两黄金。水中乱七八糟地漂着日伪军的尸体，还有破烂的“兽皮”和残缺的太阳旗。

当我们押着日军和伪军俘虏进到后方的村庄时，庄头和路边拥挤着许许多多的男女老少。他们用热烈的掌声欢迎自己的队伍，庆祝我们的伟大胜利。当一长串日伪军拖着蹒跚的步伐，经过他们面前时，人群中立刻发出了切齿地咒骂，不少人伸出拳头，要向这些害人虫讨还血债。在清查俘虏时，我们在负伤的伪军中发现了一个满脸横肉的家伙，他就是少将团长马佑铭，此刻已气息奄奄。

这一仗，我们全歼日军240余人，毙伪军600多人，俘虏伪军958人。日军山本顾问、伪军团长马佑铭等也都成了我军的俘虏。缴获轻重机枪、步枪1000余支，各种炮16门，大批弹药和物资器材。

张铚秀

卫岗战斗，是我新四军挺进江南后的第一仗，影响所及，如黑夜中的火种，燃起了江南人民抗日的熊熊烈火。

- 1915 年 7 月生，江西永新人。
- 1934 年，加入中国共产党。
- 1938 年 2 月，任湘赣游击大队第二中队中队长，3 月任新四军第一支队二团侦察参谋，4 月任新四军先遣支队第一中队中队长、支队司令部侦察参谋，7 月调任二营营长。
- 1939 年 1 月，任第二团第一营营长，9 月任第二团参谋长。参加卫岗战役后，随部挺进苏南，开辟茅山抗日根据地。
- 1940 年，调任皖南第一纵队新编一团副参谋长、团长。
- 1941 年皖南事变中，率团激战七昼夜突出重围。
- 1943 年 2 月，任含和支队参谋长，参加皖中 1943 年春季反“扫荡”作战。
- 2009 年 8 月 14 日，在北京逝世。

抗战初期新四军先遣支队斗争片断

张铚秀

向江南挺进

向江南挺进，到敌后发展游击根据地！

这是我们祖国处在民族危亡的抗日战争初期，新四军组成先遣支队时候，大家共同的心声。

1938 年三四月间，新四军第一、第二、第三支队的部队，先后到达了新四军军部驻地安徽省泾县的岩寺周围地区集中。4 月 28 日，从第一、第二、第三支队抽调部分干部和各支队、团的侦察分队组成先遣支队，先挺进江南敌后，侦察了解情况，为主力部队开进江南敌后创造条件。先遣支队由红军时期的名将、新四军第二支队副司令员粟裕同志担任司令员兼政治委员，钟期光同志任政治主任。下辖司令部、政治处和三个侦察连，共 500 人左右。当时我是侦察参谋。

先遣支队组成以后，大家心里想的和口头议论最多的是当时抗日战争的形势。

1937 年 8 月至 12 月，日本帝国主义对上海发动了侵华战争中规模最大的一次登陆作战。8 月 13 日，日军发动进击。具有革命传统的上海工人、学生、市民和各界同胞，奋起要求抗战。国民党上海守军的广大爱国官兵，在冯玉祥、张治中将军的指挥下，被迫进行抵抗。日军七次增援，最后在杭州湾登陆。于11月11日占领上海。接着，日军又于12月13日攻占南京。四个月中，蒋军伤亡惨重。国民党政府被迫由南京迁都重庆。日本侵略者的铁蹄践踏着祖国锦绣江南的土地，震惊中外的“南京大惨案”的情景像尖刀扎在人们的心头，抗日的怒火在战士们的胸中燃烧。我们清楚地记得卢沟桥事件发生的第二天，中共中央向全国发出通电，指出“只有全民族实行抗战，才是我们的出路”，号召“筑成民族统一战线的坚固的长城，抵抗日寇的侵略”。这个通电得到了全国人民的热烈拥护。然而，国民党则对我党领导的八路军、新四军实行限制、消灭的政策。如划给我新四军在京、沪、杭的作战地区，就是在东有大海、北有长江的水网地区，并在南京、上海、杭州等驻有日军重兵的战略要地包围中。先遣支队就是在这样艰难和险恶的形势下挺进江南的。

为了更进一步地明确先遣支队挺进江南的任务，粟裕司令员向我们传达了中央军委毛泽东主席对新四军进行游击战发来的电报精神：“在敌后进行游击战争虽有困难，敌情方面虽较严重，但只要有广大群众，活动地区充分，注意指挥的机动灵活，也会克服这种困难。在侦察部队出去若干天之后，主力就可以准备跟行。在广德、苏州、镇江、南京、芜湖五区之间广大地区，创建根据地，发动民众的抗日斗争，组织民众武装，发展新的游击队，是完全有希望的。在茅山根据地大体建立起来之后，还要准备分兵一部进入苏州、镇江、吴淞三角地区去，再分一部分渡江进入江北地区。在一定条件下，平原也是能发展游击战争的。”这个重要的指示，是我们先遣支队的行动方针。

通过封锁线

5月初，先遣支队到达南陵县城，准备通过敌人控制的铁路封锁线。

粟司令员于11日下午，对我们先遣支队进行了动员，说："今晚我们要渡过青弋江，越过铁路于12日天亮前赶到东门渡，这几十里都是敌伪地区，大家要战胜困难，连夜通过，不能掉队。"接着，粟司令员命令我带侦察员提前出发，到铁路上去了解情况。他交代我，一定要把情况弄清楚。于是，我同五个侦察员分成两个组，向铁路两头察看地形；然后，让两名侦察员分别担任观察警戒，并规定了联络信号。我带一名侦察员按规定的时间和地点去接应部队，并将情况向粟司令员做了报告。他说："很好。"接着问我："张参谋，敌人铁甲车开来，在比较远的地方能发现吗？"我说："不知道怎么发现。"于是粟司令员便走近铁轨。蹲下去用耳朵贴在铁轨上，又用手轻轻地抚摸轨道。他说："这样做，如果有铁甲车，你在较远的地方，就可以听到铁道传来的声响。"粟司令员亲自指挥部队，并告诉同志们注意，过铁路时可能遇到敌人的铁甲车，铁甲车上的探照灯很亮，照得四周像白天。如果碰到铁甲车，就卧倒不要动，这样他就看不到我们。当晚，我们顺利通过了这段敌人封锁线。

12日晚，由东门渡出发到达雁翅镇，在那里休息了一天，当我和王培臣、曹鸿胜、小公务员四人在一起吃早饭闲谈时，大家总想买点东西吃，可是又没有钱，我也只有几角钱，便拿出来买了一点猪大肠、猪肝和酒，并由王培臣去做拿手好菜——猪大肠炒酸菜，我炒猪肝片。这天中午我们几个人吃得特别高兴，后来曹鸿胜同志还想喝几杯，我说："老曹啊，不要再喝了，我们四个已喝了点酒，可以消除疲劳了，喝多了怕会误事。"曹鸿胜同志是1928年参加吉安起义的老同志，年龄比我大16岁。我从延安到新四军时，在南昌是由陈老总派他当交通，把我送到湘赣游击区的。他对我很好，又很尊重我，只要我说得对，他是会听的。尽管事情已经过去44年了，但是想起战争年代同志之间那种互相尊重、互相爱护、互相帮助、亲如兄弟的感情，就感到分外亲切。13日晚，我们到达了江宁县的叶家庄。

宣传抗日前景

我们司令部驻在曾任过国民党政府财政部次长的叶文明先生家里。叶先生得知驻他家的是司令部，一见到副官曹鸿胜同志的长相和派头，就误认为是司令，忙搬来个竹躺椅叫他躺下休息。后来他发现躺在椅子上的是小个子，就小声地把正在睡觉的人唤起来："谁叫你睡在这里的？这是给司令睡的。"曹鸿胜同志闻声赶来说："叶先生，他就是司令员！我是他的副官。"叶先生问："司令，贵姓大名？"曹鸿胜同志介绍说："我们的司令员叫粟裕。"叶文明"啊哟"一声，说道："这个名字好熟识，在哪里听过？"粟司令员说："蒋介石不是通缉匪首方志敏、粟裕吗？"叶先生频频点头，连声说："想起来了，久仰，久仰！"我们全屋的人都会心地笑了。

有一天，叶先生说："粟司令，有件事要请教你。"粟司令员说："叶先生有什么事尽管说，一些事情一时弄不通，大家商量，何言请教呢？"叶先生说："请问贵军到此何干？"粟司令员说："我们新四军到这里来，是为了消灭我们民族的共同的主要敌人——日本帝国主义侵略军！"叶先生又说："果真是这样，我以朋友的身份斗胆地奉劝你几句，你们说的抗日大道理，是非常正确的；你们这支部队作为抗日宣传队，也是无可非议的。然而，真要同日军交战，事情并不那么简单。国军几十万大军，还有飞机、大炮、坦克的支援，在上海、南京都遭到惨败。何况你们呢？"

粟司令员说："叶先生，你只看到我们部队现在的武器装备差。在十年内战中，我军以这样差的武器装备屡次打败了装备强过自己百倍的蒋军。今天，日寇的武器装备尽管比我们中国强，但我们中国地大物博。人口众多，特别是我们所进行的是民族战争，只要我们和各界人士团结一致，就一定能够战胜日本强盗。"叶先生听了信服地说："粟司令，你说的我完全相信。你们红军二万五千里长征到达陕北，围追堵截和万般困难都没法阻挡你们。由此可以料想，日本侵略军将来也一定会败在你们手下。"

6月的一天，我们在一个村庄宿营，没有惊动群众，就露宿在村前的坪场上，下雨时才到群众的屋檐下躲雨。天亮后，我们帮助群众挑水、扫地，人民群众看在眼里，想在心里，村里一位高龄老人说："我活80多岁了，看过清兵、孙传芳的兵和老蒋的兵，自古都是兵匪一家；但是，从没有看到过你们这样的好兵。"老人亲切地对粟司令员说："从没有见过，奇迹，奇迹！将来的天下一定是你们的。"

为了弄清敌情，我们派出三个小组，从叶家庄出发，先到铁路沿线侦察情况。不久，侦察小组先后回到叶家庄，向粟司令员汇报了情况。由于群众工作做得好，只几天的时间，铜山周围的群众都赞成我们共产党的抗日主张。

威震京沪线

几天以后，粟司令员带领我们向京沪铁路挺进。

6月中旬的一天黄昏，我们告别了铜山父老乡亲，东渡秦淮，越过京、杭国道（即南京到杭州的公路），拂晓时抵达夏家边附近。江南乡村土路，一下雨就全是烂泥巴，加上水塘和路房的粪坑，夜晚行人稍不小心，就可能掉进水塘和粪坑里；特别是我们这些从南方山区来的人，对此很不习惯。王培臣同志一连坐了四次飞机（跌跤），第五次被粟司令员听到，说：“怎么？王培臣又坐飞机了。”引得别人捧着肚子大笑。

第三天夜里，我们到了新桥附近的金家边。粟司令员根据我们挺进江南敌后近一月来的情况作了分析：国民党几十万大军惨败，上海、南京失守，整个江南非常混乱，汉奸趁机活动，建立伪政权；流氓土匪假借抗日组织游击队，自称司令（如朱永祥、余宗承等），压榨人民，烧杀抢掠，一些人对抗战失去了信心；而我们武器装备差、经费困难，又缺乏平原水网地区作战的经验，更没有同外国军队打过仗。基于上述因素，我们要坚持江南抗战，取得同日军作战的经验，提高军民的抗战信心，就必须寻机同日军打一仗，并且一定要打个胜仗。

第四天黄昏后，我们除一部分兵力留在金家边外，其他人员轻装，在粟司令员带领下，奔袭南京及镇江之间的下蜀火车站。我们破坏了车站东西两侧的铁路和电线，做了一个多小时的抗日宣传工作，并抓到了一个放毒的小汉奸。当晚，我们撤回金家边，随即兵分两路：无线电台和勤杂人员由副官处主任陈荷龙同志带领，到东昌街东北山边的一个小村庄隐蔽；二支队侦察连和二团的两个连由粟司令员带领，到东昌街附近的卫岗，伏击可能由镇江或句容方向来的敌人。

16日晨，由镇江方向开来五辆日军汽车。当第一辆汽车距我只有50米远时，侦察连的机枪手一个点射，把驾驶汽车的日本兵的头打碎了。后面的四辆汽车一辆挨一辆地停下，驾驶汽车的日本兵一个个被打死。这时，有两个日本军官右手高举军刀，带领剩下的二十几个日本兵，号叫着向我们冲来，欲与我们拼命。我们的伏兵从四面八方冲向敌人。日本兵看到自己被包围，准备用刺刀拼杀。我们则用刺刀、长矛向敌兵捅去，还有的同志抓起烂泥巴丢向日本兵的面部。有的日本兵眼睛被烂泥巴击中，我们的战士就乘机缴了他的枪。经过近一小时的战斗，这股敌人全部被我消灭了。这次战斗，共计打死日军土井少佐、梅村大尉以下

30多人，缴获步枪12支，手枪两支、军刀两把、望远镜两具、军旗一面，日钞近万元，烧毁日军汽车五辆。

新四军第一支队司令员陈毅率部队向江南敌后挺进途中，在江苏高淳县听到先遣支队取得卫岗战斗的胜利，非常高兴，作诗一首，以示庆祝：

弯弓射日到江南，
终日喧呼敌胆寒。
镇江城下初遭遇，
脱手斩得小楼兰。

江南人民心中的火种

卫岗战斗，是我新四军挺进江南后的第一仗，影响所及，如黑夜中的火种，燃起了江南人民抗日的熊熊烈火。

战斗结束后，我们赶紧撤出战场。周围的群众听说在卫岗消灭日本鬼子的部队是共产党、毛泽东领导的新四军，都觉得很新奇，都想来看看打败日本鬼子的军队。一连几天，群众敲锣打鼓，抬着很多东西来慰问我们。粟司令员忙着热情地招待各方来的群众，宣传抗日道理。我们也用他们送来的猪肉、鱼、鸡、鸭和酒招待乡亲们。他们赞许地说："新四军不仅能打仗，而且做的菜也蛮好吃。"人们到处宣扬新四军的胜利消息，卫岗战斗只歼灭30多个鬼子，有人就说消灭了300个鬼子，还有的说消灭了3000个鬼子，甚至有的说消灭了3万个鬼子，其用意，是借此来吓唬日本鬼子和鼓舞人们的抗日斗志。所以，群众都说："国民党百万兵，被日本兵打得惨败。共产党、新四军能打败日本兵，我们有靠山了！"

有一天，国民党第三战区一个游击司令部派来两个人，向我们要日本步枪两支、手枪一支、军刀一把、望远镜一具、军大衣一件、军衣一套、军帽一顶、皮鞋一双等，甚至要以一挺机枪换一支日本步枪。粟司令员根本就不同意交换，他对来人说："你们要，我们可以送给你们，只要第三战区长官司令部打收条给我们。"来人看我们新四军不好骗，就灰溜溜地走了。我们说："粟司令员，人家出高价同我们交换，赚钱的生意你不做，还要白送给他们。"粟司令员笑眯眯地对我们说："国民党若得到这些日军武器装备，就可以拍出照片，到处吹牛皮，说这仗是他们打的。"

卫岗战斗之后，我新四军第一、二支队又接连打了几个胜仗。1938年8月，全歼新丰车站敌寇；1939年1月，奔袭官陡门据点；同年2月，火烧东湾据点，夜袭丹阳、延陵据点等等。这些著名的战斗，在苏、浙、皖三角地区，在茅山地区，以至在整个江南，鼓舞着人民掀起了更加高涨的抗日热潮！

段焕竞

延陵镇战斗摧毁了日军在延陵镇建立的中心据点，拔掉了这颗插进我茅山根据地的钉子。

● 1911 年生，湖南茶陵人。

● 1932 年，加入中国共产党。

● 1937 年，任新四军第一支队第二团第一营营长。

● 1939 年，任新四军第一支队第二团参谋长、新四军江南指挥部新编第六团团长。

● 1940 年 11 月，任新四军苏北指挥部第二纵队第二团团长，指挥新四军夜袭新丰车站，参加黄桥战役。

● 1941 年 1 月，任新四军第一师第二旅第四团团长。

● 1942 年 9 月，任新四军第一师第二旅副旅长、参谋长。

● 1998 年 10 月 19 日，因病在南京逝世。

我指挥丹阳三个战斗的往事回忆

段焕竞

新丰车站战斗

新丰车站是沪宁铁路线上的一个中间站，离丹阳县城只有八公里。在这个车站附近的一个学校里，驻扎着一个小队的日军，还有部分伪军，共七八十人。当时的新丰车站就成了日军的据点，日军经常在铁路沿线枪杀百姓，妄图消灭新四军，侵占全中国。

我新四军一支队二团接到上级命令，要坚决拔除新丰车站据点，消灭这股敌人。记得在1938年7月1日夜晚，二团政治处主任肖国生和我（任二团一营营长）对部队作了战斗动员，布置了作战方案。乘天黑时光，我们带领部队首先包围了敌人的据点，然后命令三连连长张强生率领一个突击队，摸进敌人据点内，当突击队冲进室内后，敌人已从睡梦中惊醒，立即从楼上用机枪、手榴弹对我突击队实施疯狂地扫射，部队强攻遇到了困难。我即改变战术，采用火攻，收到了很好的效果。经过两小时的激战，据点里的日军和伪军，除三人漏网外，全部被我歼灭。缴获敌人三八式步枪七支，其余枪支和物资全部被烧毁，从而取得了战斗胜利。

新丰战斗是新四军先遣支队挺进沪宁江南敌后，继粟裕同志和钟期光同志率领先遣支队在镇江和句容县之间的卫岗伏击战胜利之后，江南的第二个大胜仗。它大灭了日军和伪军的嚣张气焰，大大地鼓舞了江南广大人民群众坚持敌后抗战的坚强决心。

此次战斗中，得到了丹北管文蔚同志的游击队、抗日救国自卫团部队和该地区我党政军民的有力支持，他们担任了铁路两头的（丹阳县和武进县）警戒工作，使我营顺利地完成了战斗任务。

延陵镇战斗

我新四军一支队二团一营继东湾战斗之后，又接到了陈毅司令员交给我营奔袭丹阳，消灭延陵镇据点的日军的任务。陈毅司令员当面给我营作了部署。部队听到要打延陵镇的日军，个个兴高采烈，士气高昂。1939 年 2 月 18 日，农历除夕前夜，我营冒着小雨夹小雪，从句容县白兔镇向丹阳延陵镇奔袭，经过三个多小时的急行军，到达了目的地。在地下党交通员的带领下，我营一连迅速占领宝庆桥（延陵镇上的“寺桥”）及以东地区，严密监视河东地主大院和昌国寺里日军的动静；二、三连紧紧包围河西伪军据点，采用挖墙、夺门而进的方法，将全部伪军歼灭。之后，我军兵分三路向河东日军驻地进攻，敌人依托深院、高楼、高墙和优良武器装备作负隅顽抗。我们采用竹竿绑集束手榴弹的办法，炸开敌人的围墙，勇猛攻进大院。在我部队猛烈打击下，敌人被迫退守昌国寺的藏经楼。我们就在藏经楼下堆起柴草，浇上火油，采取火攻，猛烧穷寇。经一夜激战，全歼日军柴田部队川野中队一小队和伪军共100余人，生俘日本兵一名。缴获一部分武器和部分军用物资，其中掷弹筒两具。2 月 19 日拂晓，战斗结束，部队返回句容白兔地区。

延陵镇战斗摧毁了日军在延陵镇建立的中心据点，拔掉这颗插进我茅山根据地的钉子，从而粉碎了日伪军企图向丹阳、武进以南地区“扫荡”

的阴谋，进一步巩固了茅山抗日根据地。

贺甲村战斗

1939年11月间，日军屡遭我新四军的打击之后，整日恐慌不安，为挽回其失败的局面，伺机对我新四军和抗日根据地进行报复。1939年11月19日，日军突然调兵遣将，集中了丹阳县城、金坛县城、珥陵、宝埝镇等地的兵力1000余人，分四路合击我延陵地区根据地。情况十分危急，为争取主动，我军先跳出了敌人的包围圈，转移到外线休整，同时严密监视敌人的动向。

从宝埝镇出发的敌人，一个加强中队，约160余人，在日军大队长武村的指挥下，来到延陵地区大肆抢掠，进行疯狂的扫荡。结果，敌人扑了个空。随即返回宝埝镇，途经几里镇时，遭到了丹阳独立支队的伏击。我们在林胜国副支队长的指挥下，迅速切断了敌人的退路。战斗打响后，我们部队占领了生河山制高点。我团（新六团）和独立支队一起，连续打退了敌人三次反扑，并歼灭敌人二三十人。在此次战斗中，我六团政治处主任刘震英和我团三营营长刘玉林同志光荣牺牲。剩余的日军向贺甲村溃逃，我新六团和丹阳独立支队立即拦阻、包围，不让敌人向宝埝逃走。这时，江南指挥部命令二团配合我们作战。于1939年11月20日11时，二团果然从金坛附近赶到了贺甲村。新六团、丹阳独立支队和二团对敌人形成了包围。贺甲村周围的群众冒着生命危险出村报告情况，并给部队带路。部队发起总攻后，二团一营首先突入贺甲村。敌人在我军严重打击下，死的死，伤的伤。剩余的只好退守祠堂顽抗，还施放了催泪性毒气，阻止我部队攻击，妄图固守阵地等待援助。我们部队及时对敌发起强攻。敌人支撑不住，只好从祠堂后门突出，企图逃跑。我全体指战员越打越猛，乘胜追击残敌。同敌人展开了白刃格斗，终于把残敌全部消灭在打谷场上。这场战斗，全歼日军武村大队长以下所有日军，并俘虏三名敌人，顺利告捷。

贺甲村战斗大捷，打出了新四军在江南的军威，鼓舞了党政军民的抗日信心，给了敌人一个沉重的打击，使其极为震惊，伪顽势力闻风丧胆。战斗结束后，新六团、二团、地方部队、民兵都被誉为“模范”“老虎”部队。

此次战斗胜利，是新六团、二团和丹阳独立支队互相配合作战的结果，也是“集中优势兵力打歼灭战”的成功，更是与广大群众的有力支持分不开的。

刘亨云

新四军浙东游击纵队坚持了艰苦卓绝的四年多敌后游击战争，取得了辉煌的成绩，为抗战胜利做出了重要贡献。

- 1913 年 9 月生，江西贵溪人。
- 1935 年 5 月，加入中国共产党。
- 1937 年，任闽浙军区教导队政治委员。
- 1938 年，任新四军第二支队第四团第三营副营长。
- 1942 年，任浙东游击纵队参谋长，参与创建浙东抗日武装和根据地。
- 1992 年 4 月 2 日，在杭州逝世。

新四军浙东游击纵队抗日史实

刘亨云

浙东抗日根据地，位于杭州湾两岸、沪杭甬三角地区，人口稠密，物产丰富，交通发达，是个战略要地，为抗战时期全国十九块解放区之一。在这里，新四军浙东游击纵队坚持了艰苦卓绝的四年多敌后游击战争，取得了辉煌的战绩，为抗战胜利做出了重要贡献，为中华民族的抗战史增添了光辉的一页。

一

1941 年 2 月 1 日，毛泽东对新四军在华中作战的战略部署安排上指出：关于浙东方面，即沪杭甬三角地区，我们力量素来薄弱，总指挥部应增辟这一战略基地，创立游击根据地。1941 年 4 月，日军发动宁绍战役，绍兴、镇海、宁波、慈溪、余姚等城相继沦陷，杭甬铁路两侧、杭州湾以南整个地区，很快被日军占领，姚江以北已成为敌人的后方。为了贯彻党中央指示，华中局决定将开辟浙东、浙西的任务，暂归江南区党委书记谭震林负责联系，并指导其工作。江南区党委随即指示中共路南特委，要浦东工作委员会组织力量向浙东发展。当时浦东工委领导的有两支部队：一支是长期坚持浦东抗日斗争而发展起来的淞沪游击队第五支队；一支是我党派党员在伪军第十三师二十五旅第六团和第五十团中做了工作，由我党控制的一部分兵力。浦东工委先后派出朱人侠和张大鹏、潘林儒等同志，完成了初探浙东的任务，回到浦东。随后，姜文光、朱人侠率领伪五十团三营九连一个排和淞沪五支队一个班，共50余人，南渡杭州湾，于5月10日首批到达三北（即镇海、慈溪、余姚三县以北）。为了“灰色隐蔽”，通过关系取得了国民党宗德指挥部第三大队（简称“宗德三大”）的番号。6月16日，蔡群帆、林有璋率领淞沪五支队第一大队一个中队和第四大队一个中队，共130余人到三北，仍沿用淞沪五支队的番号，取名为五支四大。7月朱人侠率领伪五十团八连一个排40多人，到达三北。（不久，朱人侠回浦东。）同月，姚镜人、陆阳率领伪五十团守望队100多人，到姚北登陆，然后充实到宗德三大。8月，潘林儒、凌汉琪、王荣桂先后率领淞沪五支队第二大队、第三大队和常备大队等200多人，相继到达三北。除五支三大和宗德三大合并外，其余部队均编为五支四大。8月18日，朱人侠、方晓等率领伪五十团二营六连，三营七连、八连及该团两期干训队共300余人，南渡来三北，并取得了苏鲁战区淞沪游击队暂编第三纵队（简称“暂三纵”）的番号。浦东部队先后到浙东三北地区的共七批约800人。这支部队成为创建新四军浙东游击纵队的基础。

浦东部队南渡到浙东后，就与地方党取得联系，开展统战工作，并在地方党和群众的支持下，立即进行了抗日游击战争。6月18日，我五支四大和宗德三大在相公殿以北盐场宿营，得悉有日军30余人从庵东据点出扰相公殿，便立即转移到相公殿西约一公里半的向天庵附近伏击。部队刚部署好，敌人就从相公殿出来了，等敌人进入伏击圈时，五支四大和宗德三大前后夹击，打死打伤日军各八名，迫使敌人狼狈溃逃，丢下两具尸体。25日，庵东日军三四十人再次到相公殿抢掠，五支四大和宗德三大第二次伏击敌人，打得敌人狼狈逃回庵东。相公殿两战两捷，鼓舞了浙东人民的抗日斗志，使日军大为震惊。从此，游击队各部转战三北，互相支援、配合，先后在登州街、长溪岭等战斗中连歼日军。10月10日，“暂三纵”在姚北登州街以西，袭击了周巷出扰的日军，激战一个多小时，迫使敌人逃回据点。12月中旬，五支四大在慈西长溪岭下的五峰寺，遭到从余姚出来扫荡的200多日军袭击。部队与敌人展开激战，毙伤敌20多人，我军主动向西北方向转移。

但是，胜利并不是轻易取得的，要抗日就会有牺牲。10月22日，从浦东首批渡海前来浙东敌后抗日的宗德三大，在姚北横河遭日军伏击，经一个多小时奋战，终因寡不敌众，大队长姜文光、副大队长姚镜人等29位同志英勇牺牲。11月，“暂三纵”在临山西北的梅园丘与日军发生遭遇战，经激战后，敌人逃回五夫据点，但我们自己也付出了重大代价，大队长陆阳等16位同志英勇牺牲。这两次战斗牺牲45人，对这支人数不多的游击队来说，是很大的损失。然而，烈士们的鲜血是不会白流的，浙东各阶层人民开始用敬佩的眼光来看待这支坚决抗战、不怕牺牲的部队了。

1941年10月，根据江南区党委的指示，由吕炳奎、王仲良、蔡群帆等组成浙东军分会，以吕炳奎为书记，统一领导三北地区的武装斗争。并在“暂三纵”和五支四大分别组成党的工作委员会。这时，五支四大先后在古窑浦、龙头场、海甸戎家、蟹浦等建立了办事处，“暂三纵”先后在逍路头、长河市、临山等建立了办事处。办事处和武装部队一起宣传抗日，组织与武装群众，发展抗日力量，征收抗日捐税，解决部队给养。随着敌后抗日游击战争的开展和军事上的不断取得胜利，统一战线工作、群众工作的迅速开展，使我军在三北地区初步站住了脚。

1942年5月中旬，日军发动第一次浙赣战役。敌人调集了十多万兵力，不到两个月时间，连陷诸暨、义乌、金华、衢县、江山，并一度占领永康、丽水、温州等地，先后侵占20多个县城。浙江人民同仇敌忾，在中国共产党的领导下，纷纷组织起来，实行武装自卫，抗击日军。早在1939年6月定海沦陷后，在党的领导下，就先后组织了定海吴榭乡自卫队、东区警备队等抗日武装。1941年4月镇海沦陷后，王博平在县工委领导下，组织了王贺乡抗日自卫队。余姚沦陷后，朱之光、赵继尧于1941年冬在姚南成立了四明游击指挥部独立大队。诸暨沦陷后，建立了泌湖乡抗日自卫队，后在中共诸暨县特派员朱学勉的领导下，发展为八乡抗日自卫大队。1942年7月，金属特派员陈雨笠和中共义乌县特派员江征帆等，通过统战工作，团结义西、金东的抗日进步人士吴山民、杨德鉴等，组织了“义乌八大”。戚铭渠、杜生甫在镇北建立了龙山自卫队。张平山在嵊东成立了侠义部队独立中队，后改为嵊东抗日自卫独立大队。为了广泛开展敌后抗日游击战争，牵制日军南进，并发展会稽地区武装斗争，由三支二大两个中队、三纵二大和四明游击指挥部独立大队组成南进支队，共200余人，在蔡群帆、黄明、华一鸣率领下，于6月6日向会稽地区进发。他们沿途宣传抗日，进入诸暨后，得到地方党组织的密切配合，转战诸暨、义乌、东阳、浦江、嵊县等地，英勇抗击敌人，歼灭了诸暨土顽徐文达部，在龙凤山、龙旗山毙伤敌尉官柳泽春夫以下30余人，俘伪军10余人。南进支队威名大振，鼓励了会稽地区人民的抗战斗志和信心。6月，谭启龙（化名胡志萍）受命来三北统一领导浙东抗日斗争。随同谭启龙一起到达浙东的还有淞沪五支队支队长连柏生、大队长张席珍率领的五支一大（即1941年11月返回浦东的五支四大一部）100多人。不久，路南特委书记顾德欢也来到了浙东。7月上中旬，华中局和新四军军部及一师师部给浙东派来了一批军政领导干部，其中有何克希（化名何静）、张文碧和我，以及罗白桦、余龙贵、张季伦、张浪、余旭、戈阳等。7月18日，在慈北宓家埭召开了浙东敌后第一次干部扩大会议。会上，谭启龙作了《目前国内外形势与我党发展浙江敌后游击战争建立根据地的方针》的报告。报告传达了党中央和华中局关于开展敌后游击战争，建立巩固的敌后抗日根据地的一系列重要指示。并指出“我们发展武装的方针，应该在人民抗日自卫保家乡的原则下，运用各种各样的名义去建立与发展党所领导的武装，不要用千篇一律的名称”。28日，华中局决定成立浙东区党委，由谭启龙、何克希、杨思一、顾德欢组成，谭启龙任书记。（12月2日，经中央批准，区党委改组，谭启龙、何克希、张文碧三人为委员，谭启龙任书记。1943年9月30日，华中局又同意增补杨思一为区党委委员。）

1942年8月19日，经华中局批准，成立了浙东军政委员会，由何克希、张文碧、刘亨云、连柏生组成，何克希任书记，对浙东部队实行统一领导。同月，在慈北鸣鹤场成立了第三战区淞沪游击队三北游击司令部，何克希为司令，连柏生为副司令，谭启龙为政委，刘亨云为参谋长，张文碧为政治部主任。接着，部队作了相应整编，把在会稽地区活动的南进支队、原三支一、三中队编为第三支队，“暂三纵”改编为第四支队，淞沪五支队一大队改编为第五支队，淞沪五支队五大队改编为司令部特务大队，淞沪五支队四大队三中队改编为海防中队，并在慈北金仙寺组建了教导队。从这以后，群众就亲切地把我们的部队叫作“三五支队”。当时，我们向新四军军部报告了自己的实力，计指战员1261人，有轻重机枪34挺，长短枪654支。这支部队是巩固三北和发展四明山、会稽山的基本力量。另外，又派朱亚明等12人组成一支精干的短枪队，回浦东地区继续坚持斗争。这支小部队后来发展成为浦东支队。

从浦东部队南渡三北，到三北游击司令部成立，前后一年多时间。这段时间，对于浙东游击纵队来说，属于创建阶段，对于浙东敌后抗日根据地来说，还是开辟阶段。

二

1942年8月，日军退守金兰线，并加强对金萧线、杭甬路的占领，沿线增设据点，扩大两侧敌伪区域。其中又以沿海为重点，不但在宁波建立了伪浙东行政专员公署和各级伪政权，而且还不断增兵三北，除重新占领庵东、观城、周巷等据点外，还胁迫镇海、余姚、上虞等地国民党游杂部队向其投降，改编成为伪军，同时加紧对我浦东地区的“清乡”和“扫荡”。

区党委根据华中局和新四军军部指示精神，做出了关于长期坚持浙东斗争的决定，制订了“坚持三北，开辟四明，在四明山完全占领后，再争取控制会稽山”的工作方针。

10月初，日军动用上千兵力，对三北地区进行扫荡。10月8日，日军扫荡队井田上葆率领日伪军300多人，向我驻杨觉殿的谭、何、张所率领的司令部和四支队、教导中队进攻。激战4个小时，我军打垮敌人7次冲锋，毙伤日伪军近百人。敌人于当天下午纠集兵力疯狂报复，纵火焚烧杨觉殿，残杀道士、道姑。9日下午，我五支队在竹山岙伏击了扫荡慈西地区后回余姚的日军，毙伤敌30余人。按原定计划，由谭启龙、何克希、张文碧率司政机关及四支队、教导队等挺进四明；由我率五支队坚持三北，由连柏生、林有璋率特务大队和新国民兵团，开辟慈东、慈西地区。坚持三北的五支队、特务大队等部，于25日得悉伪第十师谢文达部一个营从观海卫出动，向慈北窜扰，便连夜从洪魏隐蔽地运动到慈北宓家埭以南的七三房，在敌人必经的道路两侧部署伏击。战斗于26日上午打响，打得干脆利落，将伪军一个营全部歼灭，俘伪军营长以下200余人，缴获机枪4挺、步枪100余支。至此，日伪军对三北根据地的扫荡，被我军彻底粉碎。

此时，反共顽固派部队“忠义救国军”第一支队长艾庆璋，奉命以“忠救军海南指挥部”指挥官名义，率领“忠救军”1000余人，并纠集了金山、平湖、奉贤县抗卫总队和土匪武装王八妹等部共2000多人，先后南渡钱塘江，向我步步进逼，妄图将我军消灭在三北沿海狭小地区。10月24日，金山县抗卫总队总队长张立民率先头部队进抵道路头一线。我道路头办事处主任朱人元等主动携带实物去张立民部队慰问，共商抗日事宜。不料，对方竟然指责我破坏“蒋委员长的政令”，要我们退出三北。并继续向慈北地区进逼，捕捉我地方工作人员，捣毁我道路头办事处和税收机关，将我被服厂抢劫一空，并且扬言：“三五支队不退出三北，就赶他们下海。”在忍无可忍的情况下，三北游击司令部决定进行自卫反击，给顽军艾庆璋部以歼灭性打击。

浙东第一次反顽自卫战争始于1942年11月28日，首战于周家路、草楼、登州街，歼灭张立民等部；再战于黄家埠、谢家塘等地，歼灭艾庆璋和土匪王八妹等部。最后，艾庆璋率残部逃入小越伪军据点。12月15日，我军攻克小越，歼灭一批伪军和艾庆璋部，艾顽率残部向西南方向逃跑。至此，我军在地方党和群众的支援下，取得了浙东第一次反顽自卫战的胜利，共歼顽军2000余人。

第一次反顽自卫战斗胜利后，我军进行充实和调整，浙东抗日武装力量得到了迅速发展。主力三、四、五支队的人员和武器有了较大的充实，诸暨八乡抗日自卫大队改编为三支队六中队，海防中队扩编为海防大队，司令部直属的特务大队由两个中队扩大为三个中队，并有了机炮连(配有重机枪和八二迫击炮)。各部队第一次统一进行了有计划的军事、政治训练。地方抗日自卫武装也得到迅猛发展，他们经常配合主力作战，有时还独立作战。有的地方武装上升为主力后，当地又很快建立新的武装。如诸暨八乡抗日自卫大队上升主力后，又重新建立了一支武装，因为他们战斗作风好，爱护群众好，处处都像三支二大（即南进支队）和八乡抗日自卫大队，群众亲切地称他们为“小三八”。离开主力更远的义乌西乡的“义乌八大队”，成立一年左右，已发展到300多人，开辟了以义乌西乡吴店为中心的金（华）义（乌）浦（江）游击根据地。

1943年初我主力再度挺进四明，开辟四明地区。4月23日发起进攻四明重镇梁弄的战斗。在该地据守的伪第十师第三十七团一营，在艾庆璋部进攻我三北时乘虚而入，经过三四个月的苦心经营，建立起有完整火力配系的支撑点式的防御阵地。当时，司令部决定由我带领三支队、特务大队去完成攻克梁弄的任务。我方在兵力上占优势，加上梁弄距余姚、百官等敌据点较远，敌人不易增援。我们在战前作好充分准备，攻占敌外围阵地比较顺利，很快攻进镇内，但在攻击敌主阵地和镇内碉堡时受阻。攻击部队群策群力，献计献策，谭启龙、何克希两首长亲临第一线指挥，决定避开敌正面坚固工事，利用街道、民房、逐屋打通墙壁前进，稳步接近敌人，实行昼夜突击，终于获得了成功，拔除了伪军据点，毙伤伪军40余人，俘伪军40余人，缴获轻机枪一挺，步枪50多支，驳壳枪9支。从此，梁弄回到了人民的手中，成了四明山和浙东抗日根据地的中心。

4月23日，我五支队二大队六中队，在大队长张世万的指挥下，深夜在慈北鸣鹤场以西的万岙设下埋伏，等着每日前来巡逻的日军。第二天上午，30多个日军从鸣鹤场方向过来，敌人多数在汽艇上，有10多个日军成一路纵队紧傍河道而行。敌人十分警觉，岸上的端着枪，船头上架着机枪，射手卧倒在甲板上，日本军官举着望远镜四下察看，船尾飘着太阳旗。我伏击部队不动声色，不发信号，不开枪，等敌人靠近了，一阵密集的机枪和手榴弹，打得敌人死伤过半，后又向敌人勇猛出击，白刃格斗，把敌全部歼灭，还活捉了一个翻译官。只有两个敌人逃到半路上被群众用锄头砸死。就这样，前后不到半个小时，打了一个漂亮的歼灭战，缴获了敌人的全部武器。日军“清乡”大队长田中叫苦不迭，只好引咎自责。万岙伏击战打得很出色，是浙东抗日史上光荣的一页。

除了四明、三北地区外，在会稽、金萧、浦东地区也捷报频传。朱亚民领导的12人短枪队，在浦东清乡区内与日伪的斗争中，不断打击敌人，壮大自己，半年多时间已发展到100多人的浦东支队。三五支队声威大振，自南而北，沿金萧线两侧、杭甬路南北、东海之滨，处处都有我们的游击健儿在抗击日伪军。国民党余姚县县长夏铭章、上虞县县长徐志余联名发来贺信，称颂何克希司令“运筹有方，韬略出群”。影响还扩大到日伪军的营垒。驻三北地区的伪“中警”团两个班长击毙其连长、排长后，率全连60余人，携带全部武器投奔我军，像这样一个连集体投诚的还是第一次。

自从三北游击司令部成立以来，在和日伪顽的战斗中部队不断发展壮大，从1200多人发展到近3000人，已初步建立了以四明山为中心的浙东敌后根据地。

三

浙东人民抗日武装力量的发展壮大，引起了日伪顽的极端仇恨与恐惧，他们互相勾结，加紧对抗日武装的进攻。在1943年3月至10月，蒋介石先后五次致电顾祝同、何应钦、徐永昌，“限期剿灭”浙东游击队。国民党顽固派在全国掀起第三次反共高潮后，第三十二集团军总司令李默庵于7月5日在天台国清寺主持了第一次“绥靖会议”，在天台设立了“前进指挥部”，统一整编浙东地区的国民党游杂部队，先后调集挺进第三、四、五纵队，余姚县国民自卫总队第二支队，鄞奉游击指挥部俞济民的第一、二支队，以及浙保二团，共二万余兵力，企图消灭浙东抗日武装。

浙东区党委和三北游击司令部始终坚持以抗日救国为最大的民族利益，从1943年10月开始，接连发出三次通电，呼吁制止内战，团结抗日。可是，国民党顽固派对此置若罔闻，疯狂地向我军阵地进攻。当时，我们的主力部队不到3000人，于11月16日主动撤出梁弄。我军对反共顽固派部队，本着“有理、有利、有节”的方针，集中力量打击顽军贺钺芳的挺进第三纵队（简称“挺三”），争取田岫山的挺进第四纵队（简称“挺四”）和张俊升的挺进第五纵队（简称“挺五”）中立。“挺四”和“挺五”原系国民党第三十师第八十八团和第八十九团，曾在上海一带参加抗战，因不满国民党排斥异己，转入浙东敌后，驻扎于上虞地区，同我们以友军相处，受到我军的一些影响。田岫山不听我劝阻，曾一度投敌，又于1943年4月30日在周巷杀敌反正。在其遭到日伪军追击、情况危急时，我军本着既往不咎、团结抗日的精神，主动派出部队掩护、接应，付出了重大的牺牲。对此，田岫山曾表示感激不尽。但后来田、张又接受了国民党天台“前进指挥部”的改编。11月18日，田岫山背信弃义，占据梁弄、横坎头。19日，贺钺芳的“挺三”向我五支队扼守的蜻蜓岗阵地发起进攻，张俊升的“挺五”从侧翼予以配合。我因两面受到攻击，只好撤出战斗。当晚，我三支队向大俞出击，击溃“挺三”的第二支队一个大队。25日拂晓，我三支、五支向转移到奉化西乡东西岙的“挺三”发起攻击，贺钺芳受伤，贺部遭我沉重打击，逃往嵊县西乡。我军也有伤亡。与此同时，田岫山深入四明山，大肆破坏我后方机关，并在姚南紫龙庙打死我四明地委书记，四明自卫总队政委陈洪。我军本着“人不犯我，我不犯人；人若犯我，我必犯人”的原则，在忍无可忍的情况下，当田岫山部从鄞西经峙岭回许岙时，予以伏击，毙伤其支队长以下100余人，俘田部二三十人。

正当我军进行艰难的自卫作战时，日伪军千余人进入四明山疯狂“扫荡”，在我军民英勇奋战下，日伪军到处挨打，被迫撤退。残暴的敌人在撤退时，接连纵火烧毁夏家岭头、南黄村等村子，两三百户人家的南黄村，被烧成一片废墟。时值隆冬，雨雪连绵，多少人家流离失所，啼饥号寒。12 月 20 日，“挺四”和“挺五”联合向我司令部驻地横坎头阵地发起进攻，激战终日。入夜，我主动出击，将其击溃，乘胜追击至丁宅街附近，俘虏顽军官大队 40 余人。

鉴于浙东的斗争情况，新四军军部于 12 月 22 日电令浙东抗日武装正式编为“国民革命军陆军新编第四军浙东游击纵队”（简称新四军浙东游击纵队），并任命何克希为司令员，谭启龙为政治委员，刘亨云为参谋长，张文碧为政治部主任。1944 年 1 月 5 日，新四军浙东游击纵队在梁弄正式宣布成立，下辖三支队、五支队、金萧支队、浦东支队、三北自卫总队、四明自卫总队，还有司、政、后机关和直属教导大队、警卫大队、海防大队等。在此期间，我们曾两次长途奔袭“挺五”司令部所在地章镇。第二次攻占章镇后，还横渡曹娥江，向“挺五”后方基地攻击，缴获大量弹药和军用物资，并与金萧支队会合于嵊县双江溪。1 月 25 日，得到顽军已撤出四明山的消息后，部队便东渡曹娥江，经上虞返回四明。28 日下午，我军会师茭湖时，突然遭到顽军突击营和“挺四”的袭击。傍晚我军转到上王，次日移至紫龙庙。当天纵队领导根据敌情的突变，立即召开各支队干部会议，讨论决定：由我和张文碧率五支队和警大经冯村向夹塘方向机动，捕捉战机，打击敌人；由谭启龙、何克希率司政机关和三支队、金萧支队转向十五岙、陆家埠、车厩等地，牵制和调动敌人。31 日，“挺五”向我驻地夹塘进攻，我五支和警大全面出击，将其击溃，毙伤“挺五”团附以下百余人，遗尸 40 余具，俘虏十多人。2 月 10 日，当得悉田岫山部进入梁弄以北的前方（村名）时，我军求战心切，在情况不明的情况下，即于当晚从袁马、杜徐分路奔袭前方。战斗于 11 日 3 时打响，三支、五支、金萧支队、警卫大队都参加了。不料，顽军突击营就在附近，天色方明，即从八字桥方向赶来增援，陷我于腹背受敌之中。战斗十分激烈，至中午12时，我被迫撤出战斗。这一仗虽然给顽军以很大杀伤，但我军伤亡近百人，一度出现被动局面。

区党委审时度势，于2月12日在十五岙分析了敌我力量悬殊，我军伤亡较大，根据地缩小，回旋余地狭小，群众情绪受影响等情况，提出了“用分散的游击战争坚持斗争”的方针。13日，部队在芝林召开了营以上干部会议，初步总结了前方战斗的经验教训。会后，各部队开始分散行动。17日至19日，区党委在慈北五磊寺详细讨论了华中局和新四军军部的复电，确定了“主力分散游击，保持原有阵地，保存有生力量，向敌后空隙地区发展”的总方针。我和王胜、邱相田等同志率五支队、警卫大队和四明山自卫总队坚持四明斗争，常常以大队、中队为单位四出游击。春天雨水多，一天跑烂一两双草鞋，日日夜夜穿着湿衣服，但群众见了我们都高兴地说：“只要三五支队还在，就有我们出头的日子。”我迭经茶坑、夹塘、徐家岙、曼岙等多次战斗，歼敌数百，俘虏近百人，击毙伪军营长、突击营大队长、副大队长各一人，缴获许多武器弹药和军用物资。至4月，除五支二大仍留四明山外，区党委决定其余部队陆续转移到三北活动。4月14日，单独活动的五支二大四中，在鄞西后杜桥遭到伪十师百余人和化装成伪军的突击第五营500多人的联合围攻，战士们血战竟日，宁死不屈，教导员陈行知、指导员萧张等43位同志壮烈牺牲。

杨思一、蔡群帆率金萧支队重返会稽后，虽然在连续三次的被动作战中受到一些损失，但由于贯彻执行了“分散游击，长期坚持”的方针，加上人熟地熟，回旋余地大，迅速赢得了主动。5月27日，驻诸暨枫桥和阮家埠等地的伪独立四旅两个团，在旅长蔡廉的率领下，妄图消灭金萧支队于诸北墨城坞地区。金萧支队依据墨城坞东南的高地，英勇抗击，激战5个多小时，打退敌人4次冲锋，毙伤伪军70多人，蔡廉带着残部仓皇败退。浦东支队曾攻克奉贤分水墩伪军据点，歼灭离沪仅十里的黄浦江岸一据点的日军 30 多人。

谭政委、何司令亲率纵队主力一部回到三北以后，接连取得了筋竹岙、宓家埭战斗的胜利，歼灭伪军精锐“中警团”100 余人；后又在镇海洪桥奇袭了伪舟山警备司令部第四总队部，全俘正在开会的日伪官兵 28 人。群众欢呼：“新四军回来了！”一度停止活动的某些自卫队、游击小组，纷纷拿出掩埋的武器，重新投入对敌斗争。

日军因太平洋战争失利，意欲南进打通沿海大陆交通线，发动了第二次浙赣战役，国民党军队驻守的金兰前线突告紧张，在浙东反共的顽军也受到了威胁，不得不把大部顽军撤离浙东。也由于我军贯彻执行了华中局、新四军军部和区党委的指示，最终不但粉碎了蒋介石“限期剿灭”我军的阴谋，取得了持续 9 个月的第二次反顽自卫战役的胜利，粉碎了日伪军的“扫荡”和“蚕食”，而且在极端困难的情况下我军经受了严峻考验，保存了有生力量，坚持了浙东抗日游击根据地。

四

1944 年夏到 1945 年初，世界反法西斯战争突飞猛进，德国在欧洲的失败已成定局，日军在太平洋战争中改处颓势。为了挽救败局，防止盟军在我沿海登陆和我国军民的反攻，日军竭力加强对东南沿海的控制和掠夺，在三北加紧清乡和抢掠战略物资，在慈溪庄桥赶建机场，还从慈溪到象山一带山区构筑大量防御工事，华中局根据国际国内形势，来电指示目前我在敌后主要任务是扩大与积蓄力量，与争取时间进行整风及整训部队，更加发展游击区与根据地和更加发展我党我军力量以准备将来反攻。为了开展舟山群岛的游击战，8 月 19 日晚，海防大队一中队从慈溪古窑浦出发，21 日早晨在岱山以西的大鱼山（岛）登陆。由于汉奸告密，25 日，日本海军陆战队 200 多人和伪军 300 多人，乘一艘登陆艇、一艘战舰和五条汽艇、五条机帆船，在两架飞机的掩护下，海陆空联合向大鱼山（岛）发起进攻，在敌机扫射、战舰火炮的轰击下，海防大队一中队的70多名指战员，英勇抗击，血战7个小时，毙伤日伪军100多人。终因敌众我寡，弹尽援绝，我一中队42名勇士壮烈殉国，7人光荣负伤，其余同志分批突围。9月7日，新华社向全世界播送了这一消息，誉之为“气壮山河的大鱼山（岛）战斗”。

区党委为了贯彻华中局指示，在思想上、组织上、军事上做好准备，以迎接反攻和大发展的形势，于1944年9月25日在慈北洪魏召开了浙东首届军政会议。会议总结了1943年2月区党委扩大会议以后一年半来的军政工作，特别是浙东第二次反顽自卫战役的经验教训，并对当前对敌斗争的方针、任务做出了决定。

1944年秋，敌人改变了往年抢粮的方法，抢得早，就近抢，抢得频繁，出动的兵力也比较大，而且来得突然。慈东马家桥战斗是个明显的例子。伪军出动两个连，在靠近两个据点的地方抢粮，以为我们打它不得，结果全部被歼，而我们的兵力只有两个中队。战斗中，一公里半路外河头市据点的敌人不敢出来增援。于是日军又令伪军采取移兵修筑据点的办法，就地抢掠。7月31日，伪军出动7个连，企图在东埠头找我军报复，结果被我打死打伤营长以下100多人，俘虏10余人，侥幸逃回的大都丢了武器。当夜，各地民兵、自卫队划着船从四面八方赶来，协助部队连夜打扫战场。后来，我们纵队就住在洪魏、东埠头一带，接连住了将近三个月。7月、8月、9月三个月，全纵队作战62次，平均三天打两仗，共毙伤日伪军459人，俘虏222人，攻克据点6个，摧毁碉堡9座，夺回粮食数十万斤，保住的粮食就没法计算了。那些日子，我们打了不少胜仗，如夜摸底桥飞机场，半个小时抓获伪军33人。金萧支队一部化装潜入诸暨三都的伪军据点，收缴了一个排的全部枪支，伪军26人无一漏网。不足100人的五支二大五中队，赶到银山（石塘）附近伏击了

50多个日军和200多伪军的抢粮队，敌人配备有一挺重机枪、十挺轻机枪，但我五中队顽强战斗，激战三小时，不仅截回了敌人所抢的全部粮食，还毙伤日伪军30多人，俘虏了伪第十师第三十七团代理团附和日军一名上等兵等共6人。

10月9日，纵队机关回到四明山。11月5日，浙东首届军政会议在袁马胜利闭幕。华中局、新四军军部和党中央、毛主席都曾给大会发来电报。毛主席在电报中说："望你们努力杀敌，发展武装部队，扩大解放区"，"准备配合盟军驱逐日寇"。大会以后，全纵队立即投入了以苦练射击、投弹、刺杀、土工作业四大技术为中心的冬季大练兵。在战术训练上，强调练好山地攻防。训练中涌现了众多的神枪手、投弹大王和刺杀英雄。后来的实践证明，这次练兵是卓有成效的。为了支援部队，兵工厂的同志们克服了各种困难，制造出子弹、手榴弹、枪榴弹、地雷、刺刀和迫击炮弹。

为了加强敌军工作，一些同志忍辱负重，打入敌伪机关，广交朋友，积蓄力量。以投诚和被俘日军人员组成的"日本人反战同盟浙东支部"，在开展瓦解日军的工作中起了很好的作用。他们不但出版了日文版的《解放周报》，还以自己怎样走上反侵略道路的经历，向日本人现身说法，争取和团结更多的日本人，为中华民族和东亚各被压迫民族的解放事业而奋斗。后来，他们志愿参加了中国人民解放战争，其中有的人还为中国人民解放事业献出了宝贵的生命。

在部队进行紧张的冬季练兵时，我们收编了流散在嵊县、新昌、奉化等地的以王鼎三、单孝陞为首的几十股绿林军，共500多人，彻底解决了四明山60年匪患不绝的问题，各界人民无不额手称庆。12月17日，纵队在梁弄召开了盛大的欢迎会，并按照新四军军部的命令，宣布将王、单所部正式改编为新四军浙东游击纵队嵊新奉抗日别动总队。

浙东军民跨入1945年的第一件大事，就是召开浙东敌后各界人民代表会议。大会正式选举了浙东行政委员会，成立了浙东参议会。这是浙东有史以来第一次真正人民民主的大会，也是动员浙东军民争取抗战最后胜利的誓师大会。会后成立了浙东行政公署，并建立和健全了各级抗日民主政权。当时，动员参军是各级政府的一项中心工作。青年们踊跃参军的热情，至今令人难忘。在鄞县樟水、密岩两个乡联合召开的群众大会上，自动报名参军的竟有 130 多人，有的人参加不了主力部队，便一定要参加县、区自卫队。浙东游击纵队在第二次反顽自卫战役中减员近千人，仅大半年的时间，到这年的 6 月，便已从原来不到 2000 人，发展到 7000 余人，离开了人民的竭诚拥护，这是无论如何办不到的。

为了加强苏南、浙西、浙东地区抗日战争的统一领导，华中局与新四军军部奉中央军委命令，于 1945 年 1 月 13 日，在浙西长兴县温塘村成立了以粟裕同志为首的苏浙军区，下辖一、二、三、四纵队，浙东游击纵队为第二纵队。根据党中央“向东南发展，开辟闽浙边根据地”的指示，第四纵队十一支队曾于 5 月 19 日第一次东渡富春江，与我胜利会师。会师时，谭启龙同志亲率三支二大及金萧支队在东岸接应。随同四纵队第十一支队东渡的有奉令调来浙东担任纵队副司令员的张翼翔等一批干部。主力东渡，打通了浙东与浙西的联系。稍后，十一支队奉命参加孝丰战斗而西渡北返。四纵队第十、第十一支队第二次东渡后，曾会同金萧支队在金华附近的曹宅作战，给日伪以沉重打击。日寇投降，四纵队奉命北返。

在四纵队十一支队第一次东渡富春江的时候，我们向伪军田岫山部发起攻击。原来，田部曾表示要与我“重修旧好”。为了抗日，我们不计前仇。可是，田岫山不但撕毁了联合抗日的协议，专以欺压人民为能事，且于 5 月下旬第三次投敌，被日军改编为“中央税警团第三特遣部队”，其特务大队 300 余人，5 月 27 日一律穿上伪军服装，接替了三北第泗门据点的防务。我军忍无可忍，28 日晚，向第泗门发起攻击，29 日下午战斗结束，俘伪军140余人，毙伤数十人。战斗中，日伪军多路增援，均被我击退。6月7日，我部向许岙田伪发起攻击。20日，田岫山长期苦心经营的筑有大小碉堡28座的许岙老巢为我攻克，共歼伪田1000余人。田岫山眼看增援无望，便于6月30日弃上虞城逃窜，上虞城遂告解放，使四明、三北、会稽三块根据地连成一片。

国民党顽固派在田岫山部投敌后，即调集暂编第三十三师、浙保第三纵队、浙保五团和上虞、绍兴地方自卫队以及俞济民部共约十个团的兵力，向北推进，发动了第三次大规模的浙东内战，妄图与日伪遥相呼应，南北夹击，消灭抗日武装。顽方在部署好对四明山根据地的包围态势后，首先向逐步靠拢新四军、反对内战的挺五纵队张俊升开刀，于6月21日分头袭击张部于章镇、南堡、汤浦等地，22日占领汤浦后转兵北上，妄图增援被我围困在上虞城之田岫山部，扬言在6月底以前分路合击四明山根据地的中心梁弄。27日，顽军不顾我再三警告，侵占了我丁宅街和唐山村阵地后，继续向上沙岭和王家山进攻。浙东游击纵队被迫奋起自卫还击，击退顽军的进攻。接着，主力一部西渡曹娥江。30日，追击部队由张翼翔副司令员率领下在西谢、下岙一带追上顽军第三十三师师部和浙保五团，激战五小时，将顽军击溃，俘顽军300多人，取得了第三次反顽自卫战斗的胜利。

在党的抗日民族统一战线的感召下，在浙东游击纵队不断取得巨大胜利的影响下，张俊升率全体官兵1000余人于7月11日起义。13日，奉新四军军部命令，张部改编为新四军浙东游击纵队第二旅，任命张俊升为浙东游击纵队副司令员兼第二旅旅长。8月15日，日本政府正式宣布无条件投降。

9月20日，华中局按照中共中央命令：新四军浙东游击纵队及地方党政干部，主力全部立即北撤。23日，在上虞召开了区党委扩大会议，研究确定了北撤的部署和行动路线，以及伤病员的安置、“抗币”的回收等种种事宜。30日部队开始北撤，至11月初，浙东游击纵队1.5万余人（包括地方干部），经过一个多月的长途跋涉，粉碎了国民党顽固派妄图歼灭我军于长江以南的罪恶阴谋，终于全部抵达苏中东台集结，胜利完成了党中央和新四军军部所赋予的战略转移任务。11月中旬，在苏北涟水完成了整编，全纵队除第二旅改编为新四军独立第一旅外，其余部队统一编为新四军第一纵队第三旅。

浙东游击纵队在抗战中取得了辉煌战绩，从1941年5月到1945年8月底的四年多来，在浙东敌后经历了大小战斗643次，收复南汇、上虞县城两座，攻克据点110余个，收复国土3万余平方公里；毙伤日军610人，俘虏日军21人；毙伤伪军副旅长以下3062人，俘虏伪军团长、支队长以下5504人。为了民族的独立、人民的解放，有1000多名干部、战士献出了宝贵的生命，烈士们的忠骨埋在浙东大地青翠的群山之中。

刘少卿

大悟山地区的人民群众和党政机关、人民团体、地方武装、民兵自卫队，以及三十七团、四十五团的部队，携带着战利品，唱着凯旋歌，从四面八方拥向滚子河的大操场，这正是提前举行的一次空前规模的大检阅。

- 1911 年生，湖北黄冈人。
- 1930 年，参加中国工农红军，同年 12 月加入中国共产党。
- 1938 年冬，任中共中央军委总参谋部第一局作战科科长。
- 1939 年，奉命前往中原地区，参加开辟中原抗日根据地的领导工作，任豫鄂独立游击支队参谋长。
- 1941 年皖南事变后，任新四军第五师参谋长。
- 1943 年，任新四军第五师兼鄂豫皖军区参谋长。
- 1944 年 10 月，参与领导指挥鄂豫皖边敌后抗日游击战争，壮大了人民革命力量。
- 1945 年，任河南游击兵团司令员。
- 2003 年 3 月 13 日，在北京逝世。

大悟山反“扫荡”

刘少卿

活动在鄂豫皖边区抗日根据地的我新四军第五师，于 1942 年 11 月间，集中野战部队主力 8 个团在大悟山区进行冬季整训，并计划在 1943 年的元旦佳节，检阅整训的成绩，准备来春与日军再战。出乎意料，这次检阅被提前在实战中进行了。

一

12 月 16 日早饭后，李先念师长正在司令部领导各旅军、政首长和司、政两部的同志开会，突然接到敌情报告：驻大悟山西北应山县之敌第三师团主力，于昨天下午进至大悟山以南的孝感县城集结；驻大悟山西北杨家寨、广水两地之敌，于昨日黄昏前分别到达大悟山西北 50 至 60 里的栗林店、二郎畈，并向东汪洋店（大悟山东北 50 余里）方向封锁消息和打听道路；驻扎在大悟山四南王家店之敌，也于昨日下午南开，黄昏时到达平汉路上之花园集结。敌人行动企图不明。靠近大、小悟山地区的小河溪和夏店之敌在前两天略有减少。日本鬼子的野心何在？他们葫芦里卖的是什么药？李师长同大家一起走近地图边，对上述情况进行分析和判断。

李师长靠在墙上的地图边，仔细听着同志们的意见，时而在地图上的许多点线之间比量，时而背着两手走几步，时而又停在地图边察看，并用手指一指某一个地方。当大家分析了一阵之后，他才果断地说："看来，敌人的行动，极大的可能是又要'扫荡'我大、小悟山根据地。"李师长当即指示：情报处要继续抓紧查明各方面的情况，通报各军分区，赶快将各该地区的敌情查明报来；在大悟山区进行整训的部队，停止整训工作，做好战斗准备。命令一下达，紧张的战斗空气顿时充满了司、政两部机关。

从正午到下午两点钟，三次紧急情报接踵而至。情况是：从昨夜开始，有七八千敌人由黄陂县出发，排成四路纵队，沿河（口）汉（口）公路北进，其先头部队已越过四姑墩，后续部队已到达河口及其以北地区；原由应山开至孝感城集结的敌伪军约万余人，也猛然回头北进，其先头部队在今日上午到达花园地区后，仍继续北进；进到二郎畈、栗林店之敌，继续向我大悟山地区靠拢。引人注意的是，敌人主力昨日向南行动，今天又突然掉头向北急进，究竟摆的什么"迷魂阵"呢？前几天骚扰我根据地的国民党广西军，不是驻在河口镇以北的黄陂站、禹王城、彭城店之线吗？算算时间，日本鬼子的先头部队早该和他们接火了，为什么没有听到枪炮声？

这时，李师长来到参谋处，斩钉截铁地说："敌人忽南忽北地摆迷魂阵，阴谋只有一个——想找我主力作战，聚歼我军于大悟山地区。他决不会向广西军进攻，广西军也决不会和他们打上。"

话刚说到这里，情报传来：国民党广西军于今日拂晓前全部北撤到宣化店去了；进至四姑墩地区的日军，正继续向黄陂站、禹王城、彭城店方向前进。李师长冷冷地一笑，带着鄙夷而又愤怒的口吻说："在敌人进攻的情况下，广西军闻风而逃是肯定的。这只是国民党消极抗日、积极反共政策的一般表现而已。更恶毒的是，”李师长用红蓝铅笔画着地图说，“看吧，这明明是广西军给鬼子让路，想引入豺狼来吃掉我们！”接着他全面地分析了各路的敌情：到达二郎畈、栗林店之线的敌人，装模作样地向汪洋店方向封锁消息和查问道路，很显然，其目的在于迷惑并吸引我之注意力于北面，便于东、西两边之敌夹击我于大悟山地区，尔后由北向南进攻；从孝感北进的敌人，将以主力进攻小悟山地区，另以一部配合平汉线之敌向我大悟山西南地区进攻，沿河汉公路北进之敌，将是从东面进攻大悟山的主力；靠近大悟山南面夏店和小河溪据点之敌，将担任堵击我军突围的任务。综观敌人以上部署，其企图是要从大、小悟山的东、北、西、西南四个方向，对我分进合击。敌人狡猾地把主力摆在最便于我向东转移的方向，试图截断我主力东进的道路，这是敌人最毒辣的一招。但是，我们绝不会上当。李师长思索着，皱了一下眉头，接着信心百倍地说：“根据毛主席的战略战术思想原则，我们要以灵活的战斗行动来粉碎敌人的企图。在敌人整个包围圈尚未完成之前，应迅速组织机关、部队分路突出敌人的包围圈，插到敌人的后方去进袭敌人，以进攻的手段破坏其分进合击的计划，借以保存自己，消灭敌人。”接着李师长指示：“敌人的进攻兵力有限，其包围圈不可能有纵深，便于我们穿插；在其集中了主力行动之时，后方必然薄弱，利于我进袭。只要大家树立机动灵活、积极主动的战术思想，我们一定可以使敌人的‘扫荡’计划彻底破产，取得这次反‘扫荡’的胜利！”

司令部当即根据李师长的指示，迅速下达了战斗部署的通知和命令：在大悟山地区内的所有的党、政、军机关和部队，分为5路，准备向敌后穿插；以十三旅三十七团为司、政机关的掩护部队，20时到达步竹岭会合。对穿插到敌后的战斗部队和第一、第二两个军分区，划分了袭击敌据点的任务；又留下四十五团一个营，在大悟山区配合地方武装打“麻雀战”，迷惑和牵制敌人，保卫大、小悟山根据地和人民群众。

正在鄂东第四分区巡视工作的中共豫鄂皖区党委书记陈少敏同志，根据这一部署，即在鄂东地区动员地方上的党政干部、地方武装和群众，配合大悟山地区进行反“扫荡”。

二

一切部署和行动准备就绪，阴沉的天气转而下起毛毛雨来了。晚饭后，师部机关立即整队离开白果树湾驻地，冒着越下越大的冬雨，向步竹岭方向前进。

走了七八里路，天已黑得伸手不见五指，道路窄小泥泞，有不少人跌了跤子，沾了满身泥巴，但是大家还是努力地往前走。走着走着，忽然前面“咕咚”一声，接着传来一阵黄安口音的笑语声。有人说：“听得出，这准是师长跌了跤子。”参谋肖健章同志忙去扶他，李师长温和地说：“别管我，你把路带好点就行了。”

大家手拉手地往前走，到达步竹岭时，三十七团二营营长肖刚同志已经带着几个通信员在等我们了。他报告说，因为团的主力在大悟山顶上警戒夏店方向的敌人，又加上雨夜路难走，还未能按时赶到。等了四五十分钟，他们还没来。为了争取时间，李师长决定肖刚留下等候。师部机关作了最后一次轻装，便以师司令部参谋处长栗在山同志率领师部侦察排为前卫，大家又手牵手地离开了步竹岭。

一路寒风冷雨。向东走了10余里，毛毛雨停了，天空现出稀少的星星和昏昏的月色。突然，发现前面的村庄有冲天的火光并传来妇女的哭声。我们赶忙登上路旁的小山包上一看，见左前方不远的几个村庄都有同样的火光。又往前走了七八百米，栗在山同志回来向师长报告，前面村庄里有鬼子兵。一个上年纪的向导被敌人抓去了，还有一个青年向导和三个尖兵跑回来了，他们刚下山坡，一个尖兵的背包就被日本鬼子的刺刀捅了个洞。我便向师长说：“既然前面有火光的村庄里有鬼子兵，那么，其他几个有火光的村庄，也一定有。看来，今天白天进到黄陂站、禹王城之线的敌人已经向西进了。按照敌人运动的速度和时间推断，这时他们也正好到达这一线。我们现在正是和敌人碰头了。”

李师长沉思了片刻，带着兴奋的语调说：“对，正是这样。从几个有火光的村子一线排开的情况来看，敌人是没有后续的纵深配备，而河口镇以北至黄陂站、禹王城之公路沿线，再不会有鬼子的重兵死堵了，这正是敌人的弱点。现在敌人刚到这一线，还摸不清情况，更有利于我们行动。”接着，他征询师里几个领导同志的意见，下一步该怎样走法。大家总的主张是回避敌人，但行动方向却不尽相同，各有理由，引起争议。当时的情况不容延误，我建议从夏（店）河（口）之间向南蔡店方向行动。这个建议李师长同意了。走了大约一千五六百米，一直在思索的师长又令部队停止前进。他说，不能向南行动。因为整个大、小悟山地区都是敌人“扫荡”的目标。既然进至河口以北的敌人向西拐弯，那么，河口镇以南至长轩岭线上之敌也会向西蔡店行动，“扫荡”小悟山地区。现在如果我们向南行动，对河（口）夏（店）公路的敌情一点也不了解，设若又与敌人遭遇，对我是很不利的。说不定整个晚上还突不出去。而当前情况我已了解，敌人也还未发觉我之行动企图，在这种情况下，应仍按原计划，从刚才发现有敌人的那个村子以北，向东插出去，力求隐蔽和动作迅速，越快越好。李师长这个正确的判断和决定，说服了所有参加争论的人。

这时，三十七团肖刚营长率领其第六连已经从后面赶上来了。从他那里得知三十七团的主力仍未下步竹岭。师长便对肖刚营长说：“你派一个干部带一个班，火速回到步竹岭去告诉团首长，三十七团的部队不要再随我们走了，就分散在大悟山地区配合地方武装打麻雀战，四十五团那个营也归你们团首长指挥。”师长又命令肖刚营长带领第六连将对面村庄之敌包围起来，掩护司、政机关通过。

毛毛雨又下起来了，天已变成黑乎乎一片，道路不熟，又看不清，怎么走呢？我们正在一个山包上察看道路，忽然从右侧棉花田里出来一个老汉，浑身泥水，冻得一个劲打哆嗦。他听说我们是新四军，抓住我的手说：“同志，你们不能往村里走，鬼子兵现在正在村里烤火呢。”我们问他：“给我们带个路好吗？”他答应得非常爽快：“好，你们要到哪里去都行，我对这周围100多里的地方都熟悉。”

和老汉谈妥，找好道路，一声前进，行军队伍便轻捷而又静谧地通过了村庄之间的羊肠小道。往前走了约3华里，突然听见后面啪啪两声枪响，接着村子里的轻机枪也响了。

“这又是哪位掉队的抽烟暴露了目标吧！”李师长这样猜问。他猜得一点也不错。我们一气走了四五里，刚到一个村子里停下，供给处长丘静山同志和另外两三个人气喘吁吁地从后面跑了上来。我们忙问后边为什么打枪，没有等丘静山同志开口，从他侧后挤出一个炊事员来，他一面抓下棉军帽急急地擦汗，一面抢先说：“是这么回事：我们几个人在赶部队，过村庄的时候，看到有个人在十字路口打火抽烟。我们以为他是自己的联络哨。我的烟瘾也来了，装了烟就去对火。借着烟火的闪光，只见那人头戴钢盔，身着呢子军大衣，前面有两排铜扣子，枪上有很长的刺刀。哎呀，这不是个鬼子兵吗？糟糕，怎么办呢？我连个炒菜的锅铲子也没有。要是有锅铲或是扁担，我就照他头顶上给他一家伙，夺过他的枪来。可是，我手里只有这么个烟斗，没办法……”

“只好跑了！”李师长笑着插断了他的话，然后又向丘静山同志说：“你大概是沾着穿了这件大衣和皮鞋（缴获鬼子的）的光，再加脸上的连片胡须和眼镜，这一套配起来，就使那个真日本鬼子被你这个假日本鬼子混过了关。”大家一听，都笑了起来。

17日拂晓，毛毛雨不下了。可是，云雾笼罩着大地。我们迅速涉过了溧水河，从四姑墩以北通过了公路。大约早晨8点钟光景，到达了四姑墩以东的大吴家，这就是我们预定的目的地。我们马上架起电台与各部队和军分区联络，并向中央和军部报告情况。到9点钟时，收到各路部队安全突围的回电。李师长读完这些电报，高兴地说："鬼子要一举歼灭我军主力于大悟山地区的企图是完全破灭了。嗯！如果鬼子的重兵进入到大、小悟山地区，必然会遇到两个对他不利的情况：一是到处受我们麻雀战的打击，其伤亡一定小不了；二是大、小悟山地势险要，林密路陡，鬼子兵的大部队难行动，展不开，只好到处挨揍，疲于奔命。"大家听了李师长这些分析之后，个个都是满面笑容地点着头，有的同志还不断发出嗯嗯的赞同声。

正说着，大悟山方向传来嗡嗡嗒嗒的激烈响声。

"小鬼们，这是什么声音啊？"李师长问。

"这是飞机扔炸弹、扫射。"

"你们的耳朵真灵，好好看看哪里有敌人的飞机啊！"

小鬼们一齐抬头向西方的上空望去，手指着一个方向，同声回答："那不是吗？"正在大悟山群峰上空，盘旋着三架大肚皮飞机。

"嗯！小鬼们，知道了吧？日本鬼子对大悟山地区的大规模'扫荡'正式鸣炮开始了！"李师长幽默地笑着，回头对我们说："参谋长，栗在山同志，注意掌握大悟山情况的变化。"

三

12月17日这天，从早到晚，大、小悟山地区枪炮声、冲杀声不绝于耳。事后得知，留在山区的三十七团和四十五团一个营，在地方武装、民兵自卫队和群众的配合下，与进山的两万多敌伪军展开了灵活巧妙的麻雀战。鬼子兵扛着日本旗，穿着大皮鞋，开始来势汹汹，摆着散兵线的阵势，一个劲儿往前攻，却受到我埋伏在各山头路口的分队猛烈的火力袭击，敌人成排成排的滚下山沟。没有被打倒的鬼子，吓得像蒙了头的兔子，到处乱窜，或者端起机枪、步枪，乱放一气。直到他们听不见枪声了，才又贼头贼脑的像乌龟爬一样地向前搜索。有的鬼子搜索半天不见人影，勾着头刚想坐下歇一会，丛林里或悬崖陡壁下又突然飞出一排枪弹。当他们惊慌地寻找目标时，我们的轻机枪射手又从远处开火，打得鬼子和他们的钢盔轱辘辘地滚下悬崖。由于我军各个战斗组出没无常和灵活的动作，使出了冬季整训练兵中学到的新本事，弄得鬼子摸不着头脑，攻无目标，防无阵地，到处挨打，真是“四面楚歌”。

鬼子兵在野外找不到一个新四军，又找不到“保险地”，便跑进村庄烧房子。埋伏在山上的同志们，看准了敌人的行动方向，又悄悄地运动到村头埋伏，机关枪、步枪一齐对准放火的鬼子射击。有的鬼子拿着火把刚往屋檐上点，就一命呜呼。鬼子扔掉火把出来集合“追击”，等他们冲过来时，我军的战斗组又神不知鬼不觉地转移到另一个伏击点去了。

我内线分散的小分队用这种“推磨战术”和“麻雀阵势”与敌人战斗到下午。鬼子死伤惨重，诡计穷了，便拉了好多大炮，摆在小（河溪）夏（店）公路线上和王家店以东地区，分别向大、小悟山地区一个劲地盲目乱轰；三架飞机也参加轮番扫射轰炸，哪里有枪声，就朝哪里轰击，一直轰了一个小时之久。他们妄想这样会刺激我主力还击，以便在黄昏前集中兵力与我主力决战。

这时，我活动在水灌冲以西山地的一支小分队在向北转移途中，被由西向东进的伪军发现，双方展开对射。东边一股日本鬼子听到枪声，误以为我军主力出现，便像疯狗一样，狂暴地打过来。我们这支小分队看到东西两面的敌、伪军快接近了，便向西边一靠，转身给东边鬼子放了个排子枪，抽身翻过一座被密林铺盖的小山，过了小沙河，上到另一座高山上去了。敌、伪两军糊里糊涂地互相开起火来。我们这支小分队坐在山上休息，看着这场狗咬狗的戏。有同志诙谐地说：“看舞台上演‘三岔口’还没有看这场‘三岔口’过瘾哩！”

黄昏了，被打得蒙头转向的鬼子和伪军的主力，纷纷向小河溪、王家店方向集结。这时，我插入敌后的各旅和一、二分区的部队，向平汉铁路、河汉公路上的敌人许多据点发起攻击。方圆近200里的敌人后方，枪炮声隆隆。我三十七团夏世厚团长率领一部分兵力，从大悟山中杀到敌人背后，趁着敌人向西靠的机会，以迅雷不及掩耳的动作，杀进了鬼子盘踞的夏店镇，杀得鬼子死伤满街。在这同时，我在大悟山内各路指挥作战的指挥员们，发现敌人的钢炮在无目的地乱打，估计敌人今天的“扫荡”又要告终了（这是敌人历来退却的规律），于是派了几支部队插到敌人退却必经的道路上去设置埋伏；又令所有的部队和地方武装、民兵自卫队，对将要退却的敌人发起全面袭击。这样就把鬼子退却的计划完全打乱了，逼得鬼子在山上、在沟里又饥又冷地摸黑爬行，闹腾了一整夜。

18日早晨，鬼子趁大、小悟山区的浓雾未散，驮着伤兵，拖着尸体，急急忙忙向东、南、西三面突围了。于是，“敌逃我追”的口号响遍了我军的各部队。在各路敌人退却的道路两旁，冲杀声、脚步声、爆炸声、机步枪声响遍山谷。

鬼子“扫荡”失败的消息，传遍了全师和鄂豫皖边区抗日根据地每个角落，人们对这次胜利谈笑不止。经历了两昼夜的奔驰、战斗，谁也没有疲倦的样子。李师长带着胜利的微笑指示我们说：“司令部即刻返回大悟山，明天中午12时在滚子河召开大悟山地区党政军民的反‘扫荡’祝捷大会。”

19日上午10点钟，大悟山地区的人民群众和党政机关，人民团体，地方武装，民兵自卫队，以及三十七团、四十五团的部队，携带战利品，唱着凯旋歌，从四面八方拥向滚子河的大操场。这正是提前举行的一次空前规模的大检阅。李师长在讲话中，对此次参加反“扫荡”的党、政、军、民的干部、战士和群众作了全面的表扬和极大的鼓励，并希望全体军民提高警惕，加强战备。他说：“一切敌人和反动派，都是不甘心失败的，他们将会卷土重来的，时刻准备着吧！更大的胜利在等待着我们！”

伍瑞卿

我们这些共产党人，靠着对马列主义的信仰、对民族解放事业的忠诚，靠着对日本侵略者的仇恨，最终战胜了穷凶极恶的敌人，创造了抗战史上的一个奇迹！

● 1911 年 1 月 19 日生，湖北黄安（今红安）人。

● 1927 年 11 月，加入中国共产党。

● 1937 年 8 月起，先后参加了平型关战斗、晋东南反敌“九路围攻”战役和百团大战。

● 1940 年 6 月，随八路军第二纵队南下华中。

● 1941 年，任新四军第三师第八旅供给部部长，参加了盐阜区反“扫荡”、陈集歼灭战、陈家港战斗。

● 2004 年 7 月 7 日，在北京病逝。

海上血战

伍瑞卿

1943 年初，中央军委指示，从盐阜根据地抽调一批团以上干部到延安学习深造。当时，我担任八旅供给部长，也是被抽调的干部之一。3 月 8 日，三师师长兼政治委员黄克诚同志召集我们几个负责的同志去，对当前的形势作了一个分析，最后他说：“鬼子的‘扫荡’正由面转到点，敌人要对根据地进行‘驻剿’。情况紧张，要走现在就走。”我们又研究了走的方法，决定分两路走，一路由师参谋长彭雄同志负责带七旅和地方干部走陆地去山东；一路由八旅旅长田守尧、政治部主任张池明同志负责带八旅与独立团干部走水路，沿黄海绕过日军封锁区连云港去赣榆县柘汪镇，再由陆地去延安。时间紧迫，去延安的时间不允许迟延。12 日我们走水路的从王垛出发，13 日船从老黄河口出来，因风不顺，又弯进了延河口（即新黄河口），在这里等风。这时，走陆路的因干部未集中起来，同时敌人对陆地封锁太严，所以，彭参谋长带了少数人赶来，和我们八旅一起从海上走了。这样，我们这一行 50 多人，在彭、田、张三位首长率领下，大家穿着便衣，化装成商船，在 3 月 16 日从延河口开船了。

我们乘的是一只大木船，这船全长约 50 米、宽 20 米，船上有 5 根

3 丈多高的大桅杆，中桅下面有一个灶房；船里有七八个船舱，分头舱、中舱、后舱；船载重 7000 多吨，吃水 5 尺多深。船上有 4 个船老大，一个姓马的指导员和 20 多名水手。我们没有带武装护送，每个干部带有 1 至 2 名警卫人员，但带的都是手枪，全船只有我带了一支从日军那里缴来的马拐枪，是长枪。彭参谋长、田旅长、张主任、席庶民（师部科长）、黄国山（盐阜军区政治部保安处长）、吴毅（涟东独立团政治处主任）和我 7 个人都带了妻子，坐在船的后舱里，其他的干部和警卫人员分散坐在船的中舱、头舱的几个舱里。

我们很多人过去连海都没见过，第一次坐海船，海里风浪大，船颠得厉害，好多人都晕船，有的还在船舱里呕吐起来。我没有晕船，便从船舱里上到船面来了。我平生第一次站在这海船上，看这茫茫大海里的汹涌波涛，看这海船上面的紧张劳动……

那一起一伏的海浪，拍打着船边，溅起的浪花落在船板上，海风带着水花吹来，像蒙蒙细雨斑斑点点洒在身上，使人感到阵阵凉意；海面上，两只白色海鸥远远地向我们的船飞来了，近了，近了，安然又拍动着矫健的翅膀向远方飞去了……

在船尾，一个长着银白胡须的船老大，像一位身经百战、很有经验的指挥员一样，稳稳当当地掌着舵。另一个试水的船工，拿着一根很长很结实的绳索拴了一个一斤多重的铅球，不时地抛到海水里去，然后拉起来，看看铅球上沾着的泥土是什么颜色，判断这里的海水有多深，现在到了什么地方，走了多少里。每一次，他都用一种悠长的声调吆喝着：

"回舵——深——"

那个掌舵的船老大根据他报的情况，望着面前的指南针，向水手们指挥着：

"向东——向北——"

"高——低——"

20多名水手，几十双有力的臂膀紧紧地拉扯着粗大而笨重的绳索，整齐地合唱着一种海上劳动的号子。

马指导员在一旁不断鼓励：

“现在风顺呀！同志们，加油呀！”

船上面，没有一个人闲着，船老大和水手共同驾驶着这只海船的航行。风大浪高的时候，船上的劳动更显得紧张，水手们那一高一低、整齐一致的号子声，船老大那悠长、有节奏的声调，指导员那生动、有力的口号，几乎吞没了海水的咆哮声。

第一次坐船在海上航行，海上的一切都吸引着我，我感到新奇，便不时地拿着望远镜向大海远处瞭望。掌舵的船老大向我大声说道：

“伍部长，你是常在海上跑的人吗？”

“不是，我这是第一次。”我怕他听不见，也大声地说。

“你呀，真是了不起！我老大在海上跑了几十年，见到你这号人还不多呢！”他用手摸摸自己两三寸长的胡须笑着说。

于是，我在他身旁坐下来，听着这位海上老人讲起他的海上生活。

他姓王，自幼就生活在海上，从15岁起上了船，在海上跑了50多个年头。在海上生活，常常要和海风海浪做斗争。有一次，他的船被海风吹到海洋中间一个小小的孤岛。他们带的东西吃光了，就在孤岛上捕鱼、拾野鸟蛋吃，一个半月后才回来。几十年的海上生活，把他锻炼成一个很有经验的航海家了。哪里的水深水浅，一小时走多少海里，从哪儿出发，什么时间到哪里，他虽然没有掌握精确的科学仪器，但凭他的实际经验，便可以判断出来。对于海，他是多么熟悉啊！

夜幕慢慢笼罩了海面，船进入了夜间航行。大海四周一片昏黑，海风吹在身上，有些冷起来。我披着棉衣，在船的前后来回巡视着。马指导员和没有晕船的警卫人员都轮流担任警戒。马指导员在海上跑了一年多，他是个谨慎小心的人。这一次，他知道任务重要，因此特别注意船上的安全工作。

船舱里静悄悄的，发出轻微鼾声，同志们都安静地睡着了。这一夜的航行是很顺利的。

当东方微微透亮的时候，风渐渐小了，船也渐渐走慢了。这时候，船正行驶在连云港敌人封锁最严密的海面上，速度极其缓慢。

“船老大，风怎么小了？”我问老王。

“不要紧，风不会没有的。”

“加桅吧！”

“5 个桅都到顶啦！”听他的声音也有些焦急。

海东边的白光慢慢扩展，天已经亮了，风也完全停了，而且开始了早上的退潮。我问船老大老王：

“船到了什么地方？”

“奶奶山。”

“离柘汪还有多远？”

“还有七八十海里！”

奶奶山是日军在黄海边上的一个据点，距连云港很近。大白天，如果碰上敌人怎么办？我焦急得很，马上派人去把彭参谋长、田旅长他们叫醒了。

没有风又碰上退潮，这样，我们的船不但不能前进，反而倒退起来了，而且是在向着敌人封锁严密的海岸退去。船老大和水手们费了很大的劲，才把船退的方向扭转过来，让它向大海深处退，一直退到 70 多丈深的海面上，不能再退了，船，就像抛了锚似的停在海上，一步也走不了。

“船老大，我们想办法搞划板用人划吧？”

“这不是江河，这是海呀！这样大的船，没有风是一点办法也没有的！”

这时候，其他三个船工和水手们都站在船头上，仰着头，嘴里“嘘嘘……”，吹着引风的口哨。船老大老王急得拜起天老爷和四海龙王来了，他迷信地叨咕着：

“老天爷，送风来吧！到了柘汪，我点香烧纸供你！”

不一会儿，船板上传来许多急促的脚步声，彭参谋长、田旅长、张主任，还有许多人都从舱里上来了。

“怎么船不走了？”大家都问船老大。

“风停了！”

“到了什么地方？瑞卿同志！”彭参谋长问我。

“奶奶山，离敌人连云港很近。”

现在，站在船头上吸烟都能划得着火柴。大家仰起头，望着那桅杆上面的三角旗，它也一动不动。

“海上无风三尺浪！我在海上跑了这么多年，这样的怪事还没见过……”船老大老王站在一旁焦急地自语着。

大家都是在陆地上长大的，对于海非常生疏。如果是在陆地上发生了什么情况，我们一点也不怕，但现在在海上，而且发生了这样叫人着急的事情，我心里空空的，一点底也没有。

彭参谋长是一位很稳重的首长，越是在紧张的情况下越显得沉着。他见同志们有些慌张，马上安慰大家说：

“同志们，不要急！现在还没有发生什么，周围渔船还很多，敌人不一定就会发现我们！”

他和田旅长要我下舱去休息，他们说：

“你一夜没睡，上了岸你的事还很多，下去休息吧！”

我和大家用望远镜向四周又观察了一会，才下后舱去休息了。

我困倦地睡了一个多小时，大约 7 点钟的时候，忽然被两声清脆的枪响惊醒了。我猛地坐起来，刚想到舱口上去看看，田旅长和张主任便跳了下来。

“旅长，出了什么事？”

他告诉我：开始海岸那边传来了嗡嗡的响声，大家以为是飞机，后来才发现海的西边有一个小黑点在飘动。这时，船上所有人的眼睛都注视着这个小黑点，慢慢地，黑点越来越大了，看上去是一个圆圆的筒子凸起在海面上。近了，才看出是烟囱。

船老大老王第一个大惊失色地喊起来：“糟糕！鬼子的巡逻艇！”

彭参谋长放下望远镜，向大家说：“同志们，敌人不来，我们不要动；敌人上来了，听我的命令再开枪！”他又把船老大叫到跟前说：“敌人要盘问我们，你们就说，我们是从上海到青岛的货船！”随后，他就到各个舱去布置，叫大家把手榴弹、短枪准备好，与敌人作海上的战斗。

为了不叫敌人发现我们船上有人，彭参谋长叫大家都下到船舱里。几个首长临时分了一下工，彭参谋长留在灶房观察敌人动静，指挥全船对付敌人，田旅长、张主任回到后舱，马指导员带着船老大和水手们站在船上，准备和敌人巡逻艇对话。

“砰！砰！”鬼子巡逻艇向天空放了两枪，船老大和水手们马上把桅篷降了下来。这是敌人订下的海上行船规矩。

……

田旅长说到这里，就听见船上面发出了吵嚷声：

“你们上哪去？”日军翻译官的声音。

“从上海来，到青岛去，做买卖的！”船老大老王回答得很流利。

“我们来查一查，登记一下……”

敌人巡逻艇渐渐地靠近了，撞上来了，木船晃动了一下，便被巡逻艇紧紧地抓住了。

从船舱的窗口向外看去，巡逻艇尾部站着一个日军士兵，正好面对着我，不到一米远，他用眼睛瞪着我，我用眼睛盯着他。猛然，我头顶的灶房棚子上响起了皮靴子声，我抬头一看，是个日军小队长，他看见船舱里有几十个人，就“好的好的”狂叫起来。

“旅长，怎么办？”我请示站在身边的田旅长。

“打！”

我端起马拐枪一下就把我对面那个鬼子打倒了。田旅长又接过枪去连续向敌人巡逻艇打了两夹子弹，张主任也扔过去七八颗手榴弹，但都落在钢板上，滑到海里去了。

与此同时，我听见彭参谋长在灶房里发出了战斗命令，中舱里司令部的几个科长、团长扔出了几个手榴弹，头舱里警卫员们的“20响”也开了火……全船顿时投入了紧张的战斗。

船上几十支“20响”的火力完全压住了敌人。这突如其来的打击，是侵略者意料不到的。看看情势不妙，巡逻艇急忙掉转头离开了我们。站在灶棚上那个日本兵还在哇哇叫嚷，我瞄准了他，“叭”地一枪就把他打翻到海里去了。

敌人在我们这条船上不但没有捞到“便宜”，反而被我们打死了几个，敌人恼怒了。巡逻艇开到离我们三四百米远的地方停下来，躲在钢板后面架起两挺机关枪向我们猛烈射击起来。

我们这只木船没有装甲设备，我们也没有海战的经验；而敌人，是一只有钢板装甲设备的巡逻艇，有两挺机关枪，10多个“海盗”全是经过海上作战训练的。我们的木船落了桅篷，停在海水中，就是有风也不能前进了；敌人的巡逻艇利用它的优势条件，像发疯似的围绕着我们轮番扫射。

海上像暴风骤雨一般，敌人的机关枪子弹射到船上，水手们牺牲了很多，子弹在海面上发出“噗哧……”的尖叫，厚厚的船板被打穿了，海水从弹洞流进船舱里来。情况十分危急，我们的短枪和手榴弹都够不着敌人。战斗开始不久，我们的人就牺牲和负伤了不少。

彭参谋长的脚负了伤，仍在中舱里坚持指挥。船上的马指导员牺牲了。头舱的旅卫生部副部长彭绍英负伤了。在后舱，我左腿负伤，彭、田、张首长的妻子也都被打伤了。

现在，船上面的情况怎么样呢？头舱、中舱都和我们联系不上，因为船上面敌人封锁得太厉害。面临着这样严重的情况，田旅长叫大家下到二层舱里（在水底下一层），他那严肃的面孔，表现了对党高度的责任感。他说："同志们，我们绝不能让敌人得到我们一点什么。现在大家把所带的秘密文件撕毁，扔到海里去！"

"对！对！"

下层舱里，张主任带着大家在撕毁秘密文件。上层舱只有我和田旅长在抵抗敌人，不让巡逻艇靠近我们的船。不料，又一颗机枪子弹打中了我的右眼下部，我第二次负伤，满脸鲜血直流；我觉得头有点昏，好像要跌倒似的，田旅长扶住了我。

"瑞卿同志，怎么样？"

"不要紧，没有伤着眼睛！"我说着，用一条洗脸毛巾缠住了伤口。

这时，从舱口跳下来一个人，我一看是旅长的警卫员小郑。他手里拿着一支"20响"，身上的衣服划破了好几块，大腿上淌着血，看样子是刚负的伤。田旅长看到自己的警卫员这样勇敢，禁不住伸出两手，激动地搂抱了这个17岁的战士。田旅长问小郑："你从哪边舱过来的？彭参谋长他们怎么样了？"小郑一边急喘着气一边告诉我们："战斗一打响，参谋长就在船上灶房指挥，他脚挂了彩，跌倒在中舱里。他看到船头打得紧，马指导员、船老大和水手们大部分牺牲了，眼看敌人巡逻艇要接近船头，他还要上去指挥。我们怎么拦也拦不住，他上去了。巡逻艇刚要开近我们船头，被我们一阵手榴弹和'20响'打退了。就在这时，参谋长负了重伤，胸口中了三颗机枪子弹。我们把他扶到舱里。他说：不要管我，我自己带的有药。你们快去抵抗敌人，快去！他把我叫到身边，对我说：你是田旅长的警卫员，快到后舱里找田旅长、张主任，就是死也要爬到后舱，把我的话告诉他们，坚决打到底！就是剩下一个人也要打到底！我离开参谋长，刚一上到上面，大腿就挂了花了，敌人火力封锁太凶，上面牺牲和负伤的同志都躺在血里，我连滚带爬地就过来了……”

勇敢的小郑这段长长的叙述，给我们带来了鼓舞和力量。师参谋长彭雄同志给我们树立了光辉的榜样，也给了我们坚决的战斗指示！

下午1点多钟，战斗打得最激烈，敌人巡逻艇围绕着我们的船拼命地射击着。船舱里，没有负伤的同志站在血水中抵抗着敌人，负伤的男同志和船舱里所有的女同志，都在艰难地搬运船板、棉花、被子，堵塞漏水的弹洞，筑起船舱里的工事，抵挡子弹。

海上还是没有风。我们这只失去生命力的木船，死死地飘在海面上。阵阵枪声中，不时传来敌人的叫声：“不要打枪了！——你们投降吧！——投降不杀你们！”

面对这残酷的环境，有些同志再也忍受不住敌人的欺凌了。

有人提出来：

“跳海！新四军绝不做敌人的俘虏！”

“炸船！共产党人死也要死在一起！”

田旅长派警卫员到中舱去请示彭参谋长，警卫员带回彭参谋长的话说：“我们都是共产党员，绝不会被敌人征服。但是，现在跳海、炸船都还早，我们死要死得有价值！等敌人上到我们船上来，我们拉响手榴弹与敌人同归于尽，那不是更有意义吗！”

突然，从舱口上又跳下来一个人，正好落在田旅长身边。旅长以为是敌人，一把把他按倒在地上。一看，原来是张主任的警卫员戴云天。他是冒着敌人扫射从船上面滚着下来的，因为他的驳壳枪打卡壳了。

“首长，给我一支好枪，我到船的中舱去抵抗敌人。首长，我是在海上打过仗的人，我知道：只要我们船上还剩下一个人，敌人是不敢上来的！”

田旅长答应了他的要求，交给他一支“20响”和几条子弹。只见他把子弹揣在口袋里，两支手枪腰里掖着一支，手里握着一支，说了声：“首长放心吧，我就是死也要完成任务——绝不让敌人靠近我们的船！”就向舱口一纵，翻了个身上去了。

敌人的机枪又猛烈地扫射起来。忽然，我的头部又一次负了伤，向前一栽，便昏倒过去了。我一直昏迷了两个小时，大家都以为我牺牲了。

在我昏迷的这段时间里，发生了许多新的情况，但我什么都未觉出来。后来，在医院养伤时，同船的卫生部副部长彭绍英、保安处长黄国山，还有警卫员戴云天，才把情况告诉了我。

战斗进行到下午3点多钟，海上的枪声渐渐稀落了，过了一会儿，敌人停止了射击，我们也停止了射击。敌我双方沉默地对峙着。一种可怕的寂静的气氛笼罩着海面，紧张得叫人喘不过气来。一场海战就这样结束了吗？不，战斗并没有结束！沉默一直持续了一个多小时，敌人以为我们船上的人死光了，便想把我们的船拉回连云港。巡逻艇狡猾地绕着我们的船用冷枪试探了几次，见没有动静，便从东南方大胆开过来了。

难道我们船上的人真的死光了吗？难道我们就这样无声无息地让敌人践踏我们的船吗？不，我们绝不能被敌人征服，我们要给敌人以严厉地打击！

看！在船的中桅下面侧卧着一个战士！他身负四处重伤，鲜血染红了白的帆篷，他双手紧握着两支手枪，仇视着敌人的巡逻艇。

这个战士就是刚才向田旅长要枪、要任务的警卫员戴云天。他从舱里上来的时候，又一次负了重伤，但他忍受着伤口的剧痛，艰难地爬到了船的中桅下面。他努力将自己的一支打卡壳的驳壳枪的故障排除了。这时，巡逻艇上的日军从望远镜里发现了他，子弹像雨点似的落在中桅附近。戴云天以粗大结实的桅杆做依靠，和敌人战斗了很久。敌人把巡逻艇开到东面向他射击，他就移动着身子转到桅杆的西面。敌人开到西面，他又到了东面，子弹把中桅底部打得像蜂窝一般，但都没有打到戴云天。后来，戴云天看看自己枪里的子弹不多了，就滚到船板上，找了几块木板，把自己隐蔽起来，从此再不放枪了。就这样，海面上沉默了很久很久。

现在，戴云天一只手握着一支上满了子弹的“20 响”，仇恨的眼睛死盯着开来的巡逻艇。近了，他看见巡逻艇上站着七八个敌人，挺着胸，卡着腰，上半身完全暴露在钢板外面。戴云天的枪口瞄准了这些海盗，让敌人靠近了再打！

眼看敌人的巡逻艇靠近了我们的船，眼看我们的船就要被拖走，在敌人巡逻艇离我们船只有 10 多米远的时候，戴云天这个浑身是胆的战士，突然从隐蔽的船板里跳了出来，双枪对准了七八个敌人开火了。他连续发射了 40 响，像突然出现的两挺机关枪一样。顿时七八个敌人，有栽倒在海里的，有仰倒在甲板上的，巡逻艇发出一种难听的惨叫声，拖着死尸和伤兵像一只受了伤的海鸟在海上“噗噗噗”地向连云港方向开去了。

海面上又沉默了很久，这时候躺在血泊中的戴云天突然向船舱里喊了起来：“同志们！敌人跑了！”田旅长、张主任和一些负轻伤的同志从船舱里上来了，大家把戴云天从血泊中抱起。田旅长、张主任紧紧地握住他的双手说道：“戴云天同志，你完成了任务！”

戴云天这个 1940 年参加新四军的苏北战士，还只有 18 岁。他身上虽然还有些孩子气，但却充满了勇敢、机智的气质。他身负四处重伤，坚持与敌人战斗，在最紧要的时刻——决定全船命运的关头上，起了这样大的作用。他因流血过多而昏迷过去，同志们望着他苍白的脸色，非常感动。

正在这时候，从船尾传来有人呻吟的声音，大家跑过去一看，是年纪最大的船老大老王，他和几个牺牲的水手躺在一起，身上负了很重的伤，一点动弹不得。他很吃力地说道："同志……们，有……风了，拉桅……吧！"

老王的话提醒了大家，大家站在船上望着大海，深深地呼吸了一下。啊！海风不知是从什么时候来到的，平静的海水又被它掀起了汹涌的浪花。大家意外地狂喜起来，忘记了这一天战斗的疲劳，在田旅长、张主任的指挥下，不一会儿工夫就把 5 个桅篷扯了起来。

高大的帆篷被风吹得鼓鼓的，桅杆顶上的三角旗迎风发出响声。船，走动起来了，但是，船往何处去？有谁来驾驶这只受了重伤的木船前进呢？水手们、船老大、马指导员几乎全都牺牲了，现在只剩下这位 63 岁的船老大老王，他也是奄奄一息了。但是，令人敬佩和感动的船老大，白发苍苍的老人啊！他躺在船板上，挣扎着用他那双无力的眼睛和沙哑的嗓子，艰难地指挥着大家驾驶这只船的行驶。

"向东歪舵——"

"松——左手，拉——右手。"

瘫痪了的木船，又恢复了生命力，载着牺牲的同志、负伤的同志，追逐着白色的、翻滚的浪花向前驶去……

船行驶不到半个小时，远远的海的那边又传来了敌人巡逻艇的声音，有望远镜的人都在瞭望着，慢慢地看出来了，这一次不是一只巡逻艇，而是四只，每只都比那只受伤逃回去的要大两倍，是两个烟囱的大巡逻艇，从连云港方面开来，向我们的船追来了。

田旅长和张主任指挥大家把火力集中在船尾上，准备等敌人近了，好一齐开火。但是，敌人是胆小鬼，大概是那只巡逻艇被我们打怕了吧！四只巡逻艇始终不敢靠近我们，虽然七八挺机枪不停地向我们船射击，但因风大浪高，船又走得快，子弹射不到我们船上来。

现在离柘汪还有三四十海里，船老大老王向田旅长说："船靠陆地吧？”

“对，上岸去！上了陆地，我们就有办法了。”田旅长决定改变去柘汪靠岸的计划。

船老大老王指挥掌舵的声音渐渐弱下去了，后来几乎听不见了。最后，他躺在那里，就用他的头左右摆动来指挥（他双手都受了伤）。大家看着他的头向左摆，就把舵向左摆动，看着他的头向右摆，就把舵摆向右边……摆着摆着，受重伤的老人实在支持不住了，头猛然垂了下去，我们还仿佛从他那嘶哑的嗓音里听出了他喊了一声：“同……志……们……”他便永远地离开了我们。他不能继续指挥我们一起走完这海上最后一段路程的航行了，不能和我们一起上岸去了，我们像失去一位指挥员那样，感到十分痛惜。

船，在大海中失去了指挥就像一只在高空中断了线的风筝……

这时，船上面所有的人该有多么紧张呵！大家最担心敌人巡逻艇上有炮，如果敌人开炮，我们的船是吃不住的。大家非常盼望看见陆地，许多双眼睛都在注视着，什么时候才能看见陆地呢？田旅长说：“不管敌人有炮无炮，我们决不落桅！”大家也有一个坚定的决心：坚决不再落桅了。如果敌人四只巡逻艇一齐来了，我们就和敌人决一死战！

“同志们！看见陆地了！”不知道是谁第一个发现陆地，大声狂呼起来。船上的人马上振奋起来，负伤躺在船舱下面的同志也都手扶着舱口的梯子上来了。大家望着远远的海岸越来越近，就像久别父母的儿子回到了爹娘的怀抱一样。船离岸还有三四海里的时候，会水的同志就首先跳下船去，早早上岸去找部队去了。

船靠近岸边，在四五尺深的海边上停住了。没有负伤的同志都跳下船，在海水中用船板向岸上划去。这时，正是涨潮的时候，潮水把跳下水的人一步一步推向岸去。

敌人的巡逻艇因海滩水浅不敢靠岸，不得不在离我们船数百米的地方，用机枪严密地封锁我们上岸，密集的子弹在海水上跳动，我们敬爱的两位首长——师参谋长彭雄同志和旅长田守尧同志就在这时光荣地牺牲了。

负伤的同志背着牺牲的同志继续向岸上走去，海水中留下一条条红色的血的痕迹……

我在一阵巨大的晃动中苏醒过来了。血迷住了我的眼睛，右耳负伤，什么也听不见，左耳里充满了枪声。我用力睁开了没有伤着的左眼，向船舱里看了看。除了几个牺牲的同志安静地躺在血泊中，活着的同志都不见了。他们上哪里去了？船，停到什么地方了？

“伍部长在哪里？伍部长在哪里？”

由远而近传来了一阵叫喊声，我听出这是我的警卫员杜文仲的声音。听见自己同志的声音，多高兴啊！我想马上回答：在这里！但因流血过多，一点力气也没有了，想喊，可是喊不出声来。

一阵沉重的脚步声落在我躺着的船舱的木板上，我仔细一看，站在身边的正是我的警卫员杜文仲。

“首长，你没有牺牲？”他见我全身是血，跪下来扶起我，惊喜地问我。

“我没有死。他们呢？”

“船刚靠岸，他们下船了，张主任叫我来看看你。”

“我不能走了，你去给我找一支枪和几颗手榴弹。小杜，你先走吧！敌人来了，我和他们拼！”

“首长，你要走，上岸去！我就是死也要把你弄上岸去呀！”他说着，感情激动起来，年纪轻轻的小伙子，眼泪唰地一下落了下来。外面的枪声打得正紧，他没有等我再说什么，就把我背出了船舱，随之抱住我的身子一起跳下了船。这时，我看见四只巡逻艇停在海中间，机枪不停地向我们扫射，子弹在海面上乱窜。我的伤口一碰海水，疼得受不了，我叫了一声：“不行呀！”杜文仲见我快昏过去，就把我又抱回船上，安置在一个隐蔽的地方。然后他冒着生命危险，给我找来一个散盘子（即救生小舟），把我放在里面，推到海水中。他大声对我说：“首长，手把紧点，我推你上岸去。”

他的话音未落，忽然掀起一个大浪，把我们冲散。我看见他被浪头卷进了海里，仿佛还听见他在水里传来的声音：“伍部长，手把紧点，你一定要上岸去！”可爱的战士，机灵的警卫员啊！我知道你的水性很强，大海淹不死你，你救了我的命，但愿你也一定能上岸吧！

黄昏了，潮水把我推上了海滩。我头部、腿上三处负伤，血流不止，动一下就疼得钻心，加上两天多来没有吃东西，没有喝水（上船前一天为防止晕船，大家都没吃东西），身体极度虚弱，几乎又要昏迷过去。但是，一个强烈的信念在支持着我：我已经上了岸，我要活下去，我要给牺牲的同志们报仇！我咬紧牙关，忍着剧痛在海滩上艰难地、缓慢地向岸边爬去，爬累了就歇一会再爬。爬到一个沙埂上，向前一栽便翻倒在一个壕沟里。3 月的天气，我倒在水沟里，虽然身上穿着棉衣，但全身上下都是血，血和泥水混在一起，身上冷得发抖，伤口更加剧烈地疼痛。

“什么人？缴枪！”

突然，壕沟上站着一个端着长枪的人，把枪刺逼近了我的胸口。昏暗中，我看不清他穿的是军服还是便衣，也不知道他是敌人还是自己人。我就问：“你们是哪部分的？”

他大概听不懂我的口音，接着又上来一伙人，中间一个大个子，拿着驳壳枪，用同样的声调吼道：“什么人？缴枪！”

让我缴枪？这真是对我的莫大侮辱，我猛地抬起身来，撕开上衣露出胸膛，吼道：“你们要是伪军，就补老子一枪吧！”

这个拿驳壳枪的人听出我是南方口音，便马上高声命令道：“三排长，赶快去打海里的敌人！”

这时，我才知道，山东独立团的部队赶来援救我们了。

大个子连长布置了他的连队向敌人展开了战斗之后，便派人把我抬走了。

我被转送到山东直属医院治伤。不久，军部刘少奇同志、赖传珠同志和新四军三师师长黄克诚同志，相继拍来电报慰问我，嘱咐我好好养伤。我还记得刘少奇同志、赖传珠同志电报里的几句话："你这次负伤是不幸中之万幸。望你安心养伤，有什么困难找罗政委，都可以解决。"

这场海上血战，我们这支非战斗的干部队，在从来没有经历过海上作战以及敌我装备力量悬殊的情况下，坚强抵抗了一天，没有一个屈服的，没有一个动摇的。我们这些共产党人，靠着对马列主义的信仰、对民族解放事业的忠诚，靠着对日本侵略者的仇恨，最终战胜了穷凶极恶的敌人，创造了抗战史上的一个奇迹！事后，据在连云港做内线工作的同志说，这只巡逻艇上共有 8 个日本人、4 个汉奸，最后，死在巡逻艇上 6 个，其他全部受重伤，连开船的也被打掉一只膀子。这一事实有力地说明：共产党人是用特殊材料制成的，我们的部队是拖不垮、打不烂的，是中华民族的骄傲！

胡炳云

因为我们是人民的子弟兵，在任何艰难困苦的情况下，都要把人民的安危放在心头。

- 1911 年生，四川南充人。
- 1933 年，加入中国共产党。
- 1937 年，任八路军第一一五师第六八五团营长，参加平型关、午城、井沟等战斗。
- 1938 年 8 月，任苏鲁豫支队第一大队大队长等职，率部创建湖西平原游击根据地。
- 1941 年，任新四军第三师第七旅第十九团团长、副旅长。
- 1996 年 2 月 28 日，在北京逝世。

刘老庄八十二烈士

胡炳云

一

在硝烟弥漫的抗日烽火中，迎来了1943年的春天。一望无垠的淮海平原上，虽然已经冰化雪消，但依然有点春寒料峭，冷气袭人。日伪的据点星罗棋布，盘踞着大小集镇。再加上不断地“清乡”“扫荡”，把一个辽阔、富饶的淮海平原，摧残得土地荒芜、疮痍满目。

早在抗日战争初期，淮海区人民就在党的领导下，组织了抗日救亡团体，建立了抗日武装力量，和敌人展开了如火如荼的游击战争。为了巩固和发展这块抗日根据地，上级命令我八路军五纵队一支队一大队（当时我任大队长）于1940年8月东渡运河，进入淮海区，配合那里的地方武装——淮河大队，深入发动群众，建立抗日民主政权，狠狠打击敌人。经过几年来的英勇战斗，淮海区抗日根据地得到了不断的巩固和发展，建立了抗日民主政权——淮海区人民行政公署。由于实行了主力部队地方化、地方部队群众化的方针，使主力部队、地方武装和民兵更紧密地结合在一起，形成了一个有力的铁拳，经常给敌人以沉重的打击。与此同时，根据地内普遍开展了减租减息和轰轰烈烈的大生产运动，广大人民群众的对敌斗争情绪日益高涨，生产运动蓬勃展开，根据地的面貌焕然一新。

由于根据地的不断巩固和发展，迫使敌人龟缩在大小据点里，不敢露面。她像一把锋利的尖刀，牢牢地插在敌人的心脏上面，威胁着敌人的指挥中心和战略要地徐州、淮阴，迫使敌人在淮海区的两大交通命脉——运河、盐河长期处于瘫痪状态；又像一条坚韧的纽带，把我山东抗日根据地与华中抗日根据地紧紧地连成了一片。

但是，由于国民党反动派积极推行消极抗战，积极反共的反动政策，发动了第三次反共高潮，日本帝国主义也加紧了对蒋介石的诱降政策，相互暗中勾结，把大部分兵力用来对付我抗日根据地。1943 年 3 月，盘踞在我苏北淮海根据地的日本侵略军，集中步骑 3000 多人，在师团长川岛的亲自率领下，在各个敌寇据点的配合下，采取分进合击的战术，向我淮海根据地中心地带展开大规模的“扫荡”，企图突然合围六塘河沿岸一带的我淮海区党政领导机关，并寻歼我主力部队，妄想以优势兵力一举摧毁我淮海根据地，切断山东与华中两根据地的联系。

敌人的这一阴谋诡计，已经被我们识破了。3 月 17 日，我遵照陈毅同志的指示，把分散在各地的部队迅速集结，星夜向泗洪县的山子头进发，一来赶往山子头围歼企图进犯我根据地的国民党顽固派王光夏部队，二来跳出敌人的包围圈。但是，敌人的计划十分阴毒，行动异常诡秘。3 月 18 日拂晓，敌人突然出现在刘老庄附近，再有一个小时的路程，就可以到达我淮海区党政机关的驻地六塘河。在此，我七旅十九团四连英勇阻击敌人，激战一日，终于彻底粉碎了敌人的阴毒计划，谱写了一曲气壮山河的凯歌。

二

四连是一个具有光荣历史的连队。四连所在的十九团的前身是 1927 年南昌起义时的教导团，长征时期是红一军团红二师突击四团。皖南事变后，改编为新四军三师七旅十九团。部队番号虽然多次变化，但艰苦奋斗、英勇善战的优良传统却一直继承和发扬着。

3 月 17 日夜晚，四连接到我的命令后（当时我任十九团团长），立即将分散在淮阴县刘老庄周围配合区政府坚持开展工作的各班、排集中起来，准备转移执行新的任务，不料次日拂晓即发现了敌情。不远处断断续续地传来稀疏的枪声，空旷的田野上，跑反的乡亲们扶老携幼，哭声遍野。连长白思才和指导员李云鹏研究后认为，在未充分弄清敌情之前，摆在面前有两种可能：一是少数敌人来犯；一是大量敌人进行“扫荡”。如果属于前一种情况，就应抓住战机，设伏杀伤敌人，乘机扩大战果；如是后一种情况，为了掩护党政机关和广大人民群众安全转移，部队就绝不能撤离。因为我们是人民的子弟兵，在任何艰难困苦的情况下，都要把人民的安危放在心头。这是我们这个军队的光荣传统，任何时候都不能丢。

决心一下，全连立即进行战斗准备。连长白思才叫指导员李云鹏集合部队，自己身披便衣，化装成老百姓，大步赶到村头观察敌人动向。他是一位机智善战的连队指挥员，16 岁就参加了陕北红军，作战很勇敢。

敌人逐渐出现在他眼前了。走在最前头的是敌人的尖兵部队，后面跟着大股敌人，其中夹杂着几十名骑着高头大马的日军指挥官。白思才同志急忙跑向指挥所，将便衣一甩，伏身在重机枪上。敌人肆无忌惮地大步前进，300 米、200 米、100 米……完全进入了四连的伏击圈。白思才同志紧盯着敌人，当敌人离他们只有五六十米时，便率先用重机枪开了火，全连火力一起朝敌人扫去。敌人尖兵应声倒地，指挥官人仰马翻。敌人遭到这意外的伏击，一时晕头转向，仓皇散开后撤。而在这场伏击战中，四连无一伤亡。

当敌人清醒过来后，立即从四面八方向四连阵地迂回过来，形成了一个大包围圈。这时，白思才和李云鹏同志根据敌人的兵力、四周的枪炮声和敌人急于要北犯的趋势，弄清了敌人的意图：敌人分明要以突然的行动，妄图一举消灭我驻在六塘河一带的领导机关。在当时的情况下，四连是完全可以顺利突围的，但是为了拖住敌人，争取时间，让领导机关和群众安全转移，决定放弃突围的机会，同敌人打一次防御战。打防御战对四连是十分不利的。第一，四连眼前指战员一共只有 82 名，弹药又很缺乏，而敌人却有千余名，武器仅大小炮、掷弹筒就有百余门；第二，庄内的数百群众未撤，敌人炮火打来时，群众将会遭到极大的伤亡。

在这一极大的困难条件下，四连同志下定决心，不论付出多大代价，也要坚决打破敌人的“铁壁合围”计划。为了掩护领导机关转移，为了保护人民群众生命财产的安全，全连立即撤到刘老庄后边一片开阔地带的“抗日沟”里去固守。

上午 9 时左右，急于要北犯的敌人，发起了第一次冲锋，才前进 30 米便被我四连打退了。敌师团长川岛异常恼火，登上刘老庄杨三堂屋顶上察看地形，组织了第二次冲锋。这次冲锋，敌人投入了约一个中队的兵力，集中了大炮小炮，并将十数挺机枪一起使用，企图以猛烈的火力把我四连的火力压倒，掩护日军前进。

敌人进攻开始了，炮弹和子弹纷纷飞向我四连阵地。敌人在火力掩护下，爬了过来，距我阵地愈来愈近。当日军离我尚有百十米时，我四连的枪榴弹集中打向敌人的火力点。顿时，敌人的火力点便变成了哑巴。这时，我轻重机枪一齐开火，进攻的敌人大乱，伤亡一大片，往回逃跑的敌人被四连的神枪手一枪一个，当了活靶子。有20多个法西斯亡命之徒，冒死爬到我四连阵地的前沿，白思才同志一声令下，四连的战士跃出战壕，端起刺刀，冲向敌人，不消10分钟，敌人便全部变成了刀下之鬼。敌人的第二次冲锋以惨败结束。

这时，四连的弹药已经消耗得差不多了，李云鹏同志焦虑起来。李云鹏是抗日战争初期参加革命的青年学生，由于党的培养和长期连队工作的锻炼，使他成为一个优秀的共产党员和训练有素的连队政治工作干部。他看到距阵地前沿30米以内，躺着六七十具敌人的尸体，每个尸体上都有枪和子弹。这些子弹如果能弄到手，就可以狠狠地回击敌人。他和连长商量后，立即号召干部战士到敌人的死尸上去"验收"弹药。最先站起来响应号召的是一排长尉庆忠。他是个老红军，性格十分幽默，他风趣地说："我在团部当过军需干事，验收弹药是我的老本行！"于是他带领突击小组，边挖沟边接近敌人的尸体。敌人发觉四连的意图后，拼命射击。突击小组冒着枪林弹雨，把前沿敌人尸体上的子弹全部取回。不幸的是，我们这位红军老战士光荣地牺牲了。

紧接着，敌人又发起了第三次、第四次、第五次冲锋。每次都抛下死尸狼狈逃窜。这时日已过午，敌人为了组织再一次的进攻，冲锋暂时停止了，四连为了打好下一个回合，虽然又饥饿又疲劳，仍迅速修补工事，挖掘掩体。党支部利用战斗间隙召开了支委会、党小组会，认真分析了当前的形势，一致认为必须坚持到天黑，继续拖住敌人，等到六塘河附近的党政领导机关和人民群众全部安全转移了，然后再组织突围。

会后，支委们带着支部决议，到各班、排去，号召全体共产党员和全体战斗员，英勇杀敌，争取战斗的最后胜利。四连的指战员们在支部号召的巨大鼓舞下，情绪大为高涨，斗志愈加坚定。

敌人被打怕了，担心再次进攻仍然得到和上几次一样的结果。于是，改变战术，集中所有的山炮、九二步兵炮、迫击炮、掷弹筒，向四连阵地轰击。一时弹如雨下，烟尘滚滚，大地震动。

四连凭借防御的仅是一段不长的“抗日沟”，哪里经受得住雨点般的炮弹！但四连全体指战员有一种比钢铁更坚硬的东西——革命的意志！工事摧毁了，立即又修复了；掩体坍塌了，马上用背包填上去；人负伤了，包扎起来，继续战斗。任凭敌人炮弹再多，轰击再猛，四连的阵地依旧稳如泰山，使敌人不能前进一步。

敌人炮击一开始，白思才同志就被弹片炸伤了，一只手失去了活动能力，立即昏迷过去。当他苏醒过来后，马上挣扎着爬起来，来往于交通壕内，继续鼓舞士气，安慰伤员，指挥战斗。其间，他又几次被炮弹掀起的土块埋住。有一次，炮弹落在他附近，剧烈的爆炸声和硝烟尘土过去后，他发现身旁的一个战士被炮弹炸断了一条腿，便立即从土里钻出来，用仅有的一只右手，扯开被单，将伤员的腿裹上。这位战士已经站不起来了，嗓子也哑了，但他用期望的目光恳求白思才同志，两手比画着，请求让他在弹坑里瞭望敌人，坚持战斗。白思才同志含泪拥抱了一下断腿的伤员，迅速回到机枪阵地，又亲自指挥重机枪手，准备给来犯的敌人以更大的杀伤。

这时，李云鹏同志也已负了几处伤，满身血迹模糊。但他仍继续组织全连的特等射手，准确无误地杀伤敌人。他俩会面后，李云鹏同志拿出在炮火中写给营首长的一份报告给白思才同志看。这份报告热情而生动地叙述了全连的战斗情况。白思才同志在报告上面签了字。他俩希望这份报告能落到营、团首长手里，作为他们向党的汇报，请求党审查他们这次的战斗，并要求批准他们在火线上接纳新党员。

炮击仍在继续，白思才和李云鹏同志在炮火中检查了全连情况。经过一整天的战斗，全连只剩下不到一半了。没有负伤的同志，眼睛也都被炮火的硝烟熏得红肿起来，鼻子被硝烟呛得鲜血直流。饭未吃一口，水未喝一滴，喉咙干得冒火，连话声都微弱得难以听清，全靠打手势助听。

更为严重的是，子弹也快用光了。这时，敌人最大的一次冲锋即将开始了。白思才同志估计到，领导机关和群众一定都安全地转移了，于是下达命令：把余下的子弹，集中给重机枪和轻机枪使用，其余的步枪全部拆散，安上刺刀，严阵以待，和敌人展开一场肉搏战！

该拆散的枪支，全部拆散了。拆下的完整零件，一一埋入地下，决不让敌人捞到一点武器。机密文件和报刊也全部销毁了。这时，李云鹏同志高声动员，号召全体共产党员和全体战斗员，为了民族解放和党的事业，坚决迎击敌人最后一次冲锋，更多地杀伤敌人！

晚霞满天，战火熊熊，决战前的阵地上，一片肃穆而宁静，四连余下的指战员，连轻重伤员在内，都庄严地从战壕里挺立起来，紧握着枪，迎着血红的残阳，向慢慢围上来的敌人，闪射着火焰一般的仇恨目光。白连长和李指导员领着战友们庄严高呼："中华民族万岁！中国共产党万岁！"

时近黄昏，胆战心惊的敌人，从四面八方缩头缩脑地围上来了。四连的战士们端着上了刺刀的枪，威武不屈地逼视着敌人。当敌人接近阵地后，机枪首先张了嘴，愤怒的火舌，卷起一股狂风，呼啸着向敌群飞射过去。敌人一批批应声倒了下去。可是不久，子弹打光了，敌人重新冲了上来。白思才和李云鹏同志一声呐喊："同志们，冲上去，杀——！"战士们冲向敌群，刀光落处，只听得敌人鬼一样的嚎叫声。

当夜幕降临阵地时，枪声终于停下来。寂静得连一点声音也没有，浓重的夜色紧紧地把一切包围起来。

在战斗结束很久，敌人方才心惊肉跳地走近战壕。他们没俘虏到我军一个人，没获得一件完整的武器，唯一的收获，就是运走了近200具死尸和300多名头破血流、断臂残腿的伤兵。我军以少胜多，使敌人受到重创。更使敌人丧胆的是，我七旅和兄弟部队，在四连拖住敌人激战的时候，与地方武装打到敌人城下，歼灭了留守的伪军，迫使敌人不得不仓皇撤退。我淮海区的领导机关和广大人民群众都得到了安全转移。

三

敌人刚一撤走，我淮阴县张集区区长周文科和联防大队长周文忠同志带领群众，立即赶到阵地。

阵地上，硝烟尚未散尽，战火还在燃烧。晚风萧瑟，寒星惨淡，勇士们的遗容英姿依稀可见。这时候，周文忠同志突然听到一声微弱的“哼”声，啊，是我们的一位身负重伤的年轻战士！周文忠同志赶紧扒开压在他身上的尘土，从一片血污中抱起这位战士，当即找来一副担架送去抢救，这位战士的前胸有三个枪眼，伤势很重。但他仍然以坚强的毅力，忍受着难耐的伤痛，断断续续地向周文科区长叙述了一天来的激战情况，但是，由于伤势太重，抢救无效，我们这位仅有 24 岁的年轻战士，终于在第三天早晨与世长辞了！

滔滔六塘河，日夜奔流，称颂着 82 位烈士的英雄业绩。莽莽大平原，狂飙怒吼，声讨着法西斯强盗的滔天罪行。从四面八方涌来了乡亲们，流着热泪收殓着烈士们的忠骸，筑起了 10 米高的烈士墓。陵园正中，修建起一座“壮志亭”，苏北行署主任李一氓同志亲笔写下了纪念碑文，记载着 82 位烈士的英雄业绩。从此，淮阴人民日夜怀念自己的子弟兵，每当细雨蒙蒙的阴雨天，人们仿佛听到烈士陵园内传来一片激烈昂扬的喊杀声和阵阵高亢嘹亮的军号声，大伙儿说，那是白思才连长和李云鹏指导员正在率领战士们操练，准备迎击敌人新的进攻！

是的，忠于祖国、忠于人民的人永远活在人民的心中！

谢振华

1943年，抗日的战火漫卷大江南北，苏北军民紧紧地团结在一起，如火如荼地展开了反“扫荡”、反“蚕食”的斗争。

● 1916年9月生，江西崇义人。

● 1932年，加入中国共产党。

● 1938年2月，调任八路军总政治部敌工部副部长。4月，到延安马列学院深造。

● 1940年10月，奉命去江苏阜宁县建立根据地，组建地方武装。

● 1941年皖南事变后，任新四军第三师第八旅第二十四团团长兼任政治委员。

● 1943年，参加了盐阜反“扫荡”、陈集歼灭战。

● 2011年8月3日，在北京逝世。

攻克八滩　全歼山本中队

谢振华

1943 年，抗日的战火漫卷大江南北，苏北军民紧紧地团结在一起，如火如荼地展开了反“扫荡”、反“蚕食”的斗争。这时，我们二十四团正在阜宁东北的东坎、八滩及滨海地区活动。3 月下旬，刚刚占领了东坎的日军一个大队，就迫不及待地于该月 29 日派出山本中队和 200 多伪军在八滩安上了据点。八滩在东坎东北，相距约 60 华里。这里，盛产鱼虾，又是海盐集散地，商业比较发达，每年的税收也不少。当地人民常用“金东坎银八滩”来比喻这两个地方的富庶。敌人占领八滩，正是想从政治上、军事上、经济上控制和扼死我们。为了粉碎敌人的罪恶企图，在敌人占领八滩的当天，黄克诚师长就来电指示我团准备战斗。

开始，师里还计划从佃湖以南调二十二团来配合我们歼灭这股敌人。但是从佃湖到八滩需要两三天的行程，而且要通过敌人几处据点，这样敌人就会从我们推迟的行动中得到喘息机会而加强防御工事。有经验的猎手都明白这样一个道理：打平地的狼要比打森林里的狼省事得多。现在的情况正是这样，因此 29 日下午，黄师长又命令我们乘敌人落脚未稳，先下手为强，明天晚上就敲掉它，并增派师特务营的两个连来参加战斗。

按理说，以一个团兵力，对付日军一个中队和 200 多伪军，可真是杀鸡而用牛刀。其实不然，因为我们一方面攻打八滩，另一方面还要分兵去阻击东坎来援的敌人，同时，我们的火器也远远不如敌人好。

当晚，战前准备工作都妥帖了，师里在批准我团的战斗决心和作战计划的电报中特别强调时间，要求我们在第二天早晨结束战斗。

黄昏时，部队在苍茫的夜色中沿着田间小道，从各个集结地奔向八滩。团指挥所在八滩西头一座孤单的小房扎下，这里离八滩镇不过半里地，警卫员点起一支蜡烛，我和参谋长尹捷峰以及几个参谋，挤在桌子周围，铺开地图来看。我们再一次查看了原定的攻击方向和进攻道路，生怕出什么差错。在跳动的烛光下，作战地图上几只红色小箭头显得特别耀眼，我们就要依照箭头指示的方向，四面合击，给这些侵略者一个措手不及。

9点钟，部队悄悄地完成了对敌包围的计划，四处仍像死水一般平静，静得连呼吸都怕冒出声来。大家静坐着，沉默不语。我不时地看看表，计算着难熬的时间，心情真是急呀！一分钟似乎比一天还要长。

秒针刚刚接近9点30分，我就令通信参谋发出攻击的信号。立刻，红色信号弹划破夜空，枪声、手榴弹的爆炸声，战士们豪壮的冲杀声，从八滩四面响起，最激烈的是二营的冲击方向。他们由南向北进攻，一进去就和日军展开了恶战。二营副营长王光汉率领的突击队，真是一把利刀，一直逼近到日军的中队部，砸坏了敌人的报话机和电台装置，逼得敌人没办法，只得接连放出三只军用信鸽，向外求援。一营是由西往东攻，打的是伪军，犹如快刀切豆腐，仅仅20分钟，就把这20多个替鬼子挡枪子的货色消灭了大部分，剩下的残部都溃散了。

镇里的伪军被消灭后，我们把团指挥所移到镇东的一条堤旁。这里离日军的核心据点不到200米，中间是一线矮小的民房，借着日军打出的照明弹，可以把据点西面的情况看得清清楚楚。为了把东西的情况弄明白，参谋长向我打了声招呼，就跑向师特务营的攻击方向去了。

日军分住在三个大院里。黑夜，鏖战就在这三个院子的四周展开了。敌人的优势火力得不到发挥，只好一个劲地打照明弹，使我们完全暴露在敌人火力网之下，增加了很大伤亡。有10多个战士火了，不顾枪林弹雨，勇敢地冲上一个院子的房顶。正准备揭开瓦盖往里送手榴弹时，院里的日军一阵朝天机枪，房上我们的人就全给打倒了。20多个敌人乘势冲出了北面的包围圈，向团指挥所扑来，叽里哇啦地乱叫。我一面把手枪里的子弹顶上火，一面喊司号员调一营的二梯队三连进入战斗。

三连的奋勇队在连长米富珍的率领下，及时地向日军冲了上去。他们打得真利索，20多个敌人一个活的也没留下。

下半夜1点钟左右，我们夺下敌人最东头的两个大院，将全部敌人压到中队部所在的一个大院里。虽然日军死伤不小，可是他们仍在坚持下去，这就告诉我们更残酷更激烈的战斗还在后面。

日军凭借厚实的砖石围墙，守住枪眼，拼命向我们射击，我们的迫击炮由于距离太近，不能发射，一些战士气不过，就翻过围墙，和敌人展开肉搏，但是寡不敌众，不是牺牲了，就是逼出了院子，浑身都染红了血污。

两点钟左右，通信员喘着气向我报告说："二营副营长王光汉同志牺牲了。一营长毛和发和几个连的干部也都负了重伤。"我们和敌人不过相距一箭之地，然而要接近却比过千重水、万重山还困难。在这狭小的地段上，我们流了多少血，牺牲了多少个亲爱的同志啊！

"司号员吹号请参谋长回来！"我感到需要进一步研究一下打法，老这样下去只会对敌人有利。时间——这是师里再三强调的，马上就要天亮了。

参谋长头上缠了一条白布，急急地跑了回来。

"老尹，头怎么的！负伤了？"我着急地问他。

"没关系，一点擦伤。"他毫不在意地说了一句。我们俩伏在堤埂上，眼望着前面的攻击部队和日军机枪吐出的火舌，心里火烧一样。

“团长，敌人火力太猛了，我看最好使用火攻！”

“对”，我回答说。用火攻这是我们战斗方案中最后一着！

引火物在战前已做了准备，部队在接到火攻命令后，立时把蘸了煤油的棉花球绑在马尾手榴弹上，投进大院里，或者把棉花球绑在长竹竿上，抛向大院的房顶，火熊熊地燃烧起来了。这是战斗的火焰，这是复仇的火焰。火焰燃烧着万恶的强盗，也燃烧着战士们的心。敌人狼狈地在火里滚着，拼死想杀出一条血路，可是哪里有路给他们呢！大门口给五连的两挺机枪紧紧地看住，敌人一露头就被击毙。尸体都快把门洞堵住了，里面烈火烧，外面机枪打，这一阵真叫人痛快。

拂晓，东南方突然传来阵阵低沉的马达声，几架大肚子敌机，嘶叫着从头上掠过，他们一定是给敌人壮胆的，可是晚了一步。这时率三营在新港子打援的副团长陈玉才同志派人送来一份报告说：原来东坎的鬼子大队，昨晚两点多钟就分两路增援，现在已和三营打响了。

天亮了，日军住的大院只剩下一片灰烬。有几条白色的火苗子，尚在悠悠地搅动，但是枪一直没有停过，围歼战仍在激烈地进行。忽然西北角一阵混乱，10多个敌人不知用什么方法推倒围墙，从二营和特务营的接合部企图向东坎方向逃跑。我连忙跑过去想组织部队收拾这帮家伙，跑着跑着右肩头像被什么东西撞了一下，身子一软倾倒在地上，血水顺袖筒流出来，一会儿就浸透半边军服。警卫员赶来扶了我一把。我使劲站起来，向前面望去，我们的战士，正追赶溃逃的残敌。

来八滩增援的日军，害怕遭到同山本中队一样的下场，没有立足，便急急忙忙败走了。这一次战斗我们击毙山本中队长以下日军80余名，八滩又重获得了解放。

第二天，获得解放的八滩人民群众由地方干部带领，敲锣打鼓，抬着猪、羊、鸡、鸭等数不清的慰问品来看望我们的队伍。指战员们和前来慰问的群众欢呼着、簇拥着、跳跃着。当时我兼任团政委，告诉政治处的同志一方面热情接待前来慰问的干部、群众，另一方面也要婉言谢绝送来的慰问品，因为当时人民的生活还是很困难的。当我们谢绝接受慰问品时，有位老大爷站出来含着热泪说："同志们啊！你们流血牺牲是为谁呀！我们被日本鬼子害得好苦啊！他们奸淫烧杀、鸡犬不留。是你们拼着生命来解救我们。你们是我们的救命恩人啊！这点东西算什么？只能表表我们一点心意，你们不收下，让我们回去怎么向乡亲们交代呢？"他的话刚说完，群众就振臂高呼口号："请收下我们这点心意！"这种深情厚谊我怎么能拒绝呢？

人民在欢庆胜利的时刻也深深怀念着为解放八滩而献出生命的烈士们。当地政府为烈士们修建了烈士陵园并建了一座纪念塔，将王光汉等40余名烈士的名字全刻在上面，让八滩地区的人民和子孙后代，永远铭记着为中华民族的解放而献出宝贵生命的烈士们。现今八滩的人民用辛勤的劳动建设着当年烈士洒鲜血、抛头颅的土地，烈士的英灵也得以慰藉。

王培臣

我团发扬了英勇顽强的战斗精神，竭尽全力，奋勇杀敌。尤其我二营，百折不挠，经得起伤亡和挫折的考验。

- 1914年7月生，福建上杭人。
- 1933年，加入中国共产党。
- 1938年3月，新四军二支队在龙岩白土组建成立，随后开赴皖南参加抗日战争，王培臣任二支队司令部作战科测绘参谋。
- 1940年11月，任新四军二支队作战科科长。
- 1941年9月，调任新四军军部侦察科副科长。
- 1943年，先后任第七师沿江支队暨沿江军分区参谋长、沿江支队独立团团长、十九旅五十六团团长，参加了粉碎日伪军组织的两次较大规模的“清乡”和“扫荡”战斗。
- 2007年8月28日，在福州逝世。

皖中地区抗日反攻的序幕战

王培臣

一

皖中抗日根据地，是东自江浦西到宿松，北至合肥南止太平的长江两岸、淮南铁路两侧，巢湖、白湖、陈瑶湖、白荡湖、菜子湖、武昌湖、泊湖、升金湖、西湖、丹阳湖以西等广大地区。占据这个地区，既能扼断南京、武汉之间的长江水道，又可为尔后战略反攻时，攻夺南京、芜湖、合肥、安庆、九江等处的出发地。因此，它是华中非常重要的战略根据地之一。这个地区，地形复杂，人口众多（1000万人以上），物产富饶。盘踞在这广大地区的计有日本侵略军华东派遣军的两个师团以上兵力和伪军三个军，分布在以芜湖、合肥、安庆等三个战略要点及其周围地区，并有国民党三、五战区的近20万大军分布在长江南北地区，他们专事反共助日。另外还有无数封建帮会的武装，因此，这个地区的情况是非常复杂的。

皖中抗日根据地是1937年七七事变后开始创建的。它在中共皖中工委李世农、桂蓬、张恺帆以及曾勉、李步新、傅秋涛、谭希林、孙仲德、桂蓬洲、何伟等同志领导下，经历了长期的艰苦斗争和从无到有、从小到大、从弱到强的形成发展过程。在漫长的、残酷的抗日战争中，我新四军江北游击队和第七师坚决贯彻执行了毛主席、党中央和华中局、新四军军部关于抗日民族统一战线的路线、方针、政策和独立自主的游击战争战略方针等指示，实行人民战争，顽强地开展了反“扫荡”、反“摩擦”的斗争。在长期的斗争中，创建了较为巩固的以严家桥为中心的巢无根据地。还创建了从无为至安庆沿江地区的游击区。包括以蜀山、洪家巷、牛埠的无西区；以陈瑶湖、青山、水圩的桐东区；以菜子湖以西的桐西区；以白荡湖至罗家岭的桐南区；以长岭至许岭的泊湖区；以梅埂至殷家汇的贵池区；以升金湖的东流至德区。皖南地区的游击区包括仓头至二坝的无东区；以无城南至刘家渡的无南区；以姚冲至湾沚、三山至南陵的繁昌区；以钟鸣至铜陵、沙州到何家湾的铜陵区。含和地区的游击区包括以巢县至江浦、裕溪口至赤镇。巢湖地区的游击区还包括夏阁至店埠的合东区；大铺头、将军岭、大柏、半个店至高庙的合西区；忠庙至炯炀河的炯炀区；白石山、三河的庐北区等等，分布在长江南北的广大游击根据地。8 年来，据不完全统计，我七师部队与敌、伪、顽作战达 5000 余次。毙伤敌、伪、顽 3.9 万余人，其中生俘敌、伪、顽 2 万余人。我军也付出了巨大的代价，共计伤亡 1 万余人。其中牺牲营以上的干部有桂蓬洲、熊梦辉、江河流、肖辉锡、黄斌、巫希权、叶为祜、罗保濂、胡金龙、余坤、袁大鹏、兰翔、徐炳万、邓行福、张学文、吴乔木、肖恒辉、胡继亭、吕惠生等同志。并在长期的斗争中，坚持、巩固和发展了皖中抗日根据地，不断壮大了我军的力量。尤其在抗日相持阶段，我皖中地区仍然发展根据地、扩大我军力量。截至 1945 年，我正规军、地方军、游击队壮大到 3 万余人，为抗日战略反攻准备了雄厚的物质力量，因此，获得了华中局的表扬。在对日大反攻中，配合了全国向拒降的日伪军发起了猛烈的攻势，歼灭了大量的日伪军，收复了皖中大片国土，为抗日战争的胜利做出了伟大的贡献。

二

1944年12月15日，毛主席在陕甘宁边区参议会上发表了重要讲话，号召解放区军民向敌伪守备薄弱的地方进攻，消灭敌伪，扩大解放区，缩小沦陷区。1945年8月9日，毛主席发表了《对日寇的最后一战》的声明，指出："对日战争已处在最后阶段，最后地战胜日本侵略者及其一切走狗的时间已经到来了。"他号召："中国人民的一切抗日力量应举行全国规模的反攻，八路军、新四军及其他人民军队，应在一切可能的条件下，对于一切不愿投降的侵略者及其走狗实行广泛的进攻，歼灭这些敌人的力量，夺取其武器和资财，猛烈地扩大解放区，缩小沦陷区。"从此，抗日战争进入了战略反攻阶段。在这个具有历史意义的进军中，我皖中地区广大军民在皖中区党委书记、七师政委曾勉，区党委副书记、七师副政委李步新，代理七师师长谭希林，参谋长孙仲德，政治部主任王集成，副参谋长林维先，副主任黄火星，皖中行署主任吕惠生，副主任张恺帆、魏文伯等同志领导下，热烈响应毛主席的号召，积极向敌、伪据点发起进攻。

皖中地区我军实施战略反攻的主要目的是：首先拔除巢湖南岸的姥山、散兵、长岗井、盛家湾、望城岗、无为城、襄安、汤家沟和繁昌的中分徐及裕溪河沿岸的铜城闸、运漕、雍家镇、裕溪口、东关、林头、炯炀河、桥头集等敌人据点，使巢无根据地与沿江、皖南、含和根据地连成一片，为孤立和解放巢县县城创造条件，尔后解放含山、和县、繁昌、荻港、铜陵、大通、贵池、安庆、华阳、东流等大江沿岸的城镇，最后视情东进或北上，协同兄弟部队解放芜湖或合肥。

皖中地区抽出了十九旅两个团：五十五团（团长朱鹤云、政委邓庆和、参谋长邬兰亭、主任汪佑志）；五十六团（团长王培臣、政委石裕田、参谋长刘声起、主任王荣光）；含和支队的含和独立团（团长郑福生）及几个大队，皖南支队的无为独立团（团长刘金才）及几个大队，巢无独立团（参谋长段广高），军部独立旅（旅长覃健、副旅长冯志湘）两个团；七师特务营（营长刘正明）；十九旅特务营（营长唐松光、政委邓子争）等7个团和数个大队投入了抗日反攻的战役。从1945年7月份开始进行了巢湖南岸的盛家湾、无为县城、繁昌的中分徐、巢县的望城岗、和县的雍家镇等战斗，并先后攻克了无为县城及散兵、盛家湾、襄安、汤家沟、中分徐、望城岗、铜城闸、运漕、雍家镇等城镇共39处，歼灭了日寇一个中队又两个小队，伪军第三军第四师十二团全部；无为县保安团全部；巢县保安团两个营；伪中央警卫二师四团二营；和县保安团两个营；一〇四师一个营和各城镇的13个自卫中队等两个团6个营13个中队，共毙、伤、俘日伪军万余人，解放国土1.8万平方公里和同胞60多万。使皖中解放区东伸江浦、沿江，南达芜湖、当涂，西至望江，控制长江700里。包围了安庆、太湖。

三

我当时是新四军七师十九旅五十六团的团长，我团政委是石裕田同志，参谋长刘声起，主任王荣光，供给处长冯大勋同志。我团奉命与兄弟部队参加了皖中地区伟大的抗日战略反攻中的巢湖南岸的盛家湾、巢县的望城岗、和县的雍家镇等战斗。现分述如下：

盛家湾等地战斗

敌人为切断我巢无根据地与巢北游击区的联系，控制巢南山区，掠夺我姥山区铁矿，在巢湖南岸沿巢（县）盛（家桥）公路设立了许多据点，除盛家桥、槐林嘴、高林桥等据点已被我先后攻克外，还有姥山、散兵、长岗井、盛家湾等据点，驻有日寇一个小队，伪军巢县保安团的一个大队和第三军第四师第十二团的一个连。我为打通与巢北游击区的联系，扩大解放区，于1945年7月下旬，以十九旅的五十六团为主力，配属旅部独立营向盛家湾、长岗井、散兵等敌伪据点发起攻击。

我团接受盛家湾战斗任务后，由政委石裕田等同志负责部队作攻坚准备和与地方商讨解放巢南的协同等问题，我带领作战参谋胡坚标、侦察参谋陈壁、谢义坤的侦察连先到战地了解情况，研究作战预案。（1）敌情：在姥山铁矿（散兵西南）驻有日军一个小队和伪军一个排，南湾、散兵各驻伪军一个中队，长岗井驻伪军一个排，盛家湾驻伪军十二团一个连。巢县内驻有日军一个大队，伪第三军第四师大部和巢县保安团一部，其城南望城岗驻伪军一个加强连。巢北炀河、忠庙各驻伪军一个中队，并常有一二只武装小汽艇在巢湖巡逻，往返巢县—忠庙之间。根据上述情况，我若攻打盛家湾、长岗井、散兵等据点，估计可能出援的兵力，其西日军一个班、伪军一个中队，其东日军一个小队或一个中队、伪军一个营或一个营以上。从巢湖乘船登岸其可能性也有，但不大，而最大可能是从陆地由巢县城出援。（2）打法：采取“攻点打援”，其打援重点在东。（3）兵力部署：由一营教导员李云、副营长吴虎龙和旅部特务营政委邓子争、营长唐松光统一指挥一营（缺一连）、旅部特务营在西段作战。以一营（缺一连）打散兵（附迫击炮一门），旅部特务营位于散兵西南，阻击姥山方向可能出援之敌。以六连连长吴明、副指导员丁仲明率其全连袭击长岗井。以二营副营长黄春旺率领五连（连长马文升、指导员史福生）和团迫击炮一连（连长李祥、副连长梁森、指导员杨振帮）、团重机枪排（排长张昆）攻打盛家湾。由团参谋长刘声起、主任王荣光率领三营（营长何继生、副营长丁桂山、教导员戚琏瑚）和四连（连长 ×××、指导员郑世农）位于茶亭阻击由巢县城可能出援的敌伪。由侦察连长谢义坤率领该连位于东门口（茶亭北）余家嘴之线监视巢湖敌情。由一连连长窦竺生、指导员李汉平率其全连为团预备队，随团指挥所，团指挥所位于牛尖山下（盛家湾南1公里）。由团供给处处长冯大勋、卫生队长柳尚光率领救护所等位于大岭。十九旅参谋长熊应堂随我团行动，随时作具体指导。

7月25日黄昏，我团政委石裕田同志在大岭对部队进行战斗动员后，各分队连夜向各作战地开进。

奇袭长岗井

长岗井位于盛家湾、散兵之间，是该两处的连接据点，据点内有双层炮楼一座，四周小碉堡四座，并有围墙相接，围墙外有一道铁丝网、两道壕沟、一道鹿寨。壕沟上架有吊桥一座，为据点内外的唯一通道。守敌为自卫中队一个排34人，轻机枪一挺、掷弹筒两具。

我六连系新升级的连队，缺乏攻坚战的经验，且装备很差，全连只有轻机枪两挺（其中一挺不能连发），步枪数十支，子弹奇缺，每支枪仅有数十发，1/3的战士是手持大刀，但全连干部战士斗志旺盛、求战心切。

根据上述敌我等情况，六连研究决定，在战士自愿报名的基础上，组成了障碍排除队，共12人，分三组，每人大刀一把、手榴弹8枚，待通过敌障碍后，以一组放吊桥，二组开大门，三组掩护，一、二组行动，为主攻分队开辟通路，然后协同主攻分队攻击据点。以一、二班位于据点北边向巢湖警戒，以七、八班位于据点东西两侧防敌突围，以三、四、九班为主攻，待障碍排除队放下吊桥后迅速通过，直扑敌炮楼，反之，则以步枪齐射，掩护障碍排除队强行排除，五、六班为第二梯队。

当晚23时许，该连排除障碍队三个组利用夜暗，迅速隐蔽地翻越鹿寨、壕沟，在翻越铁丝网时被敌人游动哨发现，碉堡内敌人当即向我射击，我主攻班和二梯队即以火力掩护尖兵组向敌人猛扑，战士李光善抡起大刀将敌人的游动哨砍倒，接着向碉堡投掷手榴弹。此时，组长许锡山左腿中弹倒地，仍然坚持投弹攻击。一组乘机冲到桥边，砍断绳索，放下吊桥。二组即翻越围墙打开大门，战士李光善迅速架起梯子，向炮楼里投弹，高喊“缴枪不杀，新四军优待俘虏”。在我军政治攻势下，有7个伪军出来缴械投降，一部窜入小碉堡企图顽抗。我主攻班攻入据点后，在火力掩护下冲进炮楼，以白刃格斗消灭了炮楼之敌。五、六班亦迅速将窜入四周小碉堡之敌肃清。此战，我军发挥了近战、夜战的特长，仅30分钟全歼伪军34人，缴获轻机枪一挺，掷弹筒2具，我仅伤2人。

攻打散兵

散兵是巢湖南岸重要渡口，守军为伪军巢县保安团一个中队百余人，轻机枪二挺。散兵西南6公里的南湾渡口驻有伪军巢县保安团一个中队大部，其南2公里的姥山矿还驻有日军一个小队和伪军一个排。

26日零时，一营（缺一连）向散兵敌据点发起攻击。我一营与敌激战三小时，于拂晓攻下散兵，守敌百余人除40余人从湖上逃跑外，其余均被歼，缴获轻机枪一挺。旅部特务营在散兵西南一里的渔塘村之线布阵阻击，姥山等敌伪没敢出援。

攻打盛家湾

盛家湾位于巢湖南岸，观音山以北，散兵以东，是巢县城西南7公里的重要据点。该据点位于盛家湾街道东北岗上，筑有砖木结构的三层炮楼一座，炮楼外有围墙、水壕、鹿寨等附防设施，围墙正南开有大门，正西水壕上架有吊桥，水壕内侧筑有桥头堡。守敌系伪军第三军第四师十二团第一连。该敌有150余人，轻机枪6挺，掷弹筒4具，是兵员充足、装备好、战斗力较强的伪四师的一个连队。其连长王老虎是伪四师师长刘子清的干儿子，自称能战的老虎。

我二营副营长黄春旺率领五连和团属迫击炮连、团属重机枪排去攻打盛家湾。五连是140余人，三挺轻机枪的历史较老、能征善战的一个连队，前几任连长、指导员都是红军老战士。该连还有现任排、班干部的樊家山井战斗英雄陈裕德、丁学明。团属迫击炮连有9门迫击炮，具有迫击炮平射的实践经验，还有炮兵能手现任排长徐胜道。团属重机枪排有3挺重机枪，加上该营1挺共有4挺，其排长张昆是重机枪的特等射手。以上合计兵员300余人，迫击炮8门、重机枪4挺、轻机枪3挺，在兵力、火力上都超过敌人，战斗力上更超过敌人。这样就在质量上、物质上均充分具备了取胜的条件。

26日1时，二营采取了先偷袭、后强攻的战术攻打盛家湾。其部署：以五连三排从正面主攻，袭击吊桥，消灭敌桥头堡之敌，尔后攻炮楼；一排为预备队，随三排后跟进；二排沿观音山北坡迂回到据点正南，协同三排攻打炮楼；团迫击炮连和团重机枪排位于据点正西100米处，掩护三排攻击。攻击发起后，二排因南面深沟坎陡，攻击受阻；三排从西面抢占吊桥和桥头堡后，进至围墙时遭敌火力阻拦。后用土坦克（方桌上垫湿棉被，人在桌下推动前进）掩护攻击未成，令伪军家属喊话也无效。这时，团、营、连干部立即开会研究，分析攻击受阻原因，主要是主攻方向兵力不足和没能发挥我炮火的威力，遂决定，集中兵力，从正面方向突击。二排除一个组在正南继续牵制敌人外，其余兵力全调到正面，迫击炮连推进到距敌炮楼60米处，以抵近平射，自上而下逐层轰击敌炮楼。5时许，继续向敌人攻击，先用迫击炮平射猛轰敌炮楼，将敌炮楼上层轰开了豁口，随即以重机枪火力封锁射击，然后再将敌炮楼二层轰开，再以重机枪火力封锁射击，迫敌逃到炮楼最下层，最后用8门迫击炮猛轰敌炮楼，此时，二、三排乘机翻越围墙冲进敌炮楼，与敌近战格斗，并开展政治攻势，敌被迫向我缴械投降，一排同时也肃清了外围敌人。天亮以前结束战斗，全歼守敌150余人，活捉敌军连长王老虎，缴获轻机枪6挺、掷弹筒4具。

茶亭打援战斗

茶亭位于巢县城西南5公里处，西距盛家湾2公里。该地北临巢湖，南靠巴斗山。巴斗山上灌木丛生，山下稻田密布。茶亭是东通巢县，向西往盛家湾的大路穿越稻田而过。巢县城驻有日军一个大队，伪军第三军第四师大部。伪军屡遭我打击，士气不振，战斗力较弱。

为保障对盛家湾、长岗井、散兵等据点的攻击，由团参谋长刘声起、主任王荣光同志率领三营全部和四连到盛家湾以东的茶亭，阻击由巢县城可能出援的敌伪。于25日22时到达茶亭。其部署如下：以七连（连长林天明、指导员徐飞）位于茶亭以东（附重机枪一挺）；其八连（连长蔡永祥、指导员彭醒霞）位于巴斗山北坡，贾家岗以西占领制高点、保障七连右翼安全；其九连（连长夏冬青、指导员江溶）和四连（连长、指导员郑世农）位于茶亭正南侧为预备队；指挥所位于巴斗山西北坡。

26日6时许，三营接到团部命令：盛家湾已攻克，你营即撤回大岭。刚欲转移，侦察员突然来报告，巢县城出来援敌。三营为保障友邻安全转移，决定按团预定方案阻击。

6时半左右，日军一个小队及伪军一个多排为右路沿公路向茶亭前进。当敌进至我七连阵地前几十米的洼地时，我轻重机枪一起开火，当即杀伤伪军大部、日军一部，余敌急忙后退，组织顽抗，我三营乘敌队形混乱，即令七连从正面和右翼出击。九连（缺一个排）、四连从右翼出击，将敌人分割包围，与敌白刃格斗。在激战中，七连四班长先后刺死2个鬼子，但与另一个鬼子拼刺中，不幸壮烈牺牲。战士们高呼："为四班长报仇！"勇猛地冲杀上去。七连机枪班长瞿大保（外号巢湖北）看见日本小队长挥舞洋刀，并一刀砍掉副班长的一只手。指挥残兵突围时，他义愤填膺地一个箭步冲上去，用长矛打掉日军小队长的指挥刀，将他按倒在地，活活地掐死。当一个鬼子跳入水田，企图逃跑时，四连六班瞿宗怀紧追不放，扑上去将其拦腰抱住，鬼子用手中半截洋刀砍伤了他的左臂，他死不撒手，待另一名战士赶到，共同活捉了这个鬼子。在我四、七、九连的奋力合击下，全歼该路之敌，计日军一个小队，伪军一个多排。俘虏日本鬼子 2 名、伪军 10 多人，缴获三七平射炮一门，重机枪一挺等武器弹药。

当公路上日伪军遭我围歼时，其左路伪军两个多连企图解围，数次向我巴斗山北坡阵地攻击，被我八连和九连一排击退，杀伤其一部。其后，伪军两个多连在轻机枪火力掩护下竟以全部出动向我猛攻。正在这时，我红军老战士八连长蔡永祥同志壮烈牺牲。该连指导员彭醒霞立即大声呼叫："同志们，北边鬼子伪军全部被我消灭了，我四连、七连、九连在北边出击了，快把这路鬼子包围了，快打啊！"正在向我冲锋的伪军听到北边日伪军被我消灭，唯恐自己被消灭，正欲后逃时，而我八连指导员彭醒霞同志又看到四连向敌后侧运动，就大叫："同志们，四连打到敌人后边了，我们出去冲啊！"于是彭指导员指挥四个排从正面打下去和协同四连侧后出击，将敌打垮，并乘胜追击逃敌到张小村一线，共毙、伤、俘敌人一个多连。

茶亭打援战斗共打垮伪军一个营，歼日军一个小队、伪军一个多连，计俘日军两名、伪军 30 余人，缴获平射炮一门，轻重机枪各一挺等武器弹药。

巢县、盛家桥公路大捷，共毙伤伪军第三军第四师十二团一个连、巢县保安团一个大队共 400 余人，日军一个小队（包括小队长）34 人，其中俘伪十二团一连连长王老虎以下 200 余人，日本兵 2 人；缴获三七平射炮 1 门、重机枪 1 挺、轻机枪 9 挺、掷弹筒 6 具、步枪百余支等军用品。此战是五十六团自 1940 年建团以来第一次较大规模的攻坚战斗。由于指挥正确，战前准备充分，战术手段运用得当，积极开展了战时政治和军事民主，发扬了英勇顽强的战斗作风和近战、夜战的特长，经过一昼夜激战，连克散兵、长岗井、盛家湾等村镇，切断了巢县城敌人与姥山矿区敌伪的联系，为尔后解放姥山矿区创造了条件。由此战扩大了解放区，震慑了敌人，大大鼓舞了我皖中解放区对日伪局部反攻的胜利信心。

望城岗战斗

1945年8月上旬，我新四军七师十九旅（缺五十七团，配属巢无独立团），兵分左右两路，对望城岗、运漕镇守敌发起进攻，以扩大解放区、缩小沦陷区。

左路以五十六团、五十五团三营、师部特务营和巢无独立团等对巢县城南望城岗守敌进攻。七师师长谭希林和十九旅参谋长熊应堂、旅政治部主任余明等同志随左路行动，随时作具体指导。右路以五十五团（欠三营）及地方武装一部对裕溪河北岸的运漕镇（巢县至芜湖间）守敌进攻。该团在团长朱鹤云、政委邓庆和、参谋长郭兰亭、主任汪佑志等同志指挥下经三天激战，全歼运漕镇敌日军一个小队、伪军一个中队，俘伪军百余人、日兵一名，缴获轻机枪二挺、掷弹筒一具、步枪80余支及其他军用物资。

巢县城是敌人在合肥、芜湖两大战略要地的中转站，也是水陆交通的枢纽，为此，常有重兵把守。当时巢县城内驻有日军一个大队大部、伪军第三军第四师大部、巢县保安团一部，城西北山岗上驻有桂顽一三八师一个营，以上共计5000余人。上述各敌由于惧怕我歼灭而分兵把守，能用于机动作战的兵力仅有一个多团。

望城岗在巢县城西南4公里，岗高60余米，其东面是水网地带，岗北和西南地形起伏，岗西有条大路北通巢县城，西南至大岭，东南通吕婆店。该地北临巢湖，西南连接银屏山，是敌人控制我巢湖以南山区和守备巢县城的前哨据点。据点内有三层炮楼一座，7米高的围墙一道，围墙四角各有小碉堡一个。围墙外挖有深6米、宽5米的干沟，干沟外有鹿寨等附防设施，构成了一个较完整的独立防御体系。守敌系伪三军四师十二团第九连，共四个排，配有重机枪一挺，轻机枪三挺。

我五十六团配属五十五团三营、师部特务营主攻望城岗。巢无独立团参谋长段广高同志率领该团位于吕婆店一带，对林头、东关方向警戒，以保障我右侧安全。我五十六团受领攻打望城岗任务后，立即召开团委扩大会议研究敌情、地形，制定作战方案。与会同志一致认为：望城岗可北控巢湖口、东制裕溪河，它是敌人固守巢县城西南方向的重要屏障。我若攻，敌必援，援则必经岗西大路，此段地形便利埋伏。综观上述，而确定望城岗战斗采取“攻点打援”的作战方案，并决定先诱歼援敌，后全力攻点。兵力部署如下：以三营（营长何继先、教导员戚琏瑚、副营长丁桂山和配属团迫击炮两门、九二步兵炮一门），围攻望城岗敌据点，诱巢县城之敌出援。以二营（营长聂国春、副营长黄春旺、副教导员黄少希）位于司家巷一带，若敌来援，稍事阻击，即向西北方向后撤，诱敌进入我设伏地区，尔后向东南出击，截断敌尾部。以一营（营长刘锦章、教导员李云、副营长吴虎龙）隐蔽于贾家岗以北、李家大村以南的洼地，待援敌进入伏击区后，向东出击，斩敌腰部，会同二、三营歼敌于龙王庙附近。以侦察连（连长谢义坤）位于汪家嘴一带，对巢湖警戒。以五十五团三营（营长瞿群）位于大司家，为预备队。师部特务营（营长刘正明）隐蔽于望城岗西侧周小村以南地区。以团迫击炮连（连长李祥、指导员江运发、副连长梁森）和团重机枪排（欠迫击炮两门、九二兵炮一门）位于贾家岗东南高地，遂行龙王庙一带的战斗任务。团指挥部位于贾家岗东南高地，并由团参谋长刘声起、主任王荣光直接指挥一、二营和侦察连进行战斗。由供给处长冯大勋、卫生队长柳尚光率领团救护所等位于望城岗西南的黄金科。会后，各分队分别进行战斗动员，口号是“打下望城岗，解放巢县城”。经动员后，部队群情激昂，决心打好大反攻的第一仗。

8 月 10 日 23 时许，我三营在迫击炮、重机枪火力急射后，以八连从望城岗西南两个方向进行攻击。以九连一部兵力、火力从东北方配合攻击，守敌见我攻势猛烈，畏惧被歼，不断向上求援。

巢县城伪军第四师连获求援报告后，为守住望城岗要点，即拼凑了以十二团为主的3个多营的兵力，在十二团副团长的率领下，于11日5时30分，沿巢南大路向望城岗增援。我六连在司家巷以火力杀伤敌一部后，即向西北方向转移。援敌见我西撤，即乘机突进，并迅速沿高尔岗，向龙王庙急进，此时，我团以全部炮兵、重机枪火力向进至龙王庙敌人猛射，我二营由西向东出击，重占司家巷，断敌后路，并以全力向东南方向截击。我一营由西向东冲进敌群，斩其腰部。我三营七、九连拦敌头部，正面阻击。在三路夹击下，进至龙王庙附近的敌人，当即被我歼灭一个营。余敌溃成两股：一股约两个连，窜至望城岗以东水网地带，在王家凹被我巢无独立团截歼一半，剩下约一个连沿裕溪河西岸逃回巢县城；另一股约一个多营，在敌十二团副团长带领下逃入望城岗据点。

打援获胜后，我们立即分析敌情，认为：援敌虽一部窜入据点，但由于据点太小，兵力拥挤展不开，加之夏天天气炎热缺水，更增加其惊恐混乱。而巢县城守敌出援遭惨败，短时间也难以抽兵再援。综观上述，这正是我攻夺望城岗据点的良好时机。于是我们决心以一营从望城岗东北，三营从东南，师部特务营从正面，团炮兵连和重机枪排在西南，四面围攻据点。团指挥所移到周小村距离望城岗敌据点100余米处，二营仍在司家巷一线警戒，随时准备截歼援敌，其余部署不变。11日守敌依仗其坚固的工事，负隅顽抗，我数次攻击不下。12日7时许，我首先以全部火力、轻重机枪火力猛烈急射，各营突然发起猛攻，但由于敌人凭借其坚固工事拼命抵抗，故我攻击未奏效。在此情况下，我们一面令部队继续围攻据点，一面发动干部战士讨论克敌办法。后来集中了干部战士四个办法：一是用迫击炮曲射，打碎据点内的水缸，使敌人没水吃；二是用三七平射炮和机关炮（原飞机上的）轰击敌炮楼，用9门迫击炮平射，集中轰开其西面围墙；三是东门用火攻；四是各营同时在战场喊话，瓦解敌人。12 日 10 时许，我团迫击炮连的排长、炮兵能手徐胜道用迫击炮简便射击办法，只 3 发炮弹便击毁了水缸，敌没有饮水而干渴，迫使敌自饮小便和争饮别人小便而打架。接着，平射炮、机关炮猛轰敌炮楼上层，使敌轻重机枪失去封锁作用。这时，我五连机枪班长的机枪完全封锁了敌西面小碉堡，而我 9 门迫击炮集中平射，轰开了西面围墙。与此同时，我九连在东门已燃着柴草烧门。各营一起喊话："缴枪不杀，优待俘虏"。敌人在外无援兵、内断粮水、伤亡惨重、四面被围攻的情况下，恐慌万状。此时，我团乘机向敌发起猛攻，3 个营同时攻上去。我一连俄国式机枪班长、特等射手杨维仁的机枪完全封锁了敌据点东北角的小碉堡；二排副排长、战斗英雄李勇，一马当先，跳越鹿寨，逼近敌人，连投 10 多枚手榴弹，打退敌人反扑，杀出一条通路后不幸英勇牺牲。在他的英勇行为鼓舞下，一营各连一鼓作气攻进据点。与此同时，我三营和师部特务营也相继突入敌据点。战至 12 时，全歼守敌。

攻克望城岗敌据点后，我们再次研究敌情，认为巢县城守敌可能再次出援，我决心乘胜再歼援敌。果然不出所料，于 12 日 14 时许，巢县城守敌又纠集两个营的兵力前来增援。待援敌通过司家巷后，我二营由西向东出击，断敌后路；一营和五十五团三营分东西两路向北出击；师部特务营在望城岗布防迎敌，三营位于望城岗南为预备队，团指挥所移至望城岗以北钱家高地。援敌见势不妙，掉头就逃。我二营奋起直追，截歼敌后尾一个多连，余敌溃败，大部窜回城内。至此，战斗胜利结束。

望城岗战略反攻首战告捷，歼灭敌人伪军第三军第四师第十二团大部和巢县保安团一部共 1300 余人，其中俘敌伪副团长以下千余人，缴获轻重机枪 30 余挺，我方伤亡 200 余人。此战大量歼灭了敌人有生力量，改善了我军装备，对扩大皖中解放区起了重要作用，大大鼓舞了我军对日伪大反攻的胜利信心。

雍家镇战斗

望城岗战斗后，我团驻在无为县城北的照明山东北的赵汪村一带，进行总结战斗、调整组织、补充后员（包括解放战士补入连队）、形势任务教育等工作。一天，七师师长谭希林和十九旅政委黄火星首长来我团视察，我全团指战员高兴万分。第二天早晨6点许，我团集合在赵汪村东边的羊米岗草坪上听候师、旅首长的指示。谭师长作了长达两个多小时的讲话。谭师长首先讲到的是我团几次战斗的意义。他说："同志们，你们这个团和其他部队近来经过了二渡巢湖，攻克了张家疃、桐荫镇，使炯炀游击区更好发展。又攻克了红庙，使无为县城西和南我游击活动更为方便。又攻克了散兵、长岗井、盛家湾，逼退了姥山矿区的日伪军，打通了巢无根据地与巢北游击区的联系。前几天又攻克了望城岗，使我巢南解放区扩展到巢县城边，这为孤立和解放巢县城创造了良好条件。这样，对我皖中地区的大反攻起到了积极的作用。"

他接着说："你团在其他部队配合下，经过上述战斗得到了锻炼，战术水平得到了提高，由游击战转变为运动战，发展到对敌伪守备较强的几个据点，同时发起进攻，现在又能在敌人重兵设防的巢县城边攻下敌人坚固的据点，打垮了敌人一个多团的援兵，并取得了消灭敌人一个多团的重大胜利。通过这些战斗，你团的干部还获得了战斗和战役指挥的新经验。"

他还说："你团的武器装备也大大得到改善，梭镖全没有了，全团换了较好的钢枪，每连也有4挺轻机枪，全团已有9挺重机枪。但是，你们不能忘记人民！不能忘记兄弟部队！正是由于人民的热情支援，民兵的积极参战，如担架运输、修桥补路、烧水做饭、照料伤员、埋设地雷、侦察捕俘和兄弟部队的配合作战等等，都直接地保证了你团战斗任务的完成。为了使新建的部队更好地武装起来，更快地参加反攻战斗。因此，师部决定：将你团在望城岗战斗中缴获的一部分武器装备全部上缴，送给新建部队。我完全相信，你们一定能照顾全局，不会有意见的。”谭师长讲话一停，全团热烈鼓掌。接着谭师长又谈到我团的发展历史。他说：“你们这个团是皖中人民的子弟兵。1938 年为四支队的第二游击纵队，1940 年与有红军老底子的四团一个营合编为江北游击纵队第二团，1942 年又与皖南事变突围出来的有红军老底子的部队合编为七师十九旅的五十六团。因此，你们这个团底子老、干部老，是有光荣历史的部队。你们这个团向来战斗作风好，战斗力强，每次战斗都能出色地完成战斗任务，去年 8 月份的周家大山战斗，首创我七师以一个团重创桂顽五二八团，击毙其一个营长、三个连长、连以下 300 余人，我又守住了阵地的光荣战功，而荣获新四军军部的嘉奖。你们这个团有与三尖山碉堡共存亡的张柏、张开运、袁世俊、夏顺德、郑鸿文、夏尔玺、王定福、张司木等 23 名烈士，有这次望城岗战斗牺牲的英雄李勇，还有曾经领导过你们这个团的江北游击纵队参谋长桂蓬洲、团政委郑行福、团长罗保濂、副团长袁大鹏、团参谋长胡金龙、副营长肖恒辉等烈士，还有活着的樊家山井战斗英雄陈裕雄、丁学明和茶亭战斗用手掐死日军小队长的英雄瞿大保等。总之，你们这个团是英雄辈出的。”

由于谭师长极其深刻而又极为生动的讲话，使我团全体同志非常自豪，情绪激昂，要求再战的心情更深一层。接着，谭师长又说：“同志们，现在又要给你团一个重大的战斗任务！就是要你团和五十五团、含和独立团去攻打芜湖外围重镇雍家镇，由你团主攻。”全团听到后，爆发了雷鸣般长久的掌声。

谭师长讲话一结束，十九旅政委黄火星同志就接上去讲。黄政委说：“同志们，红军时代的老师长，现任七师师长谭希林同志，刚才深刻而生动的指示，对我们大家都是极大的鼓舞，我们一定要坚决执行谭师长的指示，完成攻克雍家镇的光荣而艰巨的任务。”

第二天，我团经石涧埠、黄洛河、凤凰桥、三汊河向雍家镇开进。团里几个领导干部到运漕镇，了解和学习五十五团攻打运漕的经验。22日上午，我和我团政委石裕田同志及五十五团团长朱鹤云、政委邓庆和等同志赶到雍家镇的裕溪河南岸的大王村师指挥所去开会。师长谭希林同志、师参谋长兼含和支队长孙仲德同志和十九旅政委黄火星、参谋长熊应堂、主任余明及含和支队副支队长马长炎，副政委何志远、含和独立团团长郑福生等同志，一见到我们4人到达，都上来握手，抓头捶背的。我们的感情用笔墨难以形容。马长炎同志端着一瓷缸凉开水，上来就给我一捶说：“小老王，喝水。”我手接茶缸，笑着说：“马首长啊，1943年初在大俞家岗是皖南事变后见面的第一捶，今天是第二捶。”于是我二人都大笑起来。

会议开了两个多小时，最后谭师长说：“雍家镇位于裕溪口西南6公里处，东南隔江与芜湖市相距仅9公里，是敌伪在长江北岸淮南铁路南侧的重要据点。该镇两面临水，裕溪河从西向东，绕过镇南、镇东，流向裕溪口。沿河筑有圩埂，镇北为水网稻田地区。该镇防御阵地比较坚固完整，镇西、镇东筑有3层砖木结构的大炮楼，控制全镇，镇南没河堤和镇北均各筑有地堡数座，炮楼和地堡前挖的堑壕、水沟，布有鹿寨、铁丝网、地雷，设有暗堡，镇西的大祠堂被改造成既能屯兵又能防御的工事。

“雍家镇守敌系伪警卫二师四团二营，伪和县保安团曹良文部一个营，及该镇伪自卫中队共千余人。其中伪警卫二师四团二营下辖三个步兵连、一个机枪连。每个步兵连配轻机枪4挺、掷弹筒3具，机枪连配重机枪4挺，该镇守敌兵力多、装备好、战斗力较强，地势险要、工事坚固，易守难攻，邻近裕溪口，援兵来得快，但该敌在大势已去的局面下，士气低沉。8月中旬，我含和独立团又两次围攻，已给敌一定的伤亡和消耗。

“裕溪口驻有伪和县保安团曹良文部两个营，芜湖市驻有日寇第十九旅团大部和伪军一个师，长江中常有日寇军舰巡弋。巢县城驻有日寇一个大队和伪军第四师刘子清部队。上述敌人随时可能来援，尤其裕溪口之敌来援可能性更大。”

根据上述，我们决心攻下雍家镇，歼灭拒降之伪军，采取“攻点打援”的作战方针。决定以五十六团主攻雍家镇，以五十五团（缺三营）位于镇东北的军施村一线，伏击裕溪口援战和截歼雍家镇逃敌，以含和独立团位于镇东之蒋鸽庙、西湖家一线，视情机动，并负责对芜湖方向和裕溪口之警戒。师指挥所位于裕溪口河南岸之大王村。

会议结束后，我和政委石裕田同志于当日下午3时左右到达雍家镇西边的千棵树。我团政治处副主任徐志明同志带来几百名民夫担架。我们立即召开各营干、直属连干和司政后机关等干部会议，研究我团攻打雍家镇的一切部署和一切准备工作。会议决定：一是以西边为主，东西对攻，北边助攻。二是部署，以二营配属团炮连和重机枪排为主攻，由西向东攻击，以三营由东向西攻击，形成三、二营东西对攻击。一营为第二梯队，位于千棵树以东，待二营突破镇西大炮楼和祠堂后即投入纵深战斗，会同二、三营聚歼雍家镇守敌。以侦察连在镇北助攻，并以1个排向北警戒，以炮兵连全部（迫击炮9门、三七平射炮1门、七二步兵炮1门、飞机上机关炮2门）和重机枪排（重机枪4挺）布置在镇西敌炮楼西边150米处，首先支援二营战斗，尔后支援纵深战斗。团救护所等在千棵树，团指挥所位于镇西与千棵树之间圩堤转弯处。今晚完成一切准备，决定明天（23日）拂晓开始攻击。

当日黄昏后，参谋长刘声起、主任王荣光同志带几个参谋、干事去检查各营准备工作。副主任徐志明、供给处长冯大勋、卫生队长柳尚光在千棵树组织后勤工作（粮弹供应、卫生救护、担架运输等），我和政委石裕田同志去检查二营和炮兵准备情况，发现二营长聂国春和团炮兵连连长李祥、指导员江运发等同志和战士一起抬木头、挖工事，我和石裕田也抬起一扇门板去支援。看见炮手们都在夜晚测距瞄准。炮兵连长李祥向我们谈及炮击的方案。他说："对大炮楼拟以六门迫击炮平射轮换从上而下打，并以两挺重机枪封锁，迫敌退到最下层。然后，以6门迫击炮和机关炮、重机枪集射以消灭之。其余炮火，重机枪集中对祠堂之敌，以先摧毁大炮楼为主。同时射击祠堂之敌来支援二营战斗。"我向站在身旁的聂营长问："老聂，你看如何？"聂国春营长说："炮击方案还可以，我准备找各连干部来同炮兵一起研究步炮协同等问题。"

23日拂晓，我团在镇西以6门迫击炮平射，经过2小时射击，已将3层炮楼从上而下打开了宽1米、长7米的长沟，并在我重机枪排长、特等射手张昆亲自射击下，敌人全部被赶到最下层。上午8时许，我二营沿圩埂发起攻击，当进至敌工事前，为敌火力所阻，并遭敌连续反击。二营五、六连用马刀砍杀，与敌格斗，打退了敌人反击；但由于地形狭窄（10米宽）兵力施展不开，又遭敌暗堡火力拦阻，故我二营三次冲击未奏效，在镇东我三营同时发起攻击，八、九连攻至敌工事前，也遭敌反击。

12时许，谭师长令含和独立团一部从雍家镇东南方向助攻。我团二、三营在此策应下，继续强攻。二营五、六连首先突入敌碉堡前的堑壕内，并依托堑壕，封锁敌反击道路。敌我双方遂成对峙状态，与此同时，三营八、九连亦攻占镇东北碉堡一座，后遭敌连续反击，但我九连仍然坚守已占阵地。敌在我东、东南、西三个方向攻击威胁下，连续向裕溪口求援。

13时许，裕溪口守敌派一个营前来增援。当援敌全部进入军施村以北、刘家拐以西我五十五团伏击圈时，该团先以迫击炮、机枪火力向敌猛射。接着以四连截尾，五连拦头，六连拦腰斩断，并向南北两侧卷击，冲入敌群，经过40分钟近战，援敌大部被歼，少数跳入裕溪河泅水逃窜。

15时许，谭师长根据情况判断：裕溪口的援敌遭我伏击后，难以再援；雍家镇守敌在我连续攻击下，伤亡较大，盼援无望，处于混乱动摇之中。因此，我决心趁夜迅速攻克该镇，全歼守敌。于是将五十五团炮兵连调归五十六团指挥，并令含和独立团一部仍从镇东南渡河向敌攻击。

18时，我五十六团和五十五团的全部炮火急袭敌工事与镇东西屯兵的大祠堂。敌在工事摧垮、伤亡惨重、无法固守、求援无望的情况下，被迫于19时许向东突围。我五十六团一、二营与七连由西向东乘机猛攻，我侦察连由北向南猛攻，同时突入镇内，歼灭伪和县保安团曹良文部一个营和该镇自卫中队。含和独立团一部也从镇东南攻入，肃清镇南沿河一线之敌。突围之伪警卫二师四团二营当窜至军施村以南时，被我五十五团一营从正面由北向南猛击和五十六团、九连从敌后由南向北尾击，经一小时战斗，全歼该敌，全部战斗至此结束。

此战共歼敌3个营和1个中队（伪警卫二师四团二营，和县曹良文保安团2个营，雍家镇伪自卫队）1200余人。其中毙伤伪副团长以下400余人，俘伪军副营长以下800余人。缴获日式步兵炮2门，重机枪4挺，轻机枪26挺，步枪500余支，掷弹筒14具，短枪20余支，子弹22000余发，电话机2部，电话线2000米。这次战斗，晚上准备，次日就战。部队在准备仓促、地形不熟、缺乏圩埂战斗经验，特别我团没有对两个多营守备的敌据点攻击经验、敌人重兵防守、工事坚固、火力集中、暗堡地雷密布的情况下，我团发扬了英勇顽强的战斗精神，竭尽全力、奋勇杀敌，终于取得了战斗胜利。尤以我二营，百折不挠，经得起伤亡和挫折的考验，六连在最后只剩下12人的情况下，仍然组织再战。

曾希圣

七师是皖江人民的子弟兵，七师与皖江人民在艰苦的抗日战争中结成了血肉关系。

- 1904年10月11日生，湖南资兴人。
- 1927年，加入中国共产党。
- 1939年2月，到中共中央南方局军事组工作。
- 1940年7月，调任至新四军军部工作。
- 1941年2月，任新四军第七师政治委员，后任中共皖江区党委书记，深入敌后，在极其艰苦复杂的条件下，发展敌后抗日根据地和人民武装。
- 1968年7月15日，在北京逝世。

七师的抗日斗争

曾希圣

坚持在安徽境内大江两岸进行抗日斗争的新四军第七师，是在皖南事变的血泊中诞生的。

抗日斗争进入相持阶段后，日寇对蒋介石加紧进行诱降，蒋介石为了准备投降，在 1941 年 1 月发动了第二次反共高潮，阴谋制造了震惊世界的皖南事变。事变中，新四军皖南部队除一部分英勇突出重围外，大部遭受损失，军长叶挺同志不幸身陷囹圄，副军长项英同志牺牲，抗日武装力量遭到了一次重大的损失。1 月 17 日，蒋介石又悍然发布反动命令，宣布“解散”新四军。国民党反共投降的滔天罪行，激起了全国人民的无比愤慨。我党严厉地驳斥了蒋介石取消新四军的“命令”，中央军委于 1 月 20 日发布命令，任命陈毅同志代理新四军军长，刘少奇同志为政治委员，将陇海路以南的八路军、新四军部队 9 万多人编成七个师，继续在华中敌后广大战场坚持抗日斗争。由于党中央和毛泽东同志的正确领导，有力地打退了国民党顽固派发动的第二次反共高潮，使日寇的诱降诡计和蒋介石的分裂、内战、投降阴谋全部破产，全国的抗日局面得以坚持下去。

曾希圣

一

“野火烧不尽，春风吹又生。”安徽境内大江两岸的抗日力量，并没有被顽固派扑灭。在皖南事变中英勇突围的健儿，一部分去了苏南，大部分从繁昌、铜陵一带突围渡江到了无为。其中有原一团、三团、新三团、五团、军特务团等单位的部分干部、战士，他们分别由黄火星、刘别生、马长炎、谢忠良、张闯初等同志率领过江。最多的一批是六团营长巫希权同志带领的两个整连（200人左右），其他有百余人一批过江的，有三五十人、一二十人一批过江的，有三两零散过江的；有江南群众护送过江的负伤同志，也有以后从反共军集中营中暴动和逃跑出来的，共约700人，其中大部分是干部。另外，还有一部分同志由胡明、刘奎、李必春等同志率领，继续在皖南山区绩溪及铜陵、繁昌敌后坚持抗日斗争。这些英勇突围出来的同志，都是皖南事变血泊中留下来的宝贵的革命种子。

当时，我正在无为，准备赴津浦路东到我军江北指挥部工作，因交通关系还未过巢湖。皖南事变发生后，我就负责在江北收容和整理皖南突围部队。不久，中央军委和军部命令，将皖南突围部队与原先在江北分散独立活动的几个部队会合一起，组成新四军第七师，任命张鼎丞同志为师长（当时他在延安中央党校学习，未到职），我被任命为政治委员。

七师的活动区域，主要是巢南山区和无东一块。巢南山区以董家大山为中心，东到石涧埠，西到任家大山，长约30里；南到簸箕场，北到巢湖边，宽10多里。无东是白茆洲、六洲、神塘河、临江坝、三官殿、汤家沟、后包、田家桥附近等一块。另外，繁昌、铜陵、宁国、绩溪、桐东、宿松、望江、太湖，各有小块游击区。这一支大江南北抗日人民的子弟兵团，在当时地区狭小，突围后立足未定，又即遭受敌顽疯狂夹击的严重困难情况下，并没有被吓倒，被杀绝，他们从地下爬起来，揩干净身上的血迹，掩埋好同伴的尸首，又继续战斗了。

皖南事变的惊涛骇浪，对新四军七师的每个干部、战士是一场严峻的考验。在党的领导下，他们战胜了巨大的困难和风险，依然保持着旺盛斗志和饱满情绪。七师初创时，在一部分同志中，由于对就地（皖南事变发生的地带）坚持斗争、就地开辟抗日根据地的意义认识不足，对当时斗争形势缺乏全面深刻的分析，因而对于七师在皖江（皖中南）地区能不能站住脚、能不能发展，以及怎样才能站住脚、怎样才能发展等一系列问题，在认识上是模糊的，在方针上是有分歧的。认真地在党内、首先在领导干部中解决这些问题，提高认识，统一步调，是当时工作的关键。

1941 年三四月间，我们在无东三官殿附近的长坝坞和巢南山区先后召开了干部会议，传达了中央和军部的指示，在干部中进行了深入的教育和讨论，并经过其他各种会议和许多艰苦的说服教育工作，终于使大家认识到，在皖江地区坚持与发展抗日斗争，首先是对敌斗争的需要。皖江地区是华中敌后我军的一个战略要地，它处于日寇在华中的心脏地带，扼制着长江下游咽喉和淮南路两侧，迫近南京、芜湖。在这里坚持斗争，不仅对日寇的打击、威胁极大，而且使华中我军向西、向南敌后发展和反攻日寇有了一块重要的前进基地。第二是对顽斗争的需要。国民党顽固派企图消灭英勇抗战的新四军，我军则针锋相对给以坚决有力的反击，在这里坚持斗争，就是“长自己的志气，灭敌人的威风”，证明抗日革命力量是永远消灭不了的，蒋介石的阴谋诡计则会遭到彻底粉碎。第三是人民的需要。皖江地区广大群众与我军休戚相关，生死同共，他们切齿痛恨敌顽串通一气制造皖南事变的血腥暴行，许多父老姐妹闻讯后曾痛哭失声，一致要求我军早日重回皖南。我们在这里坚持斗争，就可以保护广大人民免受敌伪顽的黑暗统治和暴虐蹂躏。第四是我们本身的需要。皖江地区及其周围大别山、黄山等地区，原有广泛的革命影响，我们在这里坚持斗争，不但向四周发展有广阔前途，而且发展起来可以成为沟通苏北军部、淮南二师和鄂东五师、苏南六师等各方面联系的枢纽。从这些事实说明，在皖江地区坚持和发展抗日斗争，意义十分重大。当时，有的同志认为这个地区狭小，没有什么发展前途，这种认识显然是不正确的。

通过会议的分析，大家认识到，坚持和发展皖江地区的抗日斗争不仅是必要的，而且具有充分有利条件：一是干部和骨干好。七师部队虽是新建，但各级领导和骨干，大都在革命烽火中经过长久锻炼，基础是比较坚实的。二是地方党基础好。皖江地区地方党的组织，自 1927 年大革命以来就有相当基础，在抗日战争中又获得了进一步的锻炼。三是群众条件好。皖江地区广大群众与我军情同鱼水，抗战以来在人力、物力上对我军源源进行支援，并在做向导、抬担架、送情报等各方面给我军极大帮助。四是经济条件好。皖江地区不但人口稠密，而且物产丰富，为华中著名的鱼米之乡，有利于抗日力量的生长和发展。当时有的同志看不清这些有利条件，认为这个地区的斗争难以坚持、难以发展，显然也是不正确的。

通过会议的分析，大家还进一步认识到，坚持和发展皖江地区的抗日斗争有必要、有条件，但也存在不少困难。七师地区与其他老根据地有着显著不同的特点：首先，七师根据地建立晚，部队力量小。七师建立在抗日战争的中期，国民党在大溃退时失散在群众中的武器已经被搞光，因此像抗日战争初期那样大发展的黄金时代已经过去；七师初建时力量较小，部队不足 2000 人，装备较差，弹药也很不足。其次，根据地不大而又比较孤立。七师的发轫地和中心巢无地区，地区狭小，南有大江，北有巢湖，西有白湖，四周敌伪据点星罗棋布，密如蛛网，使部队活动没有回旋余地；犬牙交错的斗争形势，使七师与军部及其他兄弟师中间都夹有一大块敌占区和反共军统治区，阻隔重重，比较孤立。再次，遭受敌顽夹击，部队需要迅速站稳脚跟和休整。皖南突围部队刚到江北，敌顽就疯狂夹攻，我们必须彻底粉碎敌顽的“扫荡”进攻，巩固立足点，并获得休整和恢复力量的时间。但是，当时有的同志对这些特点认识不足，不具体分析敌我力量的对比，机械地搬用其他建立较久的根据地的一套经验，主张马上铺开摊子，自上而下地搭起大架子来。如果按照这个方针去做，对当时的斗争是有害无益的。我们根据七师初建时的主客观情况，反对大吹大擂，坚决主张采取荫蔽发展的方针。首先整顿思想，编好队伍，集中力量粉碎敌顽夹攻和堵击计划，求得站稳脚跟；而后通过加强和发展党的组织，积极发动群众，加紧积蓄力量，在四周普遍建立隐蔽据点，稳步向四周进行发展；同时积极打通与军部及各兄弟师的联系，改变七师地区比较孤立的局面。只有采取这个方针，才能迅速站稳脚跟并求得发展。

会后，在各级干部中进行了深入的讨论，统一了认识，明确了方针，并在此基础上顺利编好了部队。1941 年 5 月 1 日，七师在无为东乡白茆洲大胡家正式组成。当时编入七师的队伍共有 1900 多人，除了皖南突围的部队外，还有在江北活动的三支队伍：一支是孙仲德、郑行福、高立忠等同志领导下的原江北游击纵队二团的一个营；一支是在林维先、傅绍甫、彭胜标等同志领导下的原新四军三支队五团的一个营；另一支是江北地方武装，有黄彬同志率领在桐（城）东三官山活动的一个营，胡德荣同志率领在无为活动的一个连（约 200 人）。七师首先成立十九旅（师部与旅部合并办公），旅长是孙仲德同志，旅政治委员由我兼任，下辖五十五团（团长谢忠良同志、政委黄火星同志），五十六团（团长丁麟章同志、政委张闯初同志），五十七团（团长梁金华同志、政委马长炎同志）。三支队挺进团改名为七师挺进团（团长林维先同志、政委李中平同志）。此外，还成立了独一营、独三营、特务营。这样，七师各方面的工作逐步走上了轨道，皖江地区的抗日斗争局面也一步步打开了。

二

从 1942 年到 1944 年，是七师的巩固和发展时期。这一时期的特点是战斗频繁，日寇和国民党反共军不断地、轮番地向皖江根据地进攻，使我们经常处于两面作战状态。在艰苦频繁的战争锻炼中，七师部队越打越壮大，创造了正规兵团，皖江地区越战越辽阔，创建了正规根据地。经过这一时期的艰苦斗争，我们在巩固中求发展，发展中求巩固，咬紧牙关，冲破了黎明前的黑暗，完成了最艰苦的战斗任务，渡过了最困难的相持阶段，各方面的工作都获得了蓬蓬勃勃的发展。

1942 年七师部队发展到 2000 人，1942 年则发展到 6000 多人。随着我师力量的壮大，斗争形势的发展，我们的战略部署相应展开。1943 年 3 月，皖中地区改为皖江地区，成立了中共皖江区委和皖江军区，我任区党委书记兼第七师政委，七师副师长傅秋涛兼皖江军区代司令员。部队进行统一整编，成立了含和支队（支队长兼政委孙仲德同志、副支队长马长炎同志），皖南支队（支队长梁金华同志、政委黄耀南同志），沿江支队（支队长林维先同志、政委黄火星同志），巢湖支队（支队长唐晓光同志），独立团（团长熊应堂、政委罗保濂同志）。师的领导也相应加强，1941 年 11 月，中央军委任命傅秋涛同志为七师副师长，1943 年 8 月他去延安。同年 10 月，中央军委任命谭希林同志任代师长，并由他率领二师六旅十六团到达无为，编入七师建制，番号为“巢大”（团长兰祥同志，政委余明同志），使七师主力部队更加充实和加强。

七师初创时期，我们采取荫蔽发展方针，第一步向南、向西发展，第二步是向东、向北发展。这时，我们四面八方同时积极发展，一方面加强打击敌伪，拔除许多可以拔除的敌伪据点，如土桥、临江坝、三官殿、汤家沟、黄山寺、螺丝滩、南义等处；一方面派出精干的武装部队，深入敌后，开辟广宽的新游击区。

皖江地区抗日力量的蓬勃发展，引起了敌伪顽的仇视和痛恨，他们加紧向我进行“扫荡”。特别自1942年起，日寇和大别山桂顽（广西反共军），一唱一和，一呼一应，向我巢无中心区轮流进行大规模的进攻。先是日寇调兵遣将，从南京、江浦、芜湖、铜陵等处，抽调一一六师团、十五师团及伪军共6000多人，作远距离的突然增兵。3月17日，分别由巢县、东关、襄安、开城桥、横文桥、盛家桥、黄姑闸、散兵等地出动，从东西南三面向我巢无中心区进行奔袭“扫荡”，企图把七师首脑机关和在巢无地区的主力部队，完全压缩在背靠巢湖方圆不大的巢南银屏山区，使我跳不出包围圈。我巢无地区主力部队当即在大王家、银屏山、石涧埠等地与日寇展开猛烈激战，给敌人重大杀伤。黄昏时分，银屏山区周围山头上狼烟四起，这是日寇在放火，发出联络信号。师指挥机关当机立断，把退入山区的部队、机关、群众组织起来，分路进行突围。当夜狂风暴雨，天空黝黑，但突围部队不畏雨淋寒冷，翻山越岭，克服重重艰难，终于完全冲出了包围圈，使日寇围歼我主力的计划完全落空。18日起，日寇在银屏山区进行搜山，大肆烧杀奸掳，对根据地进行疯狂破坏，我主力部队即在敌人侧背不断进行袭击，地方武装与民兵也广泛展开“麻雀战”。同时，我含和、沿江、皖南等各个支队的部队，趁敌后方空虚，纷纷向东关、开城桥等敌伪据点进行猛袭，有力地配合巢无中心区的反“扫荡”战斗。经过两周激战，杀伤敌伪300多人，终将日寇的第一次大“扫荡”全部粉碎。日寇死不甘心，4月30日又集中2000兵力，向我巢无中心区进行第二次“扫荡”，前后历时六天。在我根据地军民奋力反击下，第二次“扫荡”也被粉碎了，最后，日寇不得不退回乌龟壳。

日寇两次“扫荡”失败后，1937年7月上旬，突然从白湖南北两端的黄姑闸、盛家桥两个据点撤退，有计划地放开缺口，使我巢无中心区暴露在大别山国民党反共军的面前，让皖西地区的桂顽向我巢无地区进攻。果然不久，桂顽即猖狂地向我巢无中心区发动了两次规模巨大的侵犯。11月2日，桂顽一七六师五三八团由盛家桥出动，经笑泉口，突然侵入我中心区严家桥、牌楼等地。这些顽军与日寇一模一样，所到之处即大肆烧杀奸掳，对根据地疯狂破坏。我根据地军民奋起抗击，顽军不敢久留，于4日仓促溃退。11月20日，桂顽变本加厉，纠集一七六师主力及龙炎武的第八游击纵队等约10个营的兵力，分三路向槐林嘴、笑泉口、魏家坝一线进攻。桂顽并带了自上而下的一套党政机构人员，企图在搞垮我巢无中心根据地后，实行长期占领。我主力部队当即在磨盘山一带进行抵抗，凭借根据地数万军民日夜赶筑的磨盘山强固阵地，与顽军展开猛烈激战。三天两夜间，奋勇地打退了顽军10多次进攻。22日傍晚，我主力部队一部以猛虎下山之势，突然向磨盘山以西前后垄一带进行出击，经数小时搏斗，给这一路顽军以歼灭性打击，全歼顽军1100余人(内含生俘顽军第八游击纵队第二支队长郑其昌以下100多人)，缴获迫击炮一门及许多机枪、步枪、弹药。顽军在我沉重打击下，手忙脚乱，全线崩溃，根据地军民获得了反顽自卫斗争的空前大捷。

1943年这一年，是皖江地区反“扫荡”、反“摩擦”斗争空前紧张、艰苦的一年。在七师健儿的打击下，日寇、桂顽士气消沉，我军士气则日益旺盛，广大群众斗争情绪更加高涨，根据地也得到了巩固和壮大。

同一时期，我皖南地区、含和地区、沿江地区的力量也得到了巩固和发展。皖南地区部队在无东取得了反伪化斗争的胜利。1942年相继攻克临江坝、三官殿、汤家沟等伪军据点，全歼伪军刘子清部一个连，粉碎了日寇蚕食、分割、伪化政策；并在皖南铜陵、繁昌、芜湖一带对日伪不断进行袭击，攻克凤凰山据点；还在泾（县）太（平）宣（城）地区进一步加强了游击战争。在含和地区，我军主力迅速打开局面，在短短的日子内连续不断地攻克了黄山寺、娘娘庙、螺丝滩、百旺市、南义等伪军据点，打了许多歼灭战，使含和地区获得了很大发展，并进一步开辟了江浦、全椒地区，建立了与兄弟部队二师的交通线，沟通了我师与军部、二师的联络。我沿江地区部队则恢复了桐东的游击根据地，并在大别山潜（山）宿（松）望（江）地区胜利地与兄弟部队五师会师。

在加强对敌军事斗争的同时，我们抓紧开展敌伪军工作。在皖江地区，开展敌伪军工作的特点是发动党政军民一齐动手来做。对日寇，主要是进行政治瓦解，经常编印各种的日文传单、画片，加强反法西斯斗争形势的宣传，激发日军下层士兵的厌战、反战情绪。有些群众与日军士兵混熟了，常常以手提小篮送鸡蛋给“太君”吃为名，篮底就垫着传单，久而久之，读我宣传品成了不少日军士兵一种“嗜好”。通过这些工作，我们曾在无东、铜陵等处，争取少数日军士兵与朝鲜籍士兵拖枪向我投降。对伪军工作的重点是争取中下层，通过各种社会关系、伪军亲属关系，晓以民族大义，叫他们“身在曹营心在汉”。在时机和条件成熟时，就争取他们起义。有的地方，则利用伪军关系替我们搞情报，买枪支、子弹，或掩护我们在日寇统治区采购布匹、机器、电料、纸张、医药等用品。由于我们的群众工作一直深入到敌伪军据点内，因此，不仅能够及时、正确地掌握敌伪各种情况，而且还可以在反“扫荡”战斗中，在敌伪军据点附近甚至敌伪军据点内，由群众掩护，安置一部分病弱妇幼人员。

七师从成立起，就感到武器弹药不足。以后几年部队发展很快，虽然在战斗中不断有所缴获，但武器弹药仍然感到不够充裕。除了通过各种关系向伪军购买一些外，我们根据上级的指示，自己动手，解决困难，千方百计进行兵工生产。在原有小型修械所的基础上，从敌占区设法买来一些机器、材料，自己熬硝搞火药，逐步建设起一个初具规模的兵工厂。这个厂适应战争的需要，制造了大批手榴弹、枪榴弹、子弹、地雷、石雷，并制造出掷弹筒。我们的兵工生产是在异常困难的条件下进行的，不仅设备、物资困难，而且由于战争频繁，生产不能持续进行。环境紧张时，人员转移，环境较稳定时，就紧张地进行生产。在制造技术上，经过不断试验、探索，并在应用中不断地加以改进，技术不断提高，像地雷、石雷等都做得很好，不仅威力很大，并且使用简便，地方民兵都能很快学会使用。

我们一面打仗，一面利用战斗空隙抓紧进行军队建设。部队利用战斗空隙，抓紧学习军事技术，休整时间较长时，就掀起大练兵热潮。军事训练的内容，除学习基本动作外，主要学习三大技术——射击、投弹、刺杀。每逢大的练兵运动，到处成了课堂和操场，干部、战士起早摸黑进行练习，通信员在送信时，干部在出差时，炊事员在挑水、淘米时，也经常利用空隙，进行投弹和瞄准练习。部队中广泛推行群众性的练兵方法，官教兵，兵教官，兵教兵，大家当先生，大家当学生。同时，战士与战士、班与班、排与排、连与连之间，掀起热烈的竞赛。经过练兵运动，部队军事技术水平大大提高，如独立团四连全连投弹平均达 41 米，白湖团战士刘玉宝同志投弹达 59 米，成为“优秀投弹手”。由于频繁的战斗锻炼与平时的训练，使七师主力部队战斗力一步步提高。

皖江地区地方武装和民兵活动也极为活跃。地方武装每个区都有警卫队，经常在战斗中配合主力作战。1943 年第二次反“扫荡”中，无为县新民区警卫队与敌人进行了一整天的战斗。巢县、盛家桥及襄安、无为之间的公路、电线，几乎每夜都遭地方部队破坏。槐林、高林、分路口、横步桥等地敌伪据点，不断遭我各区警卫队袭击。民兵组织分为基干民兵与一般自卫队。基干民兵由原来各个乡的青年队、模范队组成，每乡三五十人，不脱离生产，平时每月有 3 天时间进行训练，平时的任务是维持治安和社会秩序，捕捉汉奸、特务、土匪，战时配合军队作战，就地游击，打麻雀战，并掩护群众转移，帮助群众进行清室空野。一般自卫队的任务是担负侦察、向导、送信、放哨、打更、捉奸细及帮助军队抬担架、运送武器、打扫战场。地方武装和民兵，无论在战时或平时，对巩固和发展皖江解放区，都发挥了重大作用。

随着军事斗争的不断胜利，解放区的不断发展，皖江地区的抗日民主政权也不断巩固和扩大。七师刚成立时，只设有含和巢无行政办事处，以后又设无为县政府，含和行政办事处和桐东行政办事处。随着政权逐渐发展，1942 年成立了皖江行政公署，由吕惠生同志任主任，张恺帆、魏文伯同志任副主任。铜陵、繁昌、南陵、宣城、青阳地区成立了皖南专员公署。和县、含山、巢县、江浦、全椒地区成立了含和专员公署。贵池、东流、桐城、安庆地区成立了沿江行政办事处。巢无庐地区专员公署则由皖江行政公署兼顾。在各专员公署下面，按行政区域划分，设县政府或行政办事处。皖江地区的抗日民主政权，遵照党的政策实行三三制，我们广泛地吸收了党外的抗日民主进步人士、小资产阶级、民族资产阶级和开明绅士的代表参加政权工作。在县级以上的行政地区内，普遍成立了参议会，广泛地团结了皖江地区各阶层人士参加抗战建设事业。为了进一步巩固政权，我们在根据地内开展了一个坦白运动，一方面发动群众对反革命分子进行检举，一方面号召反革命特务分子向党坦白自首。我们坚决执行“坦白从宽，抗拒从严，立功受奖”的政策，从而清除了许多暗藏的反革命分子。同时，我们对根据地内的土匪实行了清剿，对受敌伪顽操纵利用的大刀会和其他封建会门组织，分别进行了争取或瓦解工作。这样，就使根据地内社会秩序比较安宁，匪盗和小偷几乎绝迹，群众都可安心生产，出现了“夜不闭户、路不拾遗”的景象，在抗日民主政权的阳光下，广大群众过着自由幸福的日子。

为了深入发动群众参加抗日斗争与巩固根据地的民主政权，我们在皖江解放区内普遍建立了农抗、妇抗、青抗等各级抗联群众团体，并建立了盘查哨、瞭望哨、递步哨等群众性抗日组织，组织老人、妇女、儿童积极参加这些工作，使特务奸细寸步难行。为了切实改善根据地人民的生活，进一步激发广大群众的抗敌热情，我们坚决执行了党的减租减息政策。据1944年临江行政办事处5个区的统计，执行减租佃田共32.5万多亩，减下租稻25万多公担，受益佃农近9万户，近38万人，平均每人增加收入6斗7升。在实行二五减租后，人民生活发生显著变化。临江六洲乡六洲村100多户农民，减租后3年中有40%的佃农上升为贫农。湖南皂角树村40多户中，减租前仅有1户不缺粮，有22户每年缺两三个月粮，15户粮荒讨饭，3户经常讨饭，减租后都有饭吃，有的还有余粮。

为了进一步改善与提高人民的生活，皖江地区在战争频繁的情况下，仍不断发动和组织军民开展大生产运动。1944年，全皖江地区增加种植棉花数万亩，养鱼1000多万条。我们还发动群众大力开垦沿江洲地，在圩地山区也组织开荒，如湖东一地，1944年一年内就开荒6000多亩。在部队中，同样掀起了生产热潮。部队生产主要是大量种植杂粮、蔬菜及养猪养鸡，干部、战士起早摸黑，投入开荒生产，各个部队种的蔬菜常能做到自给。这不仅改善了部队生活，减轻了群众负担，并且加强了军民关系，提高了干部战士——特别是知识分子出身的干部参加体力劳动的自觉性。

七师是皖江人民的子弟兵，七师与皖江人民在艰苦的抗日战争中结成了血肉关系。为了进一步密切军队、政府和人民之间的相互关系，从1942年起，我们普遍开展拥政爱民优抗运动，特别在春节期间更注意加强这项工作，所有干部战士，都要做到服从与执行政府法令，爱护根据地的一切财富，帮助群众进行生产，武装保卫群众耕作收割，实行满缸运动等等，凡是对群众有利的事，战士都抢着去做。在政府及群众方面，普遍实行优待抗日军人家属（组织代耕、慰劳），动员老兵归队，帮助军队做鞋，组织慰问伤病员及战后慰劳军队等。由于拥爱运动的大力开展，军队、政府和人民之间的团结更为加强，军民之间的关系亲似鱼水。1944年，在皖江地区掀起了参军热潮，在“抗日保家，参军光荣”的号召下，根据地内广大青年积极参军，有些宗族大开祠堂宗门，动员与欢送宗族子弟参军，并以宗祠为单位，掀起了参军比赛热潮。湖东尚礼有14姓宗族组织了宗族参军委员会，进行各姓子弟的参军工作。在参军运动中，送贺匾，送光荣捷报，披红戴花，锣鼓喧天，广大人民把参加我军视为无上光荣。当时，皖江地区内流行着一支参军歌谣：“吃菜要吃白菜心，当兵要当新四军，新四军，子弟兵，为国家，为人民，参军顶光荣，抗日是英雄。”

皖江地区的党政机关和军队利用战斗间隙，开展整风运动。1943年以前，着重学习文件，领会整风精神，团以上干部集中学习两期。1943年后，整风进一步深入，全体干部在弄通整风文件、提高认识的基础上，普遍进行了思想检查和历史反省，并写了整风自传。通过整风，大大提高了部队政治素质，加强了上下级之间、官兵之间、军民之间的团结，为战胜相持阶段中的困难和准备对日寇的大反攻奠定了巩固的思想基础。

抗日战争时期，皖江地区的政治、文化教育工作也相当活跃。七师成立时，即创办了《战斗报》，地方出版了《新无为报》。1942年3月合为《大江报》。《大江报》是皖江区党委的机关报。七师政治部则出版《武装报》。各个地区、支队、独立团也都有小报。1944年，皖江地区设立了印刷厂，《大江报》和《武装报》都改为铅印，并用铅印出版了《论联合政府》等书籍。这些报纸书籍，是皖江地区军民不可缺少的精神食粮。通过这些报纸，使处在敌人重重封锁下的敌后广大军民，了解国内外政治形势、党的各项政策及全国各敌后根据地和本地区的斗争、发展情况。部队的政治教育，主要是进行革命传统教育，时事政策教育，各种节日教育，并利用战斗空隙开展文化学习，进行扫盲工作。部队文娱工作开展得很好，除师、支队有文工团、队外，连队也经常根据真人真事，自编自唱。每年5月，只要没有战斗任务，各个部队都开展军政文娱体育大竞赛。我们所处的环境虽然很紧张，物质生活也很艰苦，布衣素食，津贴费很少，但部队政治情绪始终十分高涨，部队生活十分活跃，充满着欢乐和进步的空气。“团结、紧张、严肃、活泼”，这就是我们当时生活的生动写照。皖江地区地方文化教育也有很大发展，全区创办无为中学一所，学生有300人，各个区、乡普遍设立小学，都采用了新的课本上课。各个乡及大的自然村普遍建立了农民识字班和夜校，大力进行扫盲工作。

由于我们认真贯彻了党中央抗日十大政策，因而使皖江地区越战越大，不断巩固，不断发展，为胜利进行反攻准备了充分条件。

1945年初，正当我师积极准备反攻之时，桂顽一七六师主力及土顽一部共三个团，由桂顽师长李本一率领，丧心病狂地向巢无中心区进行第三次侵犯。我们为保存反攻日寇的有生力量，先将主力隐蔽，并在根据地内实行坚壁清野，以武工队在顽军侧后展开广泛的游击战争，扰乱、袭击、困饿敌人，最后以主力猛烈出击，桂顽孤军深入，四处受敌，不得不狼狈逃跑，我根据地更趋巩固。为了执行党中央关于“扩大解放区、缩小敌占区”的号召，于1944年冬起，我们即向敌伪薄弱部分广泛出击，先后攻克了张家疃、塔桥等10多处敌伪据点，缴获了许多武器弹药。1945年4月间，兄弟部队三师独立旅由旅长覃健同志率领，奉令开抵皖江地区，归七师建制。他们在行军途中，首战巢县黄龙岗，给予日寇重大打击。独立旅到达后，使皖江地区反攻日寇的实力更为雄厚。1945年8月8日，苏联对日宣战，日寇迅速投降，全国敌后解放区军民奉毛主席、朱总司令命令，对日寇举行大反攻、大进军。我七师各部亦广泛进入反攻。王师所至，所向披靡，先后解放了无为城、凤凰颈、襄安、运漕、望城岗、雍家岗、陶厂、白渡桥等敌伪重要据点40多处，我皖南部队在解放了铜陵、繁昌境内沿江各据点后，曾攻入芜湖，歼敌一部，并一度占领了芜湖一部分市区。在大反攻后的 20 多天时间内，歼灭日寇和伪军警卫三师、护国独立师等近万名，俘虏 5000 多人，缴获各种炮和轻重机枪数百挺，步枪数千支，大大改善了我师装备。我师的胜利大反攻，使皖江解放区全体军民欢欣鼓舞，欢声雷动。自 1937 年抗战以来，度过八年艰难的岁月，终于获得了最后胜利。

日寇投降以后，我党为了国内的和平民主团结，为了顾全大局，毛主席亲赴重庆与蒋介石进行和平谈判。在伟大的人民力量面前，国民党被迫签订了“双十协定”。我党素以全国和平民主团结利益为重，忠实地履行了与国民党谈判时所允诺的让步。我师自 1945 年 9 月起分批撤出皖江根据地，与皖江数百万父老兄弟姐妹挥泪忍痛告别。为了继续领导皖江人民的民主斗争，我们北撤时对地方党作了安排，在皖中由桂林栖、钟大湖同志领导党的组织，在皖南由胡明、杨明同志领导党的组织，与皖中皖南广大革命人民紧密地站在一起，继续进行和平民主团结的斗争。

三

新四军七师在皖江地区的抗日斗争，对全国人民的革命事业做出了应有的贡献，这主要表现在：

第一，在华中杀伤与牵制了大批敌伪军。自 1941 年七师成立，到 1945 年撤离皖江地区，约五年的时间中，七师健儿与敌伪军进行千百次的英勇战斗，杀伤了大批敌伪军的有生力量，缴获各种炮、轻重机枪、步枪和弹药很多，取得辉煌胜利，同时又牵制了敌人大批军事力量。日寇为了保护其傀儡统治中心南京的安全，为了保护长江、淮南路、津浦路这些交通要道，不得不在皖中、皖南布下重兵，其中有日寇一一六师团的三十三联队（分置于铜陵、黄姑闸、襄安、刘家渡一线），十五师团的高田联队（分布于巢县、炯炀桥、开城桥、无为城、裕溪口、和县、含山一线），仓枪联队（分布于芜湖荻港一线），十三混成旅团（分布在淮南铁路合肥至炯炀河一线），伪军护国救民独立师刘子清部（驻无为城、三官殿、汤家沟、新沟、姚王庙、新板桥一线），第一方面军第六师沈席儒部（驻巢县、含山、和县、炯炀河、盛家桥等地），皖中清乡司令吴道南部（驻撮镇、桥头集、下塘集、店埠、忠庙等地），和县反共自卫团曹良文部（驻和县城、西埠、孙元堡、后港桥一带），另有安庆保安团、含山反共自卫团、巢北清乡队等杂牌伪军，都经常处于我军打击之下。

第二，在皖中皖南创造了大片根据地。七师刚成立时，活动区域极为狭小，只有巢无、铜陵等小块根据地和游击区。经过几年的艰苦斗争，到抗日战争胜利前夜，已逐步发展、扩大为沿江两岸从东（江浦）到西（安庆附近）长500多里，由南（南陵、青阳）到北（合肥）长约300多里的广大游击区，包括无为、巢县、庐江、桐城、和县、含山、江浦、全椒、繁昌、铜陵、芜湖、宣城、青阳、至德、绩溪、宁国、泾县、旌德、太平、潜山、舒城、望江、怀宁、宿松、太湖等约30个县的地区。解放国土面积约15万平方公里，解放人口300万。其中巢无、和含、皖南（铜繁、无东、无南）、沿江（白湖东南、桐东）等处是较为完整和巩固的根据地。上述广大游击区，大部分是新开辟的。这样，我们就在皖中、皖南沿长江两岸广大土地上拔去了“太阳旗”，摧毁了日寇汉奸的反动黑暗政权，创立了辽阔的皖江抗日民主根据地。抗日民主的旗帜在皖中南解放区上空高高飘扬，广大沦陷区国土重见光明，千百万在敌伪暴虐统治蹂躏下的人民获得解放。当时沦陷区人民在日寇汉奸统治下痛苦呻吟，大后方人民在国民党统治下颠沛流离，而解放区人民虽在战争烽火中却过着幸福自由、欣欣向荣的生活。这是多么强烈鲜明的对照！皖江解放区是全国19个大解放区之一，它的存在和发展，解放区军民英勇斗争的模范事迹，解放区内的民主、先进设施及其政治影响，向西扩大到整个大别山，远及鄂豫皖边区；向南扩大到整个皖南地区，远及浙赣线后方；周围敌占区人民都把希望与前途寄托在解放区身上。

第三，配合全党全军打退了国民党第二次反共高潮，并与全国各解放区军民一起，对日寇进行了胜利的大反攻。七师的成立和发展，首先配合全党全军打退了国民党第二次反共高潮，粉碎了亲日派一手挑起的分裂、内战、投降危机，稳定了全国团结抗战局面，证明了日寇和顽固派根本无法消灭顽强不屈的敌后抗日力量，而且经过血的斗争、血的洗礼，敌后抗日力量比以前更加发展、更加壮大了。这样，就大大地坚定和鼓舞了全国人民抗日斗争的信心。经过五年来的斗争，我们积极打通了与各兄弟师以至华北广大解放区的联系，使皖江地区成为华中我军反攻日寇的一块重要前进基地和跳板。五年来，我们发展、锻炼、积蓄了反攻力量。1945 年，配合全国敌后解放区各路大军，对日寇进行了大反攻、大进军，取得了抗日战争的完全胜利。

第四，创造了一支强大的抗日革命队伍。五年来，在敌顽频繁的夹击中，七师的力量获得了锻炼和发展，部队由小到大，由弱到强，由建立时不足 2000 人，发展到抗战胜利前夜，已是一支 3 万人（不包括独立旅）的强大人民武装，这支武装后来成为解放战争中的一支重要军事力量。它保存与培养了大批干部，这些干部散布在全国各个地区、各个部门，大都成了各项工作中的骨干。皖中南抗日烽火的熊熊燃烧，抗日力量的飞跃发展，再一次证明了伟大领袖毛主席指出的“星火燎原”这一真理的正确。

现在回忆起来，这些胜利是怎样取得的呢？

首先，应该归功于党中央和毛主席的英明领导，归功于华中局和军部的直接领导。党中央和毛主席远在延安，虽然没有直接发钱发枪给我们，但是给了我们许多英明正确的指示。特别是当我们处在最困难、最紧张的时候，依靠党中央和毛主席的指示，我们增强了信心，取得了办法，度过了像皖南事变后那样艰难的局面。依靠党中央和毛主席规定的十大政策，使我们胜利地度过了最艰苦的相持阶段，巩固和发展了解放区，壮大了抗日力量。华中局和军首长同时给了我们许多具体指示，调配了许多干部，调拨了一部分主力，使七师部队变得更加坚强。此外，各兄弟部队也给了我们许多帮助，不仅在调剂干部、建军经验、战斗经验等方面给了我们巨大帮助，而且在对顽作战中，我们还常常得到兄弟师的直接支援。

其次，应该归功于皖江解放区广大群众的支持。在艰苦的抗日斗争中，皖江人民在人力、物力、财力上给了我师极大支援，使我师获得了不断的胜利和发展。在反“扫荡”、反伪化、反顽自卫斗争中，皖江人民经历了严重考验，与七师相依为命，始终紧紧站在一起，与敌伪顽进行了不屈不挠的斗争。七师和皖江地区抗日斗争的胜利，与皖江人民的巨大帮助是完全分不开的。敌伪顽每次侵犯，都在根据地内大肆进行破坏。日寇实行烧光、抢光、杀光的三光政策，而顽军的残暴比日寇有过之无不及，奸淫掳掠，无所不为。顽军一七六师团长周雄杀人不眨眼，比野兽还凶恶。敌伪顽的暴行，激起了根据地人民的极大仇恨，大大提高了人民的阶级觉悟和斗争决心。皖江人民从实际生活中懂得，只有依靠七师，壮大七师，他们的生命财产和幸福生活才有确切保障。因此，在整个抗战时期，他们表现了无比的革命热情，帮助我军挖河、搜集船只、作船工、作侦察、做向导、运弹药、运粮食、送伤病员，从各方面给我军极大支援，为争取抗日斗争的胜利做出了巨大贡献。

最后，应该归功于皖江地区党政军民全体干部和广大战士的英勇奋斗。皖江地区的广大干部、战士，在敌伪顽斗争中无比英勇顽强，表现了大无畏的革命牺牲精神。在最艰苦、最紧张的情况下，绝不畏缩退却。如 1944 年反顽自卫斗争中，坚持在周家大山上的独立团四连的一个排，在张排长率领下，与数十倍于我的顽军作战，给顽军重大打击，激战一天，终因寡不敌众，弹尽粮绝，全排23勇士无一动摇，全部壮烈牺牲。又如在桐东斗争中，我县委部长叶明同志（女）不幸被桂顽俘虏，受尽顽军鞭笞摧残。在反共派的审讯中，叶明同志义正词严地申斥顽固派反共反人民的滔天罪恶，在顽军血腥的刺刀下，威武不屈，从容就义，表现了无产阶级的英雄气概。当地群众看了，莫不感动与痛哭。还有不少同志，在过江时与日寇遭遇，战斗到子弹打完，宁投江殉难，决不让生俘。在五年艰苦的斗争中，出现了无数可歌可泣的英勇事迹。皖江解放区的广大土地，洒遍了我们烈士的鲜血。可以说，皖江解放区的每一寸土地，都是用革命先烈、革命战士的鲜血换来的。在抗战中，皖江地区仅团县级以上干部英勇牺牲的，即有桂蓬洲、胡继亭、刘全、熊梦辉、肖辉锡、张学文、江河流、郑行福、兰祥、罗保濂、袁大鹏、吕惠生、郭仪鸿、黄彬、顾士多、曾宪忠、胡金龙、鲁生、苏拓夫、叶明（女）、宏超等同志。“吃水不忘掘井人”，对于在伟大抗日战争中壮烈牺牲的革命先烈，我们应当以崇敬的心情，永远纪念他们。